ESCOMBROS

Catalogação na Fonte
Elaborado por: Josefina A. S. Guedes
Bibliotecária CRB 9/870

S586e 2019	Silva, Juriene Pereira Da Escombros / Juriene Pereira Da Silva. - 1. ed. - Curitiba: Appris, 2019. 323 p. ; 27 cm Inclui bibliografias ISBN 978-85-473-3293-8 1. Ficção brasileira. I. Título. II. Série.

CDD – 869.3

Editora e Livraria Appris Ltda.
Av. Manoel Ribas, 2265 – Mercês
Curitiba/PR – CEP: 80810-002
Tel: (41) 3156 - 4731
www.editoraappris.com.br

Appris *editora*

Printed in Brazil
Impresso no Brasil

n Felix

ESCOMBROS

Editora Appris Ltda.
1.ª Edição - Copyright© 2019 dos autores
Direitos de Edição Reservados à Editora Appris Ltda.

Nenhuma parte desta obra poderá ser utilizada indevidamente, sem estar de acordo com a Lei nº 9.610/98. Se incorreções forem encontradas, serão de exclusiva responsabilidade de seus organizadores. Foi realizado o Depósito Legal na Fundação Biblioteca Nacional, de acordo com as Leis nos 10.994, de 14/12/2004, e 12.192, de 14/01/2010.

FICHA TÉCNICA

EDITORIAL	Augusto V. de A. Coelho
	Marli Caetano
	Sara C. de Andrade Coelho
COMITÊ EDITORIAL	Andréa Barbosa Gouveia - UFPR
	Edmeire C. Pereira - UFPR
	Iraneide da Silva - UFC
	Jacques de Lima Ferreira - UP
	Marilda Aparecida Behrens - PUCPR
ASSESSORIA EDITORIAL	Cibele Bastos
REVISÃO	Andrea Bassoto Gatto
PRODUÇÃO EDITORIAL	Lucas Andrade
DIAGRAMAÇÃO	Bruno Ferreira Nascimento
CAPA	Eneo Lage
COMUNICAÇÃO	Carlos Eduardo Pereira
	Débora Nazário
	Karla Pipolo Olegário
LIVRARIAS E EVENTOS	Estevão Misael
GERÊNCIA DE FINANÇAS	Selma Maria Fernandes do Valle

A Irene e Jurandir

A todos e todas que dividiram e dividem comigo a existência neste planeta.

SUMÁRIO

CAPÍTULO I...11

CAPÍTULO II..14

CAPÍTULO III...18

CAPÍTULO IV...19

CAPÍTULO V..20

CAPÍTULO VI...21

CAPÍTULO VII...23

CAPÍTULO VIII..25

CAPÍTULO VII...28

CAPÍTULO IX..29

CAPÍTULO XI..33

CAPÍTULO XII...35

CAPÍTULO XIII..38

CAPÍTULO XIV..40

CAPÍTULO XV...44

CAPÍTULO XVI..46

CAPÍTULO XVII...48

CAPÍTULO XVIII..50

CAPÍTULO XIX..53

CAPÍTULO XX...54

CAPÍTULO XXI..56

CAPÍTULO XXII...61

CAPÍTULO XXIII..67

CAPÍTULO XXIV..70

CAPÍTULO XXV...73

CAPÍTULO XXVI..76

CAPÍTULO XXVII...84

CAPÍTULO XXVIII..87

CAPÍTULO XXIX..94

CAPÍTULO XXX...99

CAPÍTULO XXXI..102

CAPÍTULO XXXII...107

CAPÍTULO XXXIII..109

CAPÍTULO XXXIV 111

CAPÍTULO XXXV 116

CAPÍTULO XXXVI 120

CAPÍTULO XXXVII 123

CAPÍTULO XXXVIII 125

CAPÍTULO XXXIX 129

CAPÍTULO XL 131

CAPÍTULO XLI 139

CAPÍTULO XLII 145

CAPÍTULO XLIII 150

CAPÍTULO XLIV 152

CAPÍTULO XLV 155

CAPÍTULO XLVI 160

CAPÍTULO XLVII 169

CAPÍTULO XLVIII 172

CAPÍTULO XLIX 176

CAPÍTULO L 180

CAPÍTULO LI 184

CAPÍTULO LII 187

CAPÍTULO LIII 190

CAPÍTULO LIV 192

CAPÍTULO LV 196

CAPÍTULO LVI 201

CAPÍTULO LVII 203

CAPÍTULO LVIII 209

CAPÍTULO LIX 215

CAPÍTULO LX 224

CAPÍTULO LXI 230

CAPÍTULO LXII 236

CAPÍTULO LXIII 245

CAPÍTULO LXIV 251

CAPÍTULO LXV 260

CAPÍTULO LXVI 278

CAPÍTULO LXVII 289

CAPÍTULO LXVIII 296

CAPÍTULO LXIX 301

CAPÍTULO LXX 315

CAPÍTULO I

A CHEGADA

Sair do casarão em busca de alimento todos os dias parecia fácil, mas para Ângelo era quase um sacrifício. Sempre que passava numa oficina, construção ou lugar em que pudesse trabalhar, ele se prometia entrar da próxima vez e pedir emprego ou algo para fazer em troca de dinheiro, mesmo que fosse um pagamento simbólico.

Tinha medo de que o enxotassem, medo de ser maltratado.

Ainda sentia muita dor no peito, mas essa manhã a dor parecia ainda maior.

Quase sem conseguir andar, encostou-se no portão de uma pedreira que estava abandonada. Todos os dias ele passava por lá e não percebia movimento algum.

Passaram-se alguns minutos e a dor suavizou, passou um pouco. Viu, então, alguns homens trabalhando. Uns batiam com o martelo para quebrar as placas, outros poliam umas placas enormes de pedra.

Estava olhando pelo espaço existente entre os dois portões que se encontravam quando alguém, percebendo sua presença, resolveu se aproximar.

— Aê, rapaz, que é que manda? Tá querendo alguma coisa? Ou tá procurando encrenca?

O homem era branco, tinha olhos claros, cabelos brancos, usava um macacão azul e não estava pra brincadeira.

A dor estava voltando e ficando cada vez mais forte. Sua vista ficou turva e ele sentiu que ia desmaiar. Mas isso não aconteceu. Ele se segurou e ficou olhando para o homem, que perguntou:

— Você tá passando bem? Deseja alguma coisa?

E percebendo que Ângelo não se mantinha em pé, disse:

— Vamo entrar um pouco.

Ângelo entrou apoiado no braço que o segurava. Deixou que o desconhecido lhe oferecesse um copo com água e um analgésico. O homem jurou que seria bom tomá-lo.

Era hora do almoço e lhe ofereceram também um prato de comida, que ele nem pensou em recusar.

Após almoçar e com a ação do analgésico que lhe tirou a dor, pôde conversar com o pessoal da marmoraria e pedir para fazer qualquer coisa em troca de qualquer quantia.

Eles não pretendiam contratar ninguém, mas Ângelo se ofereceu e contou a situação em que se encontrava.

Sensibilizados, os homens deixaram que ele ficasse para ser o "faz tudo" do grupo, desde a faxina dos banheiros, o azeitamento das polideiras, varrer o escritório, qualquer coisa que tivesse para fazer.

Pagariam o que desse e era muito pouco, mas Ângelo agradeceu e já ia embora quando viu algumas garrafas de refrigerante vazias. Pensou em Lia e pediu para levá-las. Encheu as garrafas de água e levou-as dentro de plásticos de supermercado para facilitar o trajeto. Levou também o resto do almoço do grupo e um pão, resto do café da manhã. No trajeto de volta ao casarão, encontrou no lixo latas de leite vazias, que levou para casa também.

Encontrou Lia dormindo, cansada por ter andado tanto pelos arredores.

Usou a água de uma garrafa para lavar as latas e economizou o que pôde dela.

Tinha no bolso uma caixa de fósforos, que usou para fazer um fogo com papelão e pedaços de madeira. Ferveu a água que havia pegado e separou numa lata para ser bebida.

Com o fogo ainda aceso, esquentou a comida que trouxera e o cheiro da refeição acordou Lia, que pensava estar sonhando de novo com um almoço normal. Como poucas vezes acontecia, ficou feliz por ter acordado e perceber que não era um sonho.

No marmitex de alumínio requentado tinha arroz, feijão, um bife frito pela metade e, para beber, água, água fervida, quase fria, fervida para não fazer mal.

Ângelo ofereceu o pão e não acompanhou a moça, justificando que já havia almoçado aquele dia, estava satisfeito.

Lia comeu, comeu tudo, bebeu água, bastante água, e colocou mais madeira no fogo e água para ferver. Há dias não tomava um banho e não ia desperdiçar a oportunidade. Usou a água. Tirou suas roupas bastante sujas e Ângelo jogou-lhe na cabeça a água. Era preciso aproveitar para lavar o corpo todo.

Estavam cansados e se não precisassem buscar as crianças na creche iriam dormir, mas a vida exigia que reagissem.

Eles andaram quatro quilômetros para ir à creche e trazer as crianças para perto deles. Andar até a creche foi agradável. Eles passaram pela mata que fechava a entrada do casarão e garantia a tranquilidade, e de mãos dadas fizeram o trajeto de ida.

Na creche as crianças esperavam, de banho tomado, alimentadas e com uma mamadeira prontinha para levar para casa.

Alice não conseguia agir diferente, tinha uma emoção maior que os objetivos da direção da instituição.

Esperaram até o último pai pegar os filhos, pois não gostavam de serem vistos pelos outros pais. Sentiam muita vergonha das roupas que usavam por estarem tão sujas.

Alice, assistente social e professora, ajudava quem podia. Fechava a creche com as meninas já lá fora e não se esquecia de colocar numa sacola de supermercado as roupinhas que conseguia para elas.

Havia algumas semanas que as crianças tinham ido para aquela creche e ela não conseguia conversar com os pais delas direito. Sabia que eram muito pobres, pois só tinham a mesma roupa. Com medo que adoecessem, trocava as crianças com as roupas doadas, e gostaria de encontrar os dois com tempo, para fazer-lhes algumas perguntas.

Mas nesse dia não seria possível. Alice estava com pressa e ficou contente ao avistá--los encostados no muro da casa da frente, quase escondidos de modo a não serem vistos.

Entregou-lhes as crianças e se foi.

Após alguns segundos, voltou e ofereceu-lhes carona, tentando descobrir onde moravam. A carona foi recusada prontamente, mas com a insistência acabou sendo aceita.

Rodaram quatro quilômetros no sentido contrário de onde Alice morava, até que chegaram num matagal. O silêncio no carro era quebrado com o som do rádio tocando música instrumental. Ângelo pediu para ela parar. Pegou uma filha no colo e a outra foi levada por Lia. Desceram.

Alice pensou em questioná-los sobre o local ermo e fechado sem nenhum sinal de moradia, mas teve medo de estar indo longe demais. E se fossem marginais?

Ainda estava viva e bem. Era melhor sair dali. Despediu-se e saiu o mais depressa possível. Ao se afastar, observou pelo retrovisor que eles não se moviam, permaneciam imóveis, parados, esperando que ela se fosse.

CAPÍTULO II

Começava o horário de verão, Ângelo acordou com o nascer do sol. Não perdeu tempo e partiu para a marmoraria. Era estranho, mas lá não encontrou ninguém, nem um guarda. O que havia acontecido? Será que o dia anterior havia sido um sonho? Não, não podia ser. Ele estava acordado, ele tinha certeza disso. Muito tempo se passava e nada, ninguém chegava. Algo de estranho acontecia.

Após alguns minutos, passaram alguns transeuntes. Ângelo experimentou perguntar as horas.

— Seis horas – respondeu o rapaz, que não parou nem para olhar quem perguntava.

Ele não imaginava há quanto tempo já estava ali. Na espera, adormeceu e foi acordado, três horas depois, pelos trabalhadores, que estranharam sua presença naquele horário.

Dito, o mais sério, logo foi dizendo para Ângelo:

— Faz o café e depois de tirar o pó do escritório, lava o banheiro.

Quando Márcio chegou, trouxe o pão para o café, como fazia todos os dias. Depois do café, Dito pediu para Ângelo:

— Vai comprar uns envelopes que terminaram os do estoque e eu preciso deles logo.

Entregou uma nota de R$ 50,00 para Ângelo comprar seis envelopes. Ele andou um quilômetro e trouxe os envelopes e o troco, sem faltar nada. Ele passava no primeiro teste, mesmo sem perceber que estava sendo testado.

Ao final do dia de trabalho, Ângelo estava exaurido, sem forças, mas se sentia feliz. Fora um dia diferente. Tomara café, almoçara. Isso já era um dia diferente.

Os funcionários tomavam banho antes de irem embora. Permitiram que ele fizesse o mesmo. Foi nessa hora que Caio, o mais jovem e mais tímido deles, disse para Ângelo:

— Desculpa por eu ter tomado a iniciativa de trazer umas roupas que não me servem mais.

Ângelo pensou consigo mesmo, antes de agradecer: "São três calças, uma camiseta e duas camisas bem surradas, mas estão boas porque estão limpas".

Ângelo tomou banho, trocou de roupa e lavou a que usava. Pretendia usá-las para trabalhar. Pegou na geladeira o marmitex com o resto do almoço e as roupas que ganhara numa sacola, junto com garrafas cheias de água, e saiu apressado para buscar as crianças na creche outra vez. Ele estava atrasado.

Ao voltar para o casarão, deixou os pertences ao entrar na mata, próximo ao portão. Carregou as crianças e as entregou a Lia, voltando em seguida para buscar as coisas que deixara no mato.

O mesmo ritual do dia anterior se repetiu: fazer o fogo, esquentar a água, a comida, ajudar Lia a tomar banho.

Após tomar banho, Lia olhava as próprias roupas com nojo, asco mesmo, nojo do mau cheiro que elas tinham, mal conseguia vestir-se outra vez. Mas não tinha escolha, não podia ficar nua, simplesmente não morava no Xingu.

Arrumaram as crianças para dormir e foi então que Lia notou as roupas que Ângelo estava usando:

— Que roupas são essas?

— Ganhei na rua, de um rapaz. Se te servir, usa alguma.

Assim passou-se uma semana. Esse ritual se repetia diariamente e para ambos já era motivo de alegria. Na sexta-feira, Ângelo estava saindo da marmoraria, após mais um dia de trabalho, quando Dito chamou-o para acertar as contas pela semana trabalhada.

Dito chegou em Ângelo e disse:

— Ângelo, aqui tem R$ 100,00. Cinquenta é o seu pagamento e cinquenta pra você comprar tinta para a impressora e trazer na segunda-feira cedo.

Chovia muito forte e Ângelo precisava buscar as crianças. Demorou mais aquele dia para chegar à creche e chegou ensopado.

Na creche só estavam Alice e as crianças. Estavam trancadas. Ângelo precisou chamar bastante para que Alice o escutasse e viesse abrir a porta.

Ele pediu as crianças, mas Alice não admitiu nem em pensamento que aquele homem todo molhado saísse debaixo daquela chuva intensa carregando duas crianças e aquelas malditas garrafas de água. Elas ficariam doentes com certeza. Ela não dormiria em paz se deixasse isso acontecer. Pediu para Ângelo que entrasse e aguardasse a chuva passar um pouco ou quem sabe parar.

Ele resistiu e argumentou que estava ensopado, então ela disse que se ele ia continuar discutindo com ela, que ele ia precisar de toalha. Ele entrou e ela lhe serviu chá. Avisou que só havia chá de camomila e aproveitou a chuva para fazer-lhe algumas perguntas.

— Por que as crianças têm uma diferença de idade de apenas quatro meses?

Ângelo desconversou e não respondeu.

Ela notava que as mamadeiras h dias voltavam lavadas, não mais azedas do leite da noite anterior, e questionou Ângelo também por isso.

Outra vez ele desconversou.

Após inúmeras perguntas sem respostas, Alice desistiu e resolveu ir embora. Ofereceu carona para ele e para as crianças. A chuva dera uma trégua. Ele aceitou e foram para o carro.

No carro ela tentou outra vez aprofundar o assunto sobre a depressão de Lia e outra vez não conseguiu nenhuma resposta convincente dele.

Chegaram ao matagal e quando ele colocou a sacola com as garrafas fora do carro, Alice pediu para que ele pegasse no porta-malas do carro uma capa de chuva. A capa era grande e amarela. Propôs que usasse a capa para proteger as crianças, levando uma delas primeiro e voltando para buscar a outra, mas que voltasse logo porque ela estava com receio de ficar ali no carro por muito tempo. Ângelo lhe assegurou que ali não era perigoso, mas Alice insistiu que ele fosse breve.

Assim ele fez e quando voltou e protegeu a segunda criança, que dormia no carro, pegou a criança no colo e disse que se um dia ela precisasse de um amigo, podia chamá-lo. Ele seria um amigo para ela.

Alice acelerou e foi embora sem nada dizer, olhando pelo retrovisor aquele homem com uma criança no colo sumindo no meio do matagal. E bastante constrangida com a proposta dele, pensou: "Ele estava mesmo chorando ou era a chuva que lhe molhava o rosto?".

LÚCIA

Foi uma adolescente triste e arredia, quase tímida, calada. Trabalhou como empregada doméstica e esperou fazer dezoito anos para ir morar com seu irmão. Viveu sonhando com isso. Além de sonhar ela agiu, e na primeira oportunidade que teve saiu da casa dos tios.

Há tempos havia perdido a inocência, já sabia o que era ser explorada. Quando seu pai morreu e os tios foram morar com eles, não parecia que seria tão ruim, pois sua tia lembrava sua mãe. Sua mãe havia abandonado a família assim que seu irmãozinho nascera.

No início sua tia era bem carinhosa com ela, seu tio, porém, nunca suportou a presença de seu irmão menor. Até que um dia ele levou o pequeno embora, entregou-o ao Estado e disse que cuidaria muito bem dela.

Cuidar dela, para ele, significava nunca deixá-la sair de casa nem para ir à escola desde os doze anos. Seus colegas de rua e brincadeira nunca podiam frequentar sua casa, nem ela podia ir até a casa dos colegas.

Os carinhos do tio aos poucos se tornaram carinhos de homem e quando tentava contar para sua tia:

— Escute bem aqui, sua vagabunda, se eu ver você se mostrando pro meu marido eu quebro você todinha.

— Mas tia...

— Nunca vi mulher assim se dar bem na vida. Você é igual à sua mãe. Vagabunda. E agora cale a boca e nunca mais venha com essa conversa contra o meu marido.

Como não conseguia mais conversar com sua tia como antes, Lúcia foi se fechando cada vez mais e rezava muito para conseguir um emprego e ir embora daquela casa.

Um dia, sua prima Cássia chegou contando que a mãe de um amigo dela precisava arrumar uma empregada.

Enquanto a prima pensava em alguém que servisse, Lúcia fez algumas perguntas e saiu direto ao endereço do amigo de Cássia.

A mãe do amigo tinha três filhos pequenos. O salário era muito baixo, mas Lúcia poderia dormir no emprego e teria uma folga semanal. Saiu da casa da futura patroa com o compromisso de voltar no dia seguinte para começar no emprego.

No dia seguinte bem cedo, Lúcia saiu da sua casa com suas coisas numa pequena bolsa. Pegou só as roupas e algumas lembrancinhas confeccionadas pelo irmão. Nunca mais voltou, nunca mais teve notícias dos tios.

Depois desse emprego, teve outros em cidades cada vez mais distantes de onde moravam seus tios. O importante era que ficassem perto da unidade educativa em que seu irmão estava internado. Ela ia sempre visitá-lo.

CAPÍTULO III

Era sábado e Ângelo acordou cedo com o choro das crianças com fome.

Ele já conhecia muito bem aqueles berros, então, levantou-se e viu o rosto de Lia a olhá-lo, embalando uma criança tentando distraí-la. Já lhes dera mamadeira com água, mas elas não pareciam satisfeitas.

Ele saiu e ao voltar trouxe duas caixas de leite longa vida, café solúvel e pão. Serviu as mamadeiras com leite e deu-lhes um pedaço de pão. Ficou aliviado ao ver que o desespero sumira do olhar dela.

Saiu novamente para ir até o centro da cidade. Precisava comprar a tinta que Dito lhe pedira, ou melhor, mandara.

Tinha o salário no bolso e procurou gastá-lo com bastante cuidado: comprou dois copos, dois garfos, uma faca pequena, uma bacia grande, algumas frutas, uma caixa de chá, açúcar, uma vassoura, sabão, xampu, condicionador, desodorante, duas escovas de dente e creme dental. Uma camiseta preta para ele e duas para ela, numa promoção de três peças por quinze reais. Comprou também uma calça estilo bailarina preta por dez reais.

Chegou a uma loja de informática e comprou a tinta que Dito mandara. Andou um pouco nas ruas meio sem rumo e foi atrás do almoço. Resolveu levar um marmitex para dividirem.

Quando retornou ao casarão, as roupas que ganhou de Caio serviam como redes improvisadas, nas quais lia suspendera as crianças para tentar limpar um pouco, com uma vassoura feita de galhos de árvores, o local onde dormiam.

Ele riu-se com seu sorriso tímido e discreto da inusitada cena que jamais imaginara um dia. Ela também riu e tentou mostrar algum progresso, mas desistiu ao sentir o cheiro do almoço.

Depois de almoçar, ele lhe mostrou as compras que tinha feito e explicou-lhe o porquê de cada escolha: copos para água, café e chá. Garfo para comer. Faca para cortar pão e bifes. Bacia para lavar copos, garfos, crianças e segurar água da chuva. Frutas para comer. Chá para beber com açúcar. Vassoura, rodo, sabão para faxina, lavar crianças, roupas e tomar banho. Camisetas para ele vestir, para ela também. Calça para ela poder ir ao médico sem sentir vergonha. Para ajudá-la a sentir-se melhor, um batom cor de rosa claro, bem barato, um pente e barbeador descartável.

E num embrulho fechado lhe entregou algo que a fez chorar.

— Esse é só seu.

Duas calcinhas. A última ocasião em que usara uma, ela preferia esquecer.

Depois de chorar bastante no ombro de Ângelo, Lia adormeceu em seu colo, com ele sentado no chão com as costas apoiadas na parede. E ele que pensou que ela iria ajudá-lo a fazer a faxina.

CAPÍTULO IV

Dito já havia se arrependido antes e dessa vez acontecera a mesma coisa. Não devia ter confiado no rapaz. Devia ter desconfiado quando lhe entregou o dinheiro e disse para ele trazer a tinta e ele foi embora sem fazer mais perguntas. Era de estranhar.

Mario olhava o relógio outra vez:

— Já são nove e meia e nada daquele sujeito. Infeliz, não tinha o direito de enganar todos aqui. Ainda mais quem? Tudo velhaco, esperto. Mas o cara é sonso mesmo.

— Ele era legal, teria sido bom se ele fosse ficando, mas ele foi embora e a folga acabou. A faxina é sua outra vez.

Eram onze horas e meia da manhã quando Ângelo conseguiu ser atendido. O médico lhe pediu uns raios X do peito. Ele suava de febre. Lia estava com ele e explicou para o médico que ele passara o domingo inteiro mal.

O médico passou uns remédios que tinham na farmácia do hospital e mandou-o descansar. Disse que se repousasse e se alimentasse direitinho iria melhorar.

Saíram do hospital e gastaram os últimos quatro reais com um marmitex, que almoçaram. Medicado, voltaram para casa, de onde só saíram para buscar as crianças na creche.

CAPÍTULO V

Era cedo quando Ângelo saiu para trabalhar. Chegando à marmoraria, todos o olharam como se estivessem surpresos por vê-lo.

Dito foi logo dizendo:

— Bom dia, moço. Pensamos que você estava longe.

— Não, seu Dito. Eu não passei muito bem no domingo e na segunda fui ao médico. Vim lhe entregar a encomenda. Desculpa a demora, ontem eu não estava bem mesmo. Trouxe um atestado médico, não para abonar o dia, mas para confirmar que eu estive em consulta. Aqui está a tinta que o senhor mandou comprar.

— Está bem, o atestado é verdadeiro. Tomou todas na sexta foi?

— Não, senhor. Eu não bebo.

— Tá bem, a tinta é essa. HP-600 remanufaturada com nota fiscal. Esperto, moço, e tem até troco. Seis reais e oitenta centavos. Muito bem.

— Posso começar de novo?

— O que vocês acham?

— Fique à vontade.

Ângelo varria, cozinhava, lavava e era observado direto por Dito, que desconfiou dele por ter comprado a tinta certa para a impressora que usavam. Ele havia passado em mais um teste, mas era melhor não facilitar.

CAPÍTULO VI

Quando Lia acordou já era tarde e eles haviam combinado que ela é quem levaria as crianças à creche, pois ele estava saindo mais cedo.

Ela pulou da cama, colocou água no fogo, escovou os dentes enquanto a água fervia, penteou os cabelos, colocou uma camiseta e a calça que ganhara de Ângelo, pegou as crianças e partiu para a creche com elas.

Deixou-as lá e resolveu andar até aonde pudesse ir recolhendo garrafas PET vazias. Encheria sacolas de supermercado e as venderia, como Ângelo fazia.

Andou e andou enquanto observava as coisas ao seu redor, as pessoas, as casas.

Percebeu, na calçada de uma casa, um berço em bom estado. Ela o observou de perto, olhou os detalhes e decidiu chamar o morador da casa. Apertou a campainha para que alguém saísse. Saiu uma senhora já idosa.

— Bom dia.

— Bom dia. O que deseja?

— Na verdade é sobre esse o berço. A senhora vai jogá-lo fora?

— Ele está aí fora para ser lavado pelo lixeiro, mas se você quiser você pode levá-lo.

Lia tentou carregá-lo, mas não conseguiu, era pesado. A senhora, que observava, perguntou:

— Por que não tenta levá-lo aos poucos? Primeiro as gavetas, depois venha buscar as outras peças.

— Se deixar o berço aqui, outra pessoa o levará, quem sabe até o lixeiro. Será que a senhora não poderia guardá-lo para mim na sua casa? No fim da tarde eu venho buscá-lo com mais alguém.

— Até a noite de hoje, se você vier, eu guardo. Se você não vier jogarei fora. Meu filho não quer mais vê-lo aqui. Deixe-o aí que eu peço a um rapaz para guardá-lo.

Lia voltou a procurar latinhas e garrafas, cansou e levou o que havia conseguido para casa.

Ela não entendia como Ângelo conseguira ganhar toda aquela grana com lixo em tão pouco tempo, só pegando lixo em saquinho de supermercado. É difícil carregar. Será que ele ganhara de outro jeito? O que importava é que eles não tinham passado fome aqueles dias.

Perto das cinco da tarde Lia foi até a creche para esperar Ângelo, para ele ir com ela buscar aquele berço. Ela estranhou ele chegar carregando as garrafas com água. Esperaram os pais levarem seus filhos e se aproximaram. Alice os viu e procurou elogiar seus novos trajes. Disse até que Lia estava bonita.

Ela conversou com Ângelo e os dois foram juntos buscar o berço. Ao chegarem a casa, apertaram a campainha:

— É a moça que eu falei. Me ajuda a levar o berço pra rua.

Ângelo colocou as crianças deitadas no berço. Amarrou as sacolas com as garrafas na grade lateral e já iam embora quando a senhora, vendo as crianças no estrado do berço, lembrou-se do colchão.

— Eu não pretendia dar o colchão para ser jogado fora. Deixaria para meu neto brincar, mas essas crianças precisam mais dele.

— Obrigada. Muito obrigada.

Eles agradeceram muito à senhora e ao filho, colocaram o colchão no estrado do berço, as meninas outra vez dentro do berço e partiram rumo ao casarão.

Era um espetáculo à parte aquele cortejo rua afora. Todos que passavam, olhavam aquelas figuras estranhas carregando as crianças e seus tristes objetos.

Levaram horas até chegarem ao casarão. E chegaram exaustos.

As crianças dormiram com o balanço do berço e lá ficaram. Tomaram chá e Lia comeu o resto do almoço que Ângelo levara.

Lia perguntou:

— Onde você vende as garrafas e como você ganhou aquele dinheiro do sábado?

— É... Eu estou tão cansado... Vamos dormir?

CAPÍTULO VII

As coisas estavam mudando para eles e Lia decidiu que mudariam mais depressa. Todos os dias ela saía em busca de lixo. Sempre encontrava algo que precisava no casarão, afinal, isso era fácil. Ela precisava de tudo.

Passou a sair e observar ofertas de emprego. Nada achava que lhe servisse, também nunca encontrava com Ângelo na rua. Onde ele procurava lixo devia ser bem distante.

No fim de semana, Ângelo recebeu seus outros cinquenta reais de pagamento e resolveu comprar duas tolhas, um lençol de berço, um par de chinelos para ele e um par de tamancos para ela. Comprou lixas de unha, um aparelho de barbear descartável, cortou o cabelo numa escola de cabeleireiro e levou o almoço para casa.

O casarão era mesmo grande. Tinha três andares e eles se alojavam no andar de baixo. Estavam ali há três semanas e não haviam explorado o local suficientemente. Resolveram fazer isso no sábado.

Com muito esforço Ângelo subiu numa janela e forçou-a, até que a abriu, quebrando-a um pouco. Conseguiu chegar ao andar do meio e passou a explorá-lo. Estava vazio, por isso melhor conservado que o térreo. As paredes muito mofadas, um dia fora forrado de papel de parede bem clarinho. Lembrava um quarto de criança. A porta ainda estava boa, o local estava sujo mais pela ação do tempo do que dos vândalos. Parecia mais agradável lá em cima. Ele explorou o outro quarto e nele encontrou um espelho quase todo corroído. Olhou-se e quase não se reconheceu. O espelho o fazia ver-se diferente ou ele envelhecera tanto assim mesmo?

Perdia-se em pensamentos quando percebeu alguém se aproximar. Ao voltar-se para a porta, Lia já dizia:

— Vamos nos mudar para cá ainda neste fim de semana. É só lavar, trazer o berço e ir se arrumando. É preciso arrumar um jeito fácil de subir e descer depois, porque o acesso ao térreo está obstruído.

— Não, Lia. O acesso vai continuar obstruído, mesmo que nós passemos a usar este andar. É mais seguro que ninguém possa subir aqui muito rapidamente.

Ela não esperou muito para descer e levar a bacia, algumas garrafas com água e o sabão para fora.

— Hei. Vem me ajudar a carregar a água e traz também a vassoura e o rodo.

Ângelo perguntou:

— Como você pretende secar o piso depois de lavá-lo?

Lia perdeu a graça e eles resolveram:

— Vamos apenas varrer todo o andar. Passaremos a usar um dos quartos sem lavar, até conseguirmos água suficiente e alguns panos de chão.

Ângelo, com alguns pedaços de madeira e pregos que trouxera da marmoraria, improvisou uma escada pelo lado externo nos fundos do casarão. Usou uns galhos de árvores para disfarçar a escada.

Havia noites em que ele escutava vozes perto do casarão. Acordava e ficava a ouvir. Logo depois as vozes sumiam. Mostrou para Lia como fazer numa emergência sem serem percebidos.

Não demorou muito para que precisassem usar a escada. Uma noite, Lia acordou e viu uma luz vinda de longe. Acordou Ângelo e eles carregaram as crianças para a mata. Passaram quase toda a noite ali. Escondidos. Com medo de serem vistos.

Percebendo que já estavam sozinhos, Ângelo foi até o casarão, procurando não ser visto, e certificou-se de que não havia mais ninguém.

O cheiro de álcool e drogas era forte e a fogueira acesa pelos visitantes ainda queimava. Subiram pelas escadas e tentaram dormir um pouco.

Ele sabia que era preciso tomar cuidado para não acabarem morrendo queimados.

CAPÍTULO VIII

A Receita Federal entrou na marmoraria numa manhã de segunda-feira junto com Mário e Dito para fiscalizar as contas. Acharam muitas irregularidades e como era a primeira vez que iam lá, resolveram dar um prazo para eles regularizarem tudo.

Dito e Mário não confiavam em muita gente e não conheciam muitas pessoas que lhes pudessem ajudar naquele momento. Contas não era o ponto forte deles.

Lia continuava em sua tentativa de mudar de vida rapidamente. Procurava sair em busca de PET e alumínio, que Ângelo vendia aos finais de semana. Quando encontrava algo que lhe servisse, se tivesse dono, pedia. Se pudesse carregar, carregava, caso contrário pedia para guardar e Ângelo ia buscar com ela depois.

Em uma tarde ela ganhou uma pia bem conservada, com um gabinete de madeira. Era muito pesada e o doador, um rapaz que estava reformando a casa, ofereceu-se para levar a pia onde ela morava.

Ela explicou que não precisava, mas ele estava acompanhado de uma colega e ela aceitou. Ao chegarem à entrada do casarão, ela lhes disse que era ali, e ali mesmo eles deixaram a pia.

Com a pia no casarão, Ângelo procurou um lugar para instalá-la. Preferiram o térreo. Precisavam de canos para instalá-la.

Com o dinheiro das latinhas de alumínio e dos PETs que Lia recolhia e Ângelo vendia, eles não adquiriam nada. Ele vendia o lixo e entregava o dinheiro para ela, sem nunca perguntar com o que ela gastava.

Conhecendo melhor o casarão, descobriram que um dos quartos um dia fora uma suíte e Lia passou a fazer planos para reformá-la.

O prazo dado para Dito pela Receita Federal já estava se extinguindo e ele se sentia cada vez mais acuado pelo tempo. Fez uma pesquisa entre os contadores que conhecia e entre outros que indicaram, mas o negócio estava no começo e ele não conseguia o desconto de que precisava.

As contas podiam ser feitas por eles mesmos, o problema é que ele não sabia como fazer. Ele estava mesmo com problemas. Resolveu reunir o pessoal e discutir a questão. Todos opinariam e ele faria o que fosse decidido pela maioria. Marcou a reunião para sexta-feira, no fim da tarde, e todos estavam convidados.

Na creche, Ângelo pediu para Alice entregar as crianças para Lia no fim da tarde da sexta. A reunião teve início animado. Dito ficou surpreso com o interesse demonstrado por todos.

Pensou que Ângelo ia embora quando o viu encher as garrafas de água, mas ele sentou-se junto com os outros.

Dito colocou a situação em que se encontrava a marmoraria e lembrou:

— Todos dependem dela para sobreviver, até porque alguns poucos de nós teriam condições de arrumar ouro emprego e todos sabem bem o motivo.

Mostrou os orçamentos que tinha feito:

— Quero a opinião de cada um e já aviso que precisamos da ajuda financeira de todos.

Cada um deu sua opinião. Era um ritual estranho. Aqueles homens todos, sentados no chão, tentando resolver um problema que aparentemente a qualquer pessoa desavisada seria de um só.

Dos nove presentes, três eram analfabetos; os outros sabiam ler e escrever. Mário tinha concluído o primeiro grau no supletivo.

Depois que cada um deu sua opinião, no sentido que deixava clara a hierarquia do local e a condição de cada um no grupo, chegou a vez de Ângelo. Ele fez uma proposta estranha:

— Poderia levar os papéis para ver em casa? Os livros de contas da marmoraria? Depois eu trago de volta com uma resposta mais objetiva sobre a situação atual.

— Você sabe fazer as contas?

— Eu não, mas conheço alguém que sabe e gostaria que vocês me confiassem as anotações. Na segunda-feira eu trago a resposta.

Dito pediu novamente a opinião do grupo e como ninguém tinha ideia melhor resolveram confiar no rapaz.

— Eu tiro cópia de tudo e te dou. Os originais são documentos e ficam aqui comigo. Você só traz a resposta na segunda mesmo?

— Só. Não dá pra ser antes.

Encerrou-se a reunião e todos foram embora.

Lia contava com Ângelo para fazer a faxina no sábado. Tinha ido até a empresa de saneamento tentar conseguir a ligação de água e descobriu que eles poderiam fazê-la. Era só pagar uma taxa e tudo estaria resolvido. Em toda aquela região tinha água encanada. Lia tirou do porta-moedas o dinheiro que conseguira juntar e pagou a primeira parcela. Na hora de preencher a papelada, assinou como Lia de Alencar e inventou que o casarão teria o número 2.000.

O prazo que lhe deram para fazer a ligação deixou-a desanimada. Eram de cinco a quinze dias. Ela não lavaria o casarão antes disso. Mas, na verdade, ela se irritou mesmo na hora de mostrar os documentos. Ela não tinha nenhum. Então nada feito.

Na segunda-feira, às oito horas da manhã, Ângelo chegou à marmoraria e Dito não se conteve e pediu logo a resposta.

— A pessoa que eu te disse fez as contas e pediu pra te entregar, mas quer receber Cento e cinquenta reais até sexta-feira. E se você quiser faz a contabilidade mensal pra você. Deixa seus papéis em dia e recolhe os impostos certinhos. Pra isso, precisa dos originais do livro caixa e do livro ponto e do registro dos funcionários, além dos apontamentos das notas fiscais de compra e venda de cada produto.

— Nós vamos pagar os cento e cinquenta reais pra pessoa colocar em dia até agora. Se passar pela Receita Federal a gente conversa com ela pros demais.

Dito entregou os documentos e os recibos ao Ângelo junto com os cento e cinquenta reais para ele fazer o pagamento.

Era dia vinte e Ângelo tinha uma consulta às dezoito horas. Precisava buscar as crianças na creche e convencer mais alguém da necessidade de ir ao médico e continuar com o tratamento.

Quando chegou a casa encontrou Lia com o fogo pronto, esperando a água para o banho. Ele ficou feliz por não ter de convencê-la a ir

Foram carregando as crianças. O médico receitou os mesmos calmantes para ela e disse que fazer uma psicoterapia poderia ajudá-la a melhorar depressa. Ela tentou argumentar, mas prometeu que pensaria no assunto com bastante carinho, ao olhar para o rosto de Ângelo que, sem dizer nada, parecia pedir-lhe que tentasse mais uma vez.

Ao sair do consultório, Lia segurou a mão de Ângelo e sem parar para pensar se dirigiu até o balcão de marcação de consultas. Marcou a primeira sessão da psicoterapia para um mês depois.

Voltaram para casa e após acomodar as crianças, acomodaram-se os dois nos papelões, que ela trocava com maior frequência agora.

CAPÍTULO VII

Elsa era uma pessoa conhecida de Lia e estava catando lixo quando se reencontraram. Elsa contou para Lia que seu marido estava morto. Lia sentiu-se aliviada com a notícia.

Elsa não conseguiu conter a emoção. Após chorar muito – choro este que Lia procurou escutar com paciência –, Elsa disse:

— Entreguei meus filhos na Febem, porque não pudia mais sustentar eles sozinha.

— Pelo menos você não apanha mais. Sua vida deve estar mais em paz. Ter se livrado daquele desgraçado deve ter sido bom para você.

— Ele era quem me sustentava, quem cuidava de mim.

— Você era quem cuidava dele. Trabalhava como louca para dar as coisas para ele e ainda apanhava. Afinal, de que ele morreu?

— Dívida.

— Droga?

— Foi.

— Eu sinto muito por você, mas não vou dizer que não fiquei aliviada por ele ter morrido. Não posso esquecer o que ele me fez. Você sabe que eu não consigo.

— É, Lia, você tá limpinha... de batom, forte, cum saúde. E aquele cara que tava cum você, o Ângelo?

— Ele é a única coisa boa da minha vida. A razão que me mantém viva.

— E as suas crianças? Você num gosta delas?

— Gosto muito. Adoro. Amo. Morro por elas, mas a minha força vem dele. É ele quem me faz sorrir, acordar, sair atrás de lixo e voltar viva no fim do dia. E você, onde está vivendo?

— Na ponte. Embaixo da mesma ponte.

— Você não está com medo? Agora o Zeca não pode mais te proteger, e o que ele fazia comigo outros podem tentar fazer com você.

— Eu tenho medo, mas o que que eu vô fazê? Onde eu vô morá? Morrê eu já tentei, mas num deu certo. Eu vô continuá catanu lixo. Lia, fica com o Ângelo, não se liga nas coisa do passado. Olha pru teu futuro e se cuida.

CAPÍTULO IX

Alice voltava para a creche após vir da sede da Prefeitura. Encontrou Lia com dois sacos de latinhas amassadas. Parou o carro e ofereceu carona na intenção de conversar com ela.

— Estou indo aqui perto e depois vou para casa. Se você pudesse esperar um pouco, aceitaria a carona.

Alice queria conversar e resolveu tomar um lanche. Lia não demorou mais do que prometera.

— Peço desculpas por aceitar a carona, mas é que preciso voltar ao casarão mais cedo. Então te agradeço.

Ao sair com o carro, Alice resolveu abrir o jogo, ser direta, coisa que lhe faltava coragem para ser com Ângelo.

— Desculpa, Lia, mas eu preciso te fazer algumas perguntas. Suas crianças já tiveram este ano em três creches diferentes. Toda vez seu marido diz a mesma coisa. Você está deprimida e precisa de ajuda. Depois pedem transferência e na outra creche vocês perderam os documentos e vão tirar depois. Pra isso precisam trabalhar e precisam da creche. Eu tenho notado melhoria na condição de vida de vocês e na higiene e cuidado com as crianças. Eu preciso saber quem são vocês.

Lia desconversou garantindo que dessa vez eles não iriam embora, que providenciariam os documentos e logo estariam com sua cidadania garantida e ela seria exercida. Agradeceu a carona e ficou perto de casa.

Alice ficou irritada porque se ela pudesse, ajudaria. Será que eles não entendiam que ela só lhes queria bem? Será que não podiam confiar nela?

COLIBRI

Fazia cinco anos que Colibri morava ali. Já estava bem acostumado com a vida naquele lugar. Era bem tranquilo o Instituto Irmão Sol, Irmã Lua. Instituição que já pertencera a uma ordem religiosa, mas fora anexada à Fundação Para o Bem-Estar do Menor.

Era um abrigo para menores carentes e abandonados, não era uma instituição para menores infratores. A rotina da casa era simples. De manhã iam às aulas. À tarde havia a horta ou a oficina. Colibri preferia a segunda sempre que podia escolher. Adorava jogar futebol, vôlei, basquete. Qualquer coisa em que estivesse em grupo. Não gostava de ficar sozinho

Era seu aniversário de dez anos. Esperava a visita da irmã. Lúcia sempre que podia ia visitá-lo.

Colibri ainda se lembrava do dia em que seu tio o deixara ali. No mesmo dia havia perdido a casa em que sempre vivera com seus pais e sua irmã. Havia perdido o convívio com Lúcia, com a tia, com as primas. Não tinha mais família. Estava sozinho. Seu tio foi embora e nunca mais voltou.

Depois do acidente que matou sua mãe, Colibri vivia com a irmã e com o pai. Com a morte de seu pai, ficou sob a tutela da tia, que era casada com seu tio. Eles se mudaram para sua casa com duas filhas e eram muito atenciosos com ele e Lúcia. Até o dia em que seu tio o encontrou brincando de médico com a prima atrás do sofá.

Depois daquela tarde, seu tio o entregou ao Estado dizendo que não poderia mais cuidar dele, só de sua irmã.

Ele nunca entendeu porque seu tio o levou para o abrigo. No início ficou com muita raiva do tio, da tia, da irmã e até de seu pai, que não tinha o direito de morrer e deixá-lo assim, sozinho. Seu pai só morreu para deixá-lo sozinho.

O abrigo era uma casa grande, não era ruim morar lá, porque as tias eram muito carinhosas, mas tinha muitos garotos e ele queria uma família só para ele, como antes de seu pai morrer. Só ele, o pai e a irmã. Assim ele seria feliz.

Vivia sempre quieto, parecia que esperava alguma coisa acontecer. De repente, saía de trás de um móvel qualquer com os braços abertos simulando um voo e gritando. Parecia um pássaro. Por isso seu apelido. Colibri. Era um pássaro, mas um pássaro pequeno e magrinho.

Naquela tarde de sábado, dia de seu aniversário, esperou, esperou e esperou, mas Lúcia não foi. Ele ficou muito triste vendo os meninos receberem visitas. Até ganhou presentes de pessoas que vinham para brincar com eles, gente caridosa que gastava seus dias com crianças que não conheciam. Mas ele queria a visita da irmã. E ela não foi. Segurou-se até todos irem embora. Ganhou um beijo da tia que mais gostava. Tomou seu banho, jantou, deitou-se e chorou até adormecer. Jurou para si mesmo que nunca mais esperaria ninguém ir visitá-lo. Se fossem, seria bom, se não fossem, melhor. Que se esquecessem dele, de vez.

No dia seguinte, já esquecido da promessa da noite anterior, escreveu uma carta à sua irmã e passou, então, a esperar pela resposta.

Quando sua irmã reapareceu, meses depois para visitá-lo, Colibri não conseguiu controlar a revolta e explodiu com ela:

— O que é que você quer? Não morreu ainda não?

— Não. Como você pode ver, estou sobrevivendo. E você, como vai? Não vai me dar um beijo?

— Não. Não quero beijo seu. Não quero nada seu.

— Por que você está tão magro?

— Eu estou bem e posso continuar assim.

— Não vai perguntar como eu estou? Ele não respondeu.

— Olha, trouxe chocolate para você.

— Não quero.

— Trouxe um jogo de cartas novinho.

— Pode levar de volta.

— Você está chateado comigo por quê?

— Por nada.

— Olha, Colibri, eu sei que não tenho vindo te ver, mas eu tenho muitas coisas novas para te contar.

— É?

— Aconteceu muita coisa comigo.

— É?

— Eu saí da nossa casa, da casa dos tios. Estou trabalhando e nem sempre tenho folga nos dias de visita.

— É?

Sinto muito a sua falta. Estou trabalhando para quando você sair daqui a gente ir morar junto. Daqui a três anos eu vou ter dezoito anos. A gente aluga uma casa e vai morar junto. Nós dois. Vai ser como era antes do papai morrer.

— É?

— Eu trabalho na casa de uma família. Eu guardo tudo que posso do que recebo lá.

— É?

— Quando eu tiver dezoito anos eu vou ter um dinheirinho para alugar um lugar e levar você comigo.

— E eu também já vou poder ajudar. Eu arrumo alguma coisa pra fazer.

— Então tá combinado. Se eu demorar pra voltar é porque estou cuidando do futuro da gente, entendeu?

— Entendi.

— Então se eu demorar pra voltar, você não vai ficar com raiva; não.

— Vou ficar, sim.

— E quando eu voltar eu trago chocolate pra você.

— É?

— Às vezes, quando você faz assim, nem dá vontade de vir aqui te ver, sabia?

— Então não vem.

— Eita, garoto chato! Não sei por que você faz assim comigo. Deixa de ser chato. Eu amo tanto você...

Lúcia e Colibri ficaram o resto do tempo da visita lado a lado. No início em silêncio, depois jogaram cartas e se envolveram em outras brincadeiras.

Quando acabou o tempo de ficarem juntos, ela o abraçou. Ele se afastou. Disse:

— Tchau.

Ela se enfureceu e foi embora brava. Quando estava próxima ao portão de entrada ouviu um assobio. Virou-se. Era ele, que corria ao seu encontro com os braços abertos, simulando um voo e assobiando bem forte. Ela o abraçou e ficou bem emocionada, saiu do abrigo mais uma vez chorando, ainda mais decidida a tirá-lo dali e reconstruir com ele a sua família.

CAPÍTULO XI

Lia acordou cedo, colocou sua melhor roupa, arrumou bem os cabelos e saiu. Foi até o ponto de ônibus, pois queria encontrar-se com Elsa e pedir-lhe um favor.

Depois de rodar bastante, foi até a parte onde sabia que era mais fácil encontrar Elsa. Não demorou muito até achá-la e lhe fazer a proposta.

— Eu quero ir até o Arquivo Histórico fazer uma pesquisa e preciso que você vá comigo porque você tem documentos e eu não. Se você topar, eu te dou a grana que você ia ganhar catando lata o dia todo.

— Você vai me pagar com quê?

Lia mostrou-lhe um pouco de dinheiro. Elsa aceitou a proposta, mas cheirava muito mal e Lia pediu para irem até a casa de Elsa para ela tomar um banho, porque roupa limpa tinha.

Elsa teve ideia melhor. Ia tomar banho na casa de uma amiga que morava numa favela próxima e voltava logo, para se encontrar com Lia de banho tomado.

Lia esperou quase duas horas até que Elsa voltasse. Voltou bem cuidada e foram logo para o Arquivo Público, pois a pesquisa iria demorar.

No Arquivo Público, depois de horas e horas de pesquisa de material microfilmado, ela achou o que tanto procurava.

Voltou para o casarão e pagou a Elsa, como combinado.

Lia precisou acordar cedo no dia seguinte. Entregou as crianças na creche e se dirigiu até a rodoviária. Comprou a passagem e viajou sem bagagem nenhuma. Para chegar aonde desejava era preciso fazer várias viagens curtas porque como não tinha documentos sabia que não conseguiria embarcar para uma viagem mais longa.

Ela precisava confirmar a notícia que havia lido na microfilmagem do jornal. Primeiramente, ela dirigiu-se à Delegacia de Polícia da cidade e fez um Boletim de Ocorrência por perda de documentos.

Ao chegar, finalmente, em Santana, dirigiu-se à Companhia Telefônica local e pegou a lista de assinantes. Procurou os nomes que mais se repetiam e entre eles uma boa notícia, que ela gostou. Alencar. Um nome comum. Melhor que isso, era o sobrenome de Ângelo. Ela gostava da coincidência das iniciais.

Resolvida, ela dirigiu-se ao Cartório de Registro de Pessoas e disse que necessitava de uma segunda via da certidão de nascimento de Lia de Alencar.

Pediram-lhe uma prova de que ela nascera na data que afirmava ou o testemunho de um parente próximo que morasse na cidade e que confirmasse a história. Lia quase desistiu, mas ainda não estava vencida.

Procurou o hospital público da cidade, disse que precisava de uma segunda via de seus documentos e que havia nascido naquele hospital. Deu a data e até a hora de seu nascimento, mas não se encontrou nos arquivos nenhum registro dela.

A noite chegou sem ela conseguir resolver seu problema. Num minuto de desespero ela se dirigiu até a delegacia de polícia local e disse que procurava um irmão chamado José, mas que às vezes se dizia chamar João Batista, que estava desaparecido.

O rapaz que a atendeu disse que não havia ninguém lá com esse nome. Ela pediu para o rapaz procurar pelo sobrenome. Alencar. O policial lhe disse para voltar na manhã seguinte e pedir para procurarem no setor de arquivos e documentos.

Lia estava com pouco dinheiro e pediu uma dica do lugar mais barato que houvesse na cidade. O rapaz lhe indicou uma hospedaria com pernoite, mais barato não tinha.

O café da manhã era um pão com margarina, café com leite e metade de um mamão papaia, que ela comeu e saiu apressada para a delegacia.

Na delegacia descobriu que um rapaz que esteve preso se chamava Alencar, mas era Pedro seu nome. Ele já estava solto e morava num bairro afastado da cidade. Ele era balconista de bar. Lia não perdeu tempo e foi procurá-lo. Perguntando e conversando com as pessoas na rua atrás de informações, ela conseguiu chegar ao bar em que ele trabalhava.

No bar ela pediu água e conversou com Pedro Ernesto de Alencar, um rapaz que bem que poderia mesmo ser seu irmão. Era um pouco mais alto do que ela. Clarinho. Magrinho. Só não tinha os seus olhos azuis.

Ela lhe contou sua história, ou melhor, a história que havia inventado.

Pedro disse que não era a pessoa que ela procurava, porque ele não tinha irmã, portanto não poderia ser ele.

Lia perguntou quem eram seus parentes, quem sabe ela poderia ser sua prima ou alguém assim e ele lhe indicou uma prima dele que morava ali perto. Ela era mais velha e conhecia melhor a família toda.

Lia tinha que convencer essa tal de Sonia, fosse quem fosse, a lhe ajudar no seu intento. Só voltaria para casa com uma certidão de nascimento.

CAPÍTULO XII

Ângelo estava enlouquecido. Já era a segunda noite que ele iria ficar sozinho com as crianças. Lia simplesmente sumira. Ele havia combinado que ela levava as crianças para a creche e ele ia buscar.

Mas no dia anterior ele foi buscar as crianças na creche, quando chegou ao casarão ficou só com elas. O dia passou e nada dela. Já era tarde e nada dela outra vez.

E se ela foi embora? O que ele ia fazer? E as crianças?

Agora que ela aceitou ir ao psicólogo. Talvez ela tivesse aceitado fácil demais. É, talvez isso já demonstrasse que havia algo errado.

De qualquer forma, ele não iria procurá-la não. Já sofrera muito com ela. Já passara muitas e ruins do lado dela. Ficaria ali mesmo e ela, se quisesse, ela que voltasse sozinha como foi.

Depois da noite em claro, era hora de trabalhar. Ao chegar à marmoraria, Dito disse para Ângelo:

— Aquele seu amigo, não poderia fazer as contas de uma oficina mecânica e de uma padaria? O pessoal aqui é tudo clandestino e não tem grana pra pagar essa burocracia toda, mas seu amigo fez barato pra gente e como a gente não sabe fazer as contas... A nossa foi aprovada. Seu amigo é bom nisso. Será que ele não quer fazer as outras?

Ângelo se entristeceu e disse:

— Na boa, cara, eu vou falar com a pessoa, mas preciso de um tempo até encontrar com ela outra vez.

— O pior é que ninguém tem muito tempo. Se der pra acelerar.

— Tá certo...

COLIBRI

No abrigo em que Colibri morava nada mudara nos últimos anos, a não ser alguns colegas que, não tendo família, foram adotados.

Quando Lúcia completou dezoito anos entrou, junto ao Juizado de Menores, com um pedido de guarda do próprio irmão. Foi orientada por um advogado público e depois de alguns meses de conversas, o juiz decidiu que Lúcia não tinha condições financeiras e emocionais para arcar com as despesas e de apoiar seu irmão menor por ser ainda muito nova.

O resultado do processo foi: negada a guarda do menor para sua irmã.

Colibri permaneceria no abrigo até completar dezoito anos. Esperaria, portanto, mais cinco anos.

A vida de bom aluno de Colibri não ajudou muito, nem seu bom comportamento serviu para ele ser considerado bom o suficiente para morar com a irmã. Então já que restava esperar, Colibri esperaria.

No dia em que completou quinze anos, o abrigo recebeu a visita de um grupo de voluntários. Era comum ter voluntários, mas esse grupo era diferente, formado por jovens de uma escola particular da cidade. Vinham sempre e traziam muitos presentes.

— Oi, Colibri. Te trouxe um presente.

— Pra mim? É?

— Pra você. Hoje não é seu aniversário?

— É. É mesmo. É meu aniversário. Mas Regina, não precisava se preocupar comigo.

— Eu não me preocupo, Colibri, mas penso muito em você.

— É?

— Como você diz, é.

— Então muito obrigado. A camiseta é linda. Vou usá-la só em dias especiais.

— Que dias são especiais para você?

— Os dias que você vem me visitar.

— Posso te dar um abraço?

— Pode sim. Pode me dar um abraço, afinal, hoje é meu aniversário.

Eram amigos, mas queriam ser bem mais do que isso. Eles se aproximaram num abraço e Colibri aproveitou para beijá-la. Seria seu primeiro beijo de verdade. Virou o rosto aos poucos e esperou um tapa. Regina lhe deu um beijo bem mais profundo do que ele esperava. Ela o beijou bem forte. Abriu a boca e também se deixou beijar. Naquele momento, Colibri aprendeu a beijar uma mulher.

— Posso te fazer uma cobrança?

— Cobrança?

— Você me prometeu que no seu aniversário eu ia saber seu nome.

— Colibri, você já sabe disso.

— Colibri é nome de passarinho e você é gente. Gente tem nome de gente.

— Meu nome é Colibri, moça. Esse é meu nome. Sou como um passarinho. Sei voar e cantar para beijar você, minha flor.

— Mas você prometeu que um dia qualquer ia me dizer seu nome de verdade.

— Mas hoje não é um dia qualquer.

— Hoje é o dia do seu aniversário.

— Quero que você conheça um lugar especial aqui.

— Qual?

— É logo ali, vem comigo.

Colibri levou Regina até os fundos do abrigo.

— Quero que você me dê um beijo.

— Só um beijo?

— Você quer me dar mais alguma coisa?

— Talvez.

Do beijo, as outras sensações foram aumentando. Depois de alguns minutos, a vida de ambos havia mudado um pouco. Colibri se sentia mais homem. Regina fora sua primeira mulher.

Quando voltaram ao pátio, os colegas de Regina haviam ido embora sem ela. Foi preciso explicar porque perdera a hora de voltar com o grupo.

— Eu estava com dor de barriga e não consegui sair até agora do banheiro.

— Mas os banheiros ficam para a direita e vocês dois vieram de lá de trás. Vou ligar para seus pais e avisá-los. Até a semana que vem, mocinha.

CAPÍTULO XIII

Lia conversou com Sonia na casa simples em que ela morava na periferia de Santana. A situação não era boa. Pouco dinheiro até para comprar o básico. Portanto não foi difícil para Lia convencê-la a ser sua mais nova irmã. Lia prometeu-lhe uma quantia boa. Pagou uma parte e pagaria as demais depois.

— Então, Lia, eu não tenho nenhuma garantia de receber nem a segunda parte, mas a primeira parte já ajuda na despesa do mês e eu não tenho nada a perder mesmo.

Foram ao cartório da cidade de Santana e contaram a história.

Eu sou Lia de Alencar, moro com uma prima em São Paulo. Perdi os documentos na viagem e preciso de uma segunda via da Certidão de Nascimento. Perdi ontem, como consta neste Boletim de Ocorrência. Essa é minha irmã Sonia

Eu sou Sonia. Nós duas fomos registradas neste mesmo cartório, antes do incêndio que teve, e acabou tudo. Faz mais de quinze anos, mas nunca precisamos de segunda via deles. Só agora que ela perdeu a carteira na viagem é que estava precisando.

— Assinem aqui, as duas, por favor.

Sonia confirmava e assinava como testemunha que Lia era sua irmã.

Ela não era muito conhecida na cidade. Era pobre e se mudara várias vezes nos últimos anos por conta do aluguel.

O escrivão fez o documento, como fazia sempre que algum morador antigo da cidade vinha confirmar a história de quem requeria a segunda via de algum documento que fora perdido no incêndio havia mais de quinze anos. As pessoas que se mudaram da cidade às vezes procuravam o cartório para esse fim.

Ela saiu do cartório com uma Certidão de Nascimento novinha e nenhum centavo no bolso. Sabia que havia cometido um crime. O incêndio no cartório também foi criminoso e ninguém pagou por isso. Quem sabe ela dava a mesma sorte?

Voltar para o casarão agora, só de carona. Ainda bem que estava limpinha. Não seria difícil conseguir uma carona.

Foi para a estrada e esperou alguém parar. Ficou no posto de gasolina e logo conseguiu um caminhoneiro que a levasse embora. Na estrada pensava: "Na verdade, sou alguém agora novamente, com documentos. E pra que voltar pro casarão? Poderia tirar os outros documentos e sumir. Quem sabe outra cidade, outro estado? Quem sabe outra história? Eu nem sei se Ângelo vai aceitar que eu volte pro casarão. Ele vai me mandar embora de lá? Será que ele percebeu que eu não estava lá esses dois dias? É, tinha as garrafas de água. Se eu não usei, ele percebeu que eu não estava lá".

Chegou ao casarão já tarde, muito tarde da noite, e ao se aproximar da entrada, alguém a agarrou por trás, prendendo suas mãos e tapando sua boca ao mesmo tempo.

— Calma. Sou eu. Temos visita de novo. Vem, me segue, bem devagar. Não faz barulho.

Ela logo ficou tranquila ao identificar a voz de Ângelo a avisando que os intrusos haviam voltado. Ele estava no mato com as crianças.

Passaram quase a noite toda ali. Depois que os outros se foram, deixando o cheiro forte de drogas e álcool no térreo, eles subiram as escadas do fundo, acomodaram as crianças e resolveram dormir sem discussão, sem perguntas, sem cobranças.

CAPÍTULO XIV

Ângelo foi trabalhar cedo. Era bom Lia acordar cedo e procurar muito lixo, pois ela ia precisar de muito dinheiro para pagar a nova dívida com Sonia, para colocar a água no casarão, tirar seus documentos... Agora que tinha a certidão podia apresentar um documento na Companhia de Saneamento da cidade e pedir a ligação da água.

No fim do dia, Ângelo pediu a Dito:

— Se os seus amigos quiserem, dá os papéis deles, para fazer as contas. Encontrei a pessoa e ela se prontificou a fazer as outras pelo mesmo valor.

Quando as contas dos amigos de Dito ficaram prontas, Ângelo levou-as para Dito e recebeu o pagamento como combinado.

— É, – disse Dito – seu amigo faz esse serviço muito bem. Se a Receita aprovar mais esses aqui, a gente vai querer conhecer ele. A gente vai fazer uma proposta pra ele.

Lia acordou cedo no dia seguinte e foi ao correio para depositar a quantia combinada para Sonia. Muito antes do que pensava já pagava a segunda parcela.

Aproveitou para comprar um tailleur azul, uma blusa vermelha e outra cinza, um sapato de salto, mas confortável, afinal ela não tinha carro e andar de salto na cidade e na estrada não é fácil, e cinco cabides. Estava pronta para começar a trabalhar. Por enquanto, era melhor levar as compras para casa e voltar a procurar mais lixo porque seu dinheiro acabava rápido.

Voltou ao casarão e arrumou as roupas novas nos cabides, pendurando-as num lugar bem escolhido.

Quando Ângelo chegou com as crianças e a água, viu as roupas dela, mas não fez nenhum comentário. Ela explicou-lhe que precisava fazer a ligação de água para o casarão e pediu para ele fazer uma lista do material que seria necessário no serviço:

— Você quer arrumar essa casa sem ela ser nossa?

— Eu quero ter condições humanas de vida, mesmo que sejam mínimas.

— E os nossos "amigos" que gostam de nos visitar durante a noite. Estamos protegidos até agora porque eles ainda não nos descobriram.

— Na verdade, estamos protegidos, mas podemos estar melhor. Podemos tentar? Se eles aparecerem nós podemos tentar conversar com eles.

— Não se esqueça de que somos nós os invasores. Esse território é deles. Seria muito bom se pudéssemos ter um pouco de conforto, mas podemos esperar um pouco mais e alugar uma casa, pequena, simples, nossa.

— Se gastarmos aqui um pouco, essa casa ficará muito, muito boa mesmo. Nós vamos arrumar só o andar de cima. Não vai ficar muito caro.

— Está certo... Depois a gente vai embora e deixa tudo aqui.

— A gente não precisa ir embora daqui.

— Está certo... A gente arruma o andar que usa, mas se acontecer alguma coisa a gente vai embora. Não vamos procurar encrenca com ninguém, ouviu?

— Está bem, vamos fazer do seu jeito. Se algo der errado, vamos fugir. Sair correndo, como você gosta, como é do seu estilo.

Ângelo conhecia o gênio de Lia e sabia que nada estava totalmente combinado. Era melhor começar a rezar para não precisarem sair dali correndo antes do que se podia imaginar.

Lia havia comprado uma lanterna, além de mais um lençol de berço e dois travesseiros infantis. Era preciso guardar dinheiro para pagar a condução. Ela ia precisar para procurar emprego.

Existem coisas em Ângelo que Lia amava. Nada era mais admirável nele que essa sua confiança no uso que ela fazia do dinheiro. Ele era totalmente despojado, entregava-lhe tudo que recebia das contas que ela fazia, das latinhas que ele catava e das que ela conseguia levar para casa e ele vendia no fim de semana. Ele confiava nela. Confiava demais.

Para pagar o serviço de Lia, Dito passou uma semana sem pagar nada a Ângelo. Ele não reclamou, afinal, almoçava todos os dias, tomava banho, levava água limpa para o casarão e o resto do almoço pra Lia. Estava bom por enquanto, não ia reclamar. Quando recebeu acumulado das duas semanas ficou satisfeito, nem esperava por isso.

No fim de semana, Ângelo resolveu dar-se um presente. Compraria um colchão. Pensou melhor e comprou um colchão de casal. Pediu para entregar no número 2.000, da Avenida Barão de Mauá. O colchão não era nada bom. Era bem fininho, mas era mais confortável que dormir no chão. E quem sabe se eles ficariam bastante tanto tempo ainda por ali. Comprando o colchão, ganhou os travesseiros.

Lia recebeu o colchão e assinou o recibo de entrega. Nem imaginava como Ângelo havia comprado aquele colchão. Também não sabia como ele arrumava aquelas empresas para ela fazer a contabilidade. Será que ele era amigo mesmo do pessoal? Então por que não lhe arrumavam um emprego com salário e benefícios? Ele ganhava aquela grana sempre, era pouco, mas regularmente, e não era catando material reciclado em saco de supermercado. O que será que ele fazia? Será que ele gastava todo o dinheiro que ganhava?

O colchão pareceu-lhe bem macio. Lia utilizou o plástico para proteger o colchão do chão. Era bom deitar num colchão macio outra vez.

Parecia até um sonho o colchão, suas roupas novas, a sua certidão de nascimento, o berço, os lençóis. A vida estava mudando para eles, desta vez para melhor.

A próxima segunda-feira era o dia de ir à consulta do psicólogo. Era preciso se preparar para isso.

COLIBRI

Regina tinha dezoito anos e desde que passara a visitar o asilo se interessara pelo lugar e pelas pessoas que moravam lá. Só mais tarde se interessara por Colibri. Seu sorriso lhe chamara a atenção. Era um sorriso tímido, bem bonito.

O que aconteceu próximo ao muro do asilo mexeu muito com a cabeça de Colibri. Ele não conseguia esquecer o cheiro e o gosto do corpo de Regina. Mesmo sabendo que não fizeram tudo muito certo, assim mesmo queria repetir, queria tê-la de novo.

Quando Regina chegou no sábado, eles se olharam, abraçaram-se, cumprimentaram-se e deram um jeito de irem aos fundos do asilo. Ao chegarem lá havia um funcionário. Deram a volta e foram até o banheiro, um velho banheiro que era pouco usado, pois ficava longe do pátio. Entraram e se amaram ali mesmo.

Quando Fumacinha entrou no banheiro, sem querer flagrou os dois. Olhou e percebeu que Colibri o havia visto. Sumiu.

A visita acabou e Fumacinha aproximou-se de Colibri:

— Aê, santinho do pau oco. Faz tempo que eu queria pegar você, cara, mas transando no banheiro... Mas que lugar...

— Fumacinha, a gente pode entrar num acordo.

— Acordo?

— É.

— Grana. Eu quero grana. Sem grana eu conto tudo.

— Tá bem. Tá bem.

— Eu espero até domingo. Vê se se vira.

— Tá certo, eu me viro. Agora vai, se manda vai.

Os inspetores estavam conferindo se todos já dormiam e não gostavam de pegá-los fora de seus quartos.

— E agora? O que é que você vai fazer, Colibri?

— Sei lá, Carlinhos. Sei lá. Vou dar um jeito de arrumar uma grana pra dar pra ele.

— Ele vai sempre te pedir mais.

— Tá, Carlinhos, e o que é que você quer que eu faça? Se ele contar pro diretor eu estou frito.

— Pô, cara, se eu tivesse eu te arrumava, Colibri, mas justo agora eu perdi aquele estágio.

— Valeu, cara, mas fica tranquilo que eu peço emprestado na oficina, por enquanto.

Fumacinha recebeu por seis meses seguidos um dinheiro que Colibri lhe entregou. A propina já fazia parte do orçamento mensal de Colibri. Até que um dia Regina chegou com a notícia:

— Colibri, eu estou grávida. Você vai ser pai.

— É?

— Vou ter um filho seu!

— É?

— Meu pai falou que eu vou ter que cuidar e sustentar ele sozinha. Eu vou ter que cuidar dele e trabalhar.

— Eu te dou o que eu conseguir ganhar. Agora não vou mais precisar pagar pro Fumacinha não contar nada pro diretor.

— Você está feliz?

— É? Não. Eu queria ter um filho. Mas queria ter um filho depois que saísse daqui. Mas a gente não se cuidou, agora tem que se virar. E você? Você está feliz?

— É estranho saber que estou grávida, mas eu estou muito feliz.

— É? Quantos meses faltam para ele nascer?

— Faltam cinco meses.

— E a faculdade, como é que fica?

— Vou ter que continuar estudando. Meu pai falou que eu não vou poder abandonar os estudos não.

— É?

— Minha irmã, meu Deus! Sei que ela vai me matar quando ficar sabendo. Esse bebê, de certa forma, vai mudar muito a nossa vida.

— Você vai contar pra ela?

— Vou ter que contar. Eu tenho só dezesseis e vou ter que dar um jeito de ser um bom pai.

— Não se preocupa, meu pai tem grana. Vai cuidar bem do bebê.

— Ele não te disse pra você sustentar o bebê?

— Sustentar não. Ele disse cuidar.

— Sei não. Quem tem que sustentar o bebê sou eu. Vou dar muito amor pra ele e não vou morrer. Vou dar um jeito de ficar vivo até ele ser um homem. Ele vai ser meu filho e vai ser muito amado.

— Por mim também.

CAPÍTULO XV

Quando Ângelo chegou, eles jantaram, tomaram chá e combinaram que conheceriam os limites do terreno do casarão.

Acordaram no domingo dispostos a andar em todas as direções até encontrar uma cerca ou um muro, algo que delimitasse o quintal do casarão. Colocaram leite nas mamadeiras, juntaram umas frutas numa sacola, pegaram uma faca e escolheram a mata do lado direito para entrar.

Andaram na mata e conheceram cada metro daquele chão, meio amedrontados. Perceberam as ruínas de um poço artesiano que abasteceu o casarão de água.

O quintal do casarão tinha dimensões de chácara. Perceberam algumas árvores frutíferas: pessegueiros, pitangueiras, laranjeira, amoreira, goiabeira. Algumas frutas caíam pelo chão. Ângelo se sentiu estranhamente feliz por ter visto tantas frutas. Eles, que até passaram fome, se tivessem explorado mais a mata teriam aproveitado melhor aquelas frutas.

Passaram o dia na mata e quando saíram o sol já estava se pondo. Resolveram dormir.

Lia acordou cedo na segunda-feira e foi procurar lixo. Aproveitou para passar num despachante e pedir para preencher o formulário do RG. Tirou as fotos 3x4 e continuou a busca por material reciclado.

A consulta estava marcada para as dezoito horas e ela esperou Ângelo chegar para tomar um banho. Pediu para ele ajudá-la a se lavar. Usou sua roupa nova, queria ir bem bonita, mas não usaria o tailleur. Só a blusa vermelha com a saia azul. Prendeu os cabelos com uns grampos, passou o batom que ganhou dele.

Ângelo a olhava como se não a conhecesse. Como era bonita. Parecia até outra pessoa. Fazia tempo que não a observava mais. Seus olhos continuavam lindos. Seu corpo também. Ela era uma mulher fascinante e linda.

Enquanto ele carregava uma criança e ela outra, iam de mãos dadas pela rua. Quem olhasse aquele casal e as crianças certamente diria que eram muito felizes.

A primeira sessão foi tranquila. Lia falou sobre sua vida atual e as condições em que se encontrava. O terapeuta pediu para ela levar seu companheiro na próxima sessão. As sessões ficaram marcadas para todas as segundas-feiras, às dezenove horas e trinta minutos. Lia prometeu voltar e garantiu a presença de Ângelo com ela. Estava confirmado. Eles iriam.

Ao chegar ao casarão, as visitas estavam indo embora. Ainda viram os faróis dos carros partindo. O odor característico deles ficou no térreo. Lia, Ângelo e as crianças subiram e se acomodaram em seus colchões.

No despachante, Lia acertou tudo e ficou para pegar o RG na semana seguinte.

O Tribunal Regional do Trabalho foi fazer uma visita na marmoraria para fiscalizar o registro dos funcionários. Dito foi logo explicando que os rapazes eram seus sócios e, portanto, não eram empregados. O juiz do TRT deu um prazo para eles regularizarem a situação dos empregados ou sócios. Dito pediu que todos providenciassem seus documentos no dia seguinte, pois ele já havia se informado como faria o registro.

Ângelo saiu aquele dia da marmoraria arrasado. Ele tentou pedir ao Dito para não ser registrado, mas recebeu como resposta:

— Cara, eu num posso nem pensar em ter problemas com a lei. Vou ter por tua causa? Se vira, cara. Fala pro teu amigo que eu vou precisar dele pra outro serviço.

Estava tudo acabado para Ângelo. Era seu último dia naquele serviço. Não tinha como sair dessa.

Ao chegar a casa, Lia percebeu que ele estava mais calado do que de costume. Parecia muito triste. Parecia frustrado. Foram dormir.

CAPÍTULO XVI

Lia recebeu seu RG e tratou de encomendar alguns currículos para entregar nas empresas próximas. Quem sabe alguém estaria precisando de seu trabalho. Precisava tirar também a Carteira de Trabalho e o CPF.

Enquanto andava no centro da cidade procurando o Cartório Eleitoral para se cadastrar como eleitora, ela levava o B.O. e o novo RG, ela notou a presença dos catadores e como alguns conseguiam muito lixo com seus carrinhos.

Observou a presença de Elsa, num canto, como um bicho acuado, parecia ferida. Aproximou-se e tentou conversar com Elsa. Ficou sabendo do óbvio: Elsa tinha sido espancada e estuprada outra vez. Na noite anterior estava dormindo na rua e não estava muito sóbria, não pôde se defender.

Lia lhe disse que não podia continuar assim. Resolveu levá-la ao médico e depois ao casarão. Cuidaria dela dessa vez.

Elsa sabia que Ângelo não gostaria da ideia, porque ele queria viver em paz e eles andaram brigando um tempo atrás.

Ângelo, ao vê-la, não se importou. Desde que Elsa não incomodasse e nem bebesse, poderia ficar ali por algum tempo.

Essa noite ele não levou água no fim do dia, resolveu pegar água do poço abandonado do casarão. Era preciso ferver para poder usar para beber e banhar as crianças, mas era fresca e boa.

COLIBRI

Quando Lúcia foi visitar Colibri no asilo, pediram para que ela fosse até a direção. Ela saiu da sala do diretor com os olhos em chama:

— Tá bom, tá bom, eu fiz besteira.

— É, você só faz besteira, moleque. E agora, como é que vai ser?

— Não sei.

— Ah, não sei?! Você vai ser pai, garoto!

— Eu sei.

— Sabe mesmo? Imagina o que vai ser do seu filho?

— Eu vou cuidar dele.

— É mesmo? Como?

— Vou fazer o que eu puder por ele.

— Você nem sabe do que está falando, rapaz.

— E você? Você sabe Lúcia?

— Como é?

— Você sabe como é criar um filho?

— Não. Não sei. Só sei que não é fácil.

— É.

— Bem, mas agora já foi mesmo.

— Quando eu sair daqui eu, vou cuidar muito bem dele, você vai ver. Lúcia, eu sei que eu sou capaz.

— Claro que você é capaz. Esse não é o problema. Você precisa entender que não é assim muito simples.

— Eu vou fazer o melhor que eu puder.

— E eu? Eu vou comprar umas fraldas. Só não sei quem vai usar, se é seu filho ou você.

— Me deseja boa sorte e me dá os parabéns também.

— Parabéns, querido. E boa sorte para nós todos.

CAPÍTULO XVII

Dez dias faziam desde que Mário passou a fazer a faxina outra vez na marmoraria. Dito tinha pedido aos rapazes para que eles achassem Ângelo. Não para ele voltar ao trabalho, mas para que ele entrasse em contato com a pessoa que fazia as contas dele. Era preciso que as contas fossem feitas em dia e os impostos recolhidos.

Dito queria que ela fizesse o trabalho para eles, para a oficina mecânica, para a padaria e para outros que ele conhecia. A pessoa trabalhava bem e cobrava menos que os outros.

Pela primeira vez Lia encontrou Ângelo catando lixo. Foi numa tarde em que ele já estava vendendo o saldo do dia. Eles foram buscar as crianças na creche antes de ir para o casarão.

Alice entregou as crianças. Rubens, um dos rapazes da marmoraria, avistou Ângelo e foi conversar com ele, dizendo:

— Rapaz, o que aconteceu? Você sumiu outra vez. O que aconteceu? Você é doido, é?

— Oi, Rubinho. Tudo bem?

— Comigo tá. E com você? Onde se meteu? Por que você sumiu?

— Quem é esse cara?

— É um colega meu, Lia.

— É, a gente trabalhou junto na marmoraria aqui perto até ele sumir.

Ângelo tentou desconversar, mas já era tarde, pois Lia já foi logo querendo saber:

— Que marmoraria?

Ângelo interrompeu o diálogo, desconversou, mas Rubens disparou:

— Olha, cara, vai lá que o Dito tá precisando daquela pessoa que faz as contas. Tem uns amigos dele precisando arrumar a situação, por isso ele quer que você converse com seu amigo.

Lia não podia crer no que estava ouvindo. Por isso ele não levava mais água para casa nas garrafas, não teve mais dinheiro nos fins de semana e não arrumou mais serviço para ela.

Rubinho se despediu pedindo para Ângelo ir à marmoraria para ajudá-los a manter as contas em dia e também a situação de vida deles, os empregos.

Lia olhava pra Ângelo já chorando de raiva. Como ele podia ter feito isso, com toda aquela situação? Ela só queria saber uma coisa: por quê?

O caminho da creche até o casarão foi feito no mais absoluto silêncio. Em casa, cadê a água? Foi preciso ir buscar no poço.

— Por que você fez isso? Se estava trabalhando, por que desistiu? Se eles precisavam do meu serviço, por que não me apresentou pra eles?

— Por que eu cansei daquilo.

— Mentira. Você não é vagabundo. Aconteceu alguma coisa. Custa me contar? Por que abandonou o emprego?

— O Dito queria me registrar. Queria meus documentos. Que documentos eu ia apresentar?

— Então foi isso? Documentos? Foi isso?

Ela resolveu chorar e dormir. Ângelo tinha ido longe demais.

Ao acordar, tomaram chá com pão e Lia vestiu sua roupa nova, pedindo:

— Me leva lá. Eu vou ganhar essa grana. Se você não quer ficar lá é problema seu. Mas me apresenta pra eles.

Ao chegar à marmoraria, Ângelo disse:

— Esta é a pessoa que te faz as contas, Dito. Rubinho me disse que você quer falar com ela.

— Muito prazer. Fui eu que acertei sua contabilidade.

— Eu preciso mesmo falar com você porque há algum serviço aqui e pra mais alguns colegas meus. Mas não dá pra contar com seu amigo aí, porque ele costuma sumir quando menos se espera.

— Agora você me conhece e eu posso vir aqui com hora marcada. Posso ajudar a cuidar do seu negócio. Quero conhecer seus amigos e posso trabalhar para eles também.

— Então vamos comigo procurar eles. Quem sabe sai negócio, se tudo de certo. Eles saíram no carro de Dito e Ângelo foi procurar lixo para ganhar o dia.

CAPÍTULO XVIII

Lia e Dito visitaram seis empresas naquele dia e acertaram os serviços dela. Foram almoçar e Dito procurou conhecer Lia melhor. Fez alguns elogios à sua beleza e algumas perguntas sobre sua vida.

Dito levou Lia para casa e foi convidado para um chá. Ele entrou pela escada improvisada. Achou aquele lugar abominável e se ofereceu para fazer alguns serviços ali. Disse que Ângelo era uma pessoa muito boa e poderia voltar a trabalhar com eles se quisesse.

Quando Ângelo chegou a casa havia água, comida e Lia fazendo todas as perguntas que ele não queria responder. Elsa ouviu a discussão e resolveu sumir dali.

— Eu não tenho documentos. Ele pediu e nada há que eu possa fazer.

— Ah, pode sim! Se você procurar um cartório e pedir eles podem enviar via cartório sua Certidão de Nascimento em Aparecida de Goiânia. Com ela você tira o resto.

— Você se esquece de que eu morri?

— Como você sabe? Você nem foi enterrado. Nem foi feita sua necropsia. Talvez você nem tenha atestado de óbito. Por que não tentar? É mais fácil fugir. É a sua cara sair correndo.

— E se não der certo? Se não funcionar?

— Pelo menos tenta. Volta ao trabalhar com eles enquanto isso. Com lixo você não ganha nem a metade.

— É, isso eu vou fazer. Tá bom, vou atrás dos documentos pelo cartório. Assim que eu tiver dinheiro pra isso.

— Você sabe quanto vai custar?

— Não faço a menor ideia.

— Amanhã eu procuro pra você. Posso fazer isso? Posso te ajudar?

— Pode. Agora vamos dormir.

— Ângelo, você precisa cuidar da sua vida. Arrumar sua situação. Voltar a existir. Ser alguém de verdade. O mundo ainda não acabou. A vida vai te cobrar isso.

Essa era Lia de novo. Cheia de esperança. Cheia de força para viver.

A noite ainda não havia terminado. Prometia ser longa. O grupo de usuários de drogas e álcool, todos rapazes bem nascidos, voltou para fazer sua festinha costumeira. Ângelo logo percebeu a presença deles e com Lia levou as crianças para a mata. Depois de alguns minutos começaram a ouvir gritos de discussão. Era uma confusão generalizada.

Coisas que eles não estavam habituados a fazer. Lia ficou apavorada e procurou esconder mais ainda as crianças.

Colocou-as numa caixa de papelão e cobriu-as, protegendo seus ouvidos para que não acordassem com o barulho.

Ficaram os dois tentando ouvir o que acontecia, quando Lia escutou a voz de Elsa.

Elsa provocara toda a baderna. Contou aos rapazes que aquela casa era sua. Mandou-os embora. Eles não estavam em seu estado normal, sentiram-se ofendidos. Então o líder do grupo resolveu fazer uma coisa abominável. Quem conseguiu uma ereção aproveitou a oportunidade.

Lia, ao perceber o que acontecia, tentou correr para ajudar Elsa, mas foi agarrada por Ângelo, que a segurou com todas as suas forças e pedia baixinho em seu ouvido para ela não se envolver, argumentando que eles nada podiam contra cinco homens e que também seriam agredidos e espancados.

Lia sentiu-se impotente contra os argumentos de Ângelo, que a abraçou e procurou proteger-lhe os ouvidos com as mãos para que ela não escutasse mais nada.

Depois de algumas horas, os rapazes foram embora e eles puderam voltar ao casarão. Ângelo subiu com as crianças enquanto Lia procurava por Elsa no térreo.

Quando Ângelo voltou, percebeu que Elsa, além de estar toda arrebentada, também estava bêbada. Decidiu que aquela era a última noite que Elsa passaria com eles.

COLIBRI

As visitas de Regina foram ficando cada vez mais raras. Depois do parto, ela só voltou lá uma vez, para levar Vitor para Colibri conhecer. Ele queria participar do parto, mas não foi possível. Só foi conhecer o filho quando ele completava dois meses de idade.

Com o filho, a faculdade e o trabalho no escritório do pai, Regina saiu do grupo de voluntários que visitava o abrigo. Colibri estava cada vez mais ansioso para sair do abrigo e ir embora de vez.

Sempre que podia, Colibri ia até a faculdade onde Regina estudava para falar com ela. Eles conversavam e faziam planos para breve.

Ela queria terminar a faculdade. Queria ir morar sozinha, quer dizer, com o bebê, mas se saísse de casa antes de completar o curso, seu pai não a ajudaria a pagar as mensalidades, então Regina ficava em casa por isso também.

No dia em que completou dezoito anos, Colibri atravessou o portão do asilo e encontrou do outro lado da rua, Lúcia, sua irmã, Regina e o pequeno Vitor:

— Agora eu sou um homem. Sou pai também. Lúcia, seu irmão é um homem de verdade. Meu filho. Agora eu vou trabalhar feito doido naquela oficina para sustentar você. As pessoas que eu mais amo na vida estão aqui. As únicas pessoas que eu tenho na vida estão aqui. Lúcia, esta é Regina. Regina, esta é Lúcia.

— Muito prazer, Lúcia. Sou a mãe de seu sobrinho.

— Muito prazer, Regina. Sou a irmã de seu namorado.

— Agora, Colibri, vamos para casa. A sua nova casa.

— Uma casa de verdade.

— Eu posso levar vocês. Assim fico sabendo onde você vai morar.

— E seus estudos. Como vão ficar?

— Eu vou terminar. Só falta um bimestre. No final do ano termino o segundo grau. Vou continuar na mesma escola. Termino. Sem problemas.

— E você, Regina? Como ficam seus estudos?

Ainda faltam dois anos para a formatura. Tenho algumas matérias em que fui reprovada, mas nada muito grave. Vou ter que morar com meu pai mais dois anos.

CAPÍTULO XIX

Dito e Lia se tornaram bastante amigos e quase sempre estavam juntos. Ele dava algumas ideias para melhorar a vida no casarão.

Além da água que havia sido ligada, Dito levara também luz elétrica para eles por meio de uma ligação clandestina da fiação da rua. Ângelo e Lia não usavam a luz elétrica após as vinte e uma horas porque era nesse horário que as "visitas" costumavam chegar.

A certidão de nascimento de Ângelo chegou ao cartório vindo de Aparecida de Goiânia. Ângelo, ao receber o documento, ao colocar as mãos na sua certidão, quase não acreditou. Era preciso providenciar os demais, mas agora era mais fácil, era possível. Quem sabe até sua carteira de habilitação.

Era estranho para ele ser Ângelo de Alencar novamente. Ele, que já fora o mesmo Ângelo de Alencar e a vida dele não havia sido muito diferente, não havia razões para saudades... Na sua vida atual pelo menos ele tinha Lia e as crianças. Era muito bom ter uma referência. Alguém com quem se importar. A situação era igualmente difícil, mas ela fazia a diferença.

Para Ângelo, a amizade de Dito e Lia era muito bonita. Estavam sempre juntos trabalhando e Ângelo estava satisfeito com a sua situação. Agora tinha água no casarão, não carregava mais aquelas garrafas.

Eles iriam mesmo reformar o primeiro andar, onde estavam alojados. Lia decidiu começar pelo banheiro. Compraram um pouco de material e estavam esperando comprar o que faltava.

Ângelo e Dito haviam combinado de fazerem a reforma juntos para que não ficasse muito cara.

Depois de três meses de trabalho duro e muita economia para comprar todo o material necessário para encanamento, revestimento e a louça sanitária do banheiro, ficou do jeito que Lia queria.

Ela trabalhava com as contas das empresas, mas o dinheiro era menor do que ela acreditara no início. O dinheiro que recebia era para comprar o material, mas também para garantir um sustento mais digno para os quatro.

Ângelo e as crianças haviam ganhado uns quilos com a melhora na alimentação que desfrutavam e ele já não apresentava problemas no pulmão, nem as dores voltaram. Como havia dito o médico meses antes, descanso e uma boa alimentação fariam com que ele melhorasse logo.

CAPÍTULO XX

Num final de semana a marmoraria se mudou inteira para o casarão. Foram Dito, Mário, Rubens, Caio e todos os outros rapazes para ajudar Ângelo com a reforma.

Seria muito simples reformar o casarão se Lia não resolvesse que não seria uma pintura qualquer, uma maquiagem. Ela queria manter os traços originais da construção. A arquitetura da década de trinta do século XX, com suas portas enormes e sua pintura delicada. Lia procurou uma tinta que combinasse com o tom clássico da arquitetura sóbria do casarão.

Eram quatro cômodos. Um com suíte e uma sala que poderia ter sido a biblioteca. Lia visitara muitas lojas de demolição para adquirir o material para restaurar todo o primeiro andar. Queria transformá-lo no seu mundo. Um quarto para as crianças, um seria seu escritório para trabalhar, o terceiro um quarto de casal e o outro eles fariam uma cozinha. Era o cômodo menor, mas seria a cozinha, onde eles prepaririam as refeições.

Lia e Dito haviam feito o planejamento exato para que tudo ficasse bem bonito. Eles usariam tons pastéis em toda a reforma, desde as tintas até o revestimento da cozinha.

Ângelo continuava acreditando: "O melhor a fazer é alugar uma casa para nós, uma casa menor que pudéssemos honrar o aluguel", mas Lia estava resolvida a reformar o primeiro andar e fazer daquele lugar a sua casa, ou melhor, o seu lar.

O pessoal chegou cedo e trabalhou o dia inteiro, lixando, encanando, assentando. Todos trabalhavam em um só cômodo ao mesmo tempo. O problema é que precisaram desentupir todo o encanamento do banheiro. Em estudos do local Dito encontrou uma fossa séptica que servia o casarão. Ela tinha sido bem construída e poderia continuar sendo utilizada, mas para isso era necessário restaurar parte do encanamento e foi nisso que ele e Mário se concentraram, enquanto os outros cuidavam da faxina e da raspagem da pintura das paredes para depois revestir com massa corrida, tirar as infiltrações e a umidade que causava o bolor, cuidar de cada detalhe.

Depois de trabalharem o dia todo, tomaram banho na torneira do quintal, jantaram e ficaram conversando, já que haviam combinado de trabalhar também no domingo e dormir por lá. Ficaram conversando, jogando cartas e se esqueceram de apagar a luz.

Não demorou muito para receberem as "visitas" e Mário resolveu que seria essa a última visita que eles receberiam daqueles caras.

Ângelo já se preparava para levar as crianças para a mata, quando Mário e Caio disseram para ele ficar quieto, ali mesmo.

Os rapazes chegaram e viram a luz acesa. Surpresos, não tiveram muita reação. Começaram, então, a provocar com gritos e xingamentos quem estivesse lá em cima.

Eles não demoraram a obedecer. Lia ficou com as crianças e desceram: Dito, Mário, Rubens, Caio, Joaquim, Paulo, Jorge e Ângelo. Os rapazes estavam em cinco. Ficou clara a superioridade numérica do pessoal da marmoraria, que procurou conversar e explicar:

— Olha, caras. Esse casarão aqui tem dono, é habitado, e eles não estão muito dispostos a dividi-lo mais com vocês. Ninguém aqui quer se indispor com ninguém, menos ainda com boyzinhos bem nascidos. Então um conselho, que é bom e conserva os dentes: vaza e esquece o endereço, porque ninguém aqui quer brigar, mas se precisar, ninguém vai correr. Entenderam?

Os rapazes, em minoria absoluta e ainda sóbrios, resolveram que os deixariam em paz. Não voltariam mais ali. Partiram como chegaram. Sóbrios e tristes.

O pessoal da marmoraria festejava. Lia parecia feliz. Ângelo, no entanto, de uma coisa tinha certeza: eles voltariam e os seus amigos não estariam ali para defendê-los.

CAPÍTULO XXI

Alice parecia não estar enxergando bem. Aquela moça bonita, bem vestida, almoçando num restaurante do centro da cidade com um senhor, era mesmo Lia?

Parecia uma mulher de negócios. Alice já tinha se convencido de que não era Lia quando ela a cumprimentou com um aceno de cabeça. Era ela mesma e o homem que a acompanhava não era Ângelo. Quem seria aquele senhor?

Ele era bem mais velho que ela, não era bonito, era branco e tinha um aspecto rude. Quando Ângelo foi buscar as crianças, Alice não pôde deixar de perguntar por Lia:

— A Lia arrumou emprego na cidade?

Ângelo confirmou:

— Lia está trabalhando, mas ainda não é um emprego.

Alice supôs que Dito fosse o chefe de Lia e resolveu esquecer o assunto.

Quando Lia chegou à creche com os documentos para regularizar a situação das crianças, todos ficaram surpresos. As cópias foram anexadas ao prontuário de cada uma delas para arquivo. Alice perguntou:

— A psicoterapia está te fazendo bem. Você está a cada dia mais bem cuidada. Muito bem moça, fico muito contente em ver você melhorar, mudar de vida.

Lia não mais procurava ganhar a vida com lixo, gastava seus dias resolvendo a vida financeira das empresas sob sua responsabilidade. Passava horas no centro da cidade para legalizar-lhes a vida.

Numa de suas andanças, Lia encontrou Elsa na rua e lhe pagou um lanche. Passaram algumas horas juntas e Elsa começou a divagar.

— Se uma pessoa sozinha ganha uma grana por dia com lixo, juntas muitas pessoas ganham mais. Se nóis junta bastante pra vendê e vende em maior quantidade, nóis ganha mais. Só que nóis num têm onde deixar o lixo. Não tem espaço pra nóis guardar o lixo. É só uma ideia. É melhor eu ir vendê esse pouco que tem, senão num tem pão pra cumê.

Lia perguntou:

— Tem alguém mais que você conhece que gostaria de fazer isso junto com você?

— Tem algumas pessoa.

— Quantas?

— Olha, Lia, tem bastante gente que tem essa vontade, o que num tem é espaço, essas coisa, grana. Se tivesse a grana tudo estaria resolvido.

— Se tivesse a grana, nós não estaríamos aqui, comendo esse misto-quente.

Riram muito de si mesmas. Lia foi embora. Elsa aproveitou para vasculhar o lixo da lanchonete em busca de latinhas.

Todos os finais de semana eles se reuniam no casarão para continuar a reforma. Já era a quarta semana que eles trabalhavam ali. A casa estava ficando muito bonita.

Lia tinha conseguido que a reforma não destruísse o aspecto singular do casarão. O primeiro andar estava com as portas semidestruídas. Não foi fácil encontrar algo para reformá-las. Era preciso pesquisar muito para conseguir algo do mesmo estilo do original.

Contando sempre com a ajuda de Dito para levá-la em lugares onde poderia encontrar materiais de demolição, foi numa dessas que eles encontraram uma porta antiga e se comprometeram com o dono do lugar de comprar mais três caso ele conseguisse encontrar outras iguais. Deixaram o telefone da marmoraria para contato.

Além de ser mais original, a reforma com material de demolição ficava bem mais barato. A economia realizada superava os cinquenta por cento.

Dito e Rubens eram os que levavam mais jeito com marcenaria. A pintura ficava por conta de Ângelo.

O cheiro de tinta fresca e a o veneno colocado em pontos estratégicos do primeiro andar haviam expulsado os ratos e outros desagradáveis hóspedes.

Em quatro finais de semana eles conseguiram revolver as paredes, tirar as infiltrações, pintar as paredes novamente, o teto, refazer os detalhes em gesso nos cantos e retocar o assoalho de madeira trocando onde era necessário. O maior desafio era envernizar o assoalho e resolveram deixar todo para o final para fazê-lo de uma só vez.

No quinto final de semana, Ângelo resolveu levantar uma barraca no mato, onde pretendia passar quatro ou cinco dias para que o assoalho ficasse pronto e eles pudessem voltar a viver lá dentro, porque depois de passar o verniz era necessário que o local ficasse totalmente fechado.

Com a barraca pronta, eles levaram os dois colchões para dentro dela.

Os rapazes passaram a lixar o assoalho com uma polideira e Dito resolveu que faria uma reforma também no berço das crianças. Deixá-lo-ia novinho.

Após trabalharem o dia inteiro até o início da noite com o pó tomando conta do lugar e do aparelho respiratório deles, tomaram um banho e se abrigaram na cabana improvisada por Ângelo. Dormiram cedo, os que não foram para a cidade.

Alta madrugada e Caio chega ao casarão, quando ouviu a conversa e não reconheceu as vozes. Em volta do casarão, o cheiro de gasolina era evidente e muito forte.

Havia alguém no primeiro andar. Os rapazes dormiam todos juntos ali perto, mas longe o suficiente para não inalarem o cheiro de verniz que vinha do primeiro andar.

Caio pensou o que seria melhor para fazer: entrar no primeiro andar e ver o que acontecia ou na mata e chamar os colegas?

Observou em volta e avistou uma S10 escondida perto dali, na rua, antes da entrada do casarão.

Ouviu mais conversa no primeiro andar e nela os rapazes diziam:

— Agora vamos incendiar tudo. Ainda bem que não tem ninguém aqui em cima, senão iam virar churrasco.

Caio se decidiu e entrou correndo na mata para acordar os amigos. Conseguiu acordar todos eles e enquanto Lia ficava com as crianças saíram todos para resolver a questão. Ângelo ainda lembrou:

— É melhor a gente deixar pra lá. Melhor não se envolver com eles. A gente nem conhece os caras. Melhor não agir com violência. Se for preciso nós vamos embora. Esquecemos o casarão. Eu só quero que ninguém se machuque.

Mário já ia discutir, quando Dito interveio e disse:

— Vamos guardar a saliva para discutir com eles lá fora.

Foram até a porta do casarão. Mário subiu pela janela de um dos cômodos e percebeu que eles consumiam drogas e álcool. Haviam pichado as paredes recém-pintadas, mas não estavam muito bem. Resolveram provocá-los e forçá-los a descer. Ângelo tentou intervir, mas foi calado pelo grupo.

Dito pôs-se a provocá-los e chamá-los aos berros:

— Desçam seus covardes, canalhas, filhos da puta, suas bichas...

Os rapazes ouviram e responderam:

— Quem é a bicha que tá chamando aí? Quem é o corno?

— Desce pra vê quem é. Vem aqui que a gente se apresenta.

Os rapazes desceram e partiram para a briga. A porrada foi geral. Eram três da marmoraria para cada um dos rapazes. O pessoal da marmoraria bateu bastante neles. Ângelo, quando percebeu a vantagem do seu grupo, foi até onde Lia se encontrava para mantê-la quieta junto com as crianças, que acordaram com o barulho. Os rapazes, muito feridos, foram arrastados até o carro e expulsos do local. O pessoal da marmoraria resolveu dormir.

COLIBRI

No final do ano, Colibri terminou o segundo grau, mas não participou da festa de formatura. Não queria gastar e preferiu não fazer parte da formatura.

Morava com a irmã e via o filho aos fins de semana, quando Regina levava o bebê até a sua casa ou então deixava o bebê com ele quando se ausentava da cidade.

Na oficina onde trabalhava, Colibri observava algumas coisas estranhas. Tinha um rapaz que trabalhava por lá. O rapaz se vestia muito bem e tinha sempre grana no bolso em qualquer dia do mês. Aos fins de semana sempre aparecia com carros novos e caros e ninguém sabia como ele conseguia aquela grana toda. Até parecia que não precisava do emprego.

Os empregados mais velhos já haviam dado um toque para Colibri ficar esperto, até que um dia:

— Oi, cara. Como é que te chamam?

— Colibri.

— É um apelido legal. Você gosta?

— Gosto. É a minha cara.

— Por quê? Você gosta de beijar flores?

— É.

— E anda beijando muita flor por aí?

— É.

— Acho que você parece mesmo um colibri, mas é porque você está sempre parado no ar, voando, parece estar sempre longe.

— É.

— Você ganha bem aqui?

— O suficiente.

— Quer ganhar bem? Se vestir legal. Você tem um filho né, cara?

— Tenho, sim.

— Olha, tem umas paradas aí que podem te dar uma boa grana. Se quiser, te ponho dentro.

— É?

— Com pouco tempo vai dar pra ficar rico. Carrão. Roupa boa, mulher bonita.

— É?

— Você tem mulher?

— É.

— Tudo mulher boa, cara. Só filé, bonita mesmo.

— É?

— Se você quiser, quando eu tiver por aqui, é só falar que eu te ponho dentro.

— É?

— Você só sabe falar é?

— É? Quer dizer, não.

— Tá certo cara. Tchau.

— Colibri, cuidado com coisa fácil cara, se cuida. Tu tem um filho pra criar. Aqui o salário é pouco, mas é honesto. Esse cara se veste bem, tem grana, mas sei não. Pensa no teu filho, moleque.

— Tá certo, seu Marcos. Tá certo.

Colibri tomou um banho e foi para casa pensando: "Preciso sair logo daqui. É melhor arrumar outra coisa pra fazer. Já sei onde essa conversa vai chegar. Quero paz. Se fosse pra entrar pra essa vida eu já tinha feito isso faz é tempo".

CAPÍTULO XXII

A polícia encontrou todo mundo pintando as paredes outra vez. Os policiais chegaram ao casarão e deram voz de prisão para todos. Só não levaram Lia e as crianças. Homem, não sobrou ninguém.

Na delegacia era a palavra deles contra a dos rapazes machucados e feridos. O delegado, que já conhecia os rapazes e vira as pichações nas paredes do casarão, a gasolina derramada em volta, percebendo que eles estavam trabalhando na reforma, resolveu facilitar. Pediu os documentos dele, todos tinham a carteira profissional assinada, menos Ângelo, o único que não conseguiu provar que trabalhava.

O delegado dispensou os rapazes e o pessoal da marmoraria que tinha carteira assinada. Foram todos embora. O pessoal da marmoraria voltou para o casarão e Dito foi procurar um advogado para Ângelo.

Deixar Ângelo detido era, para o delegado, uma maneira de averiguar melhor, ter certeza de quem eram os culpados.

Durante o tempo em que procurava um advogado que ele conhecia, Dito procurava uma maneira menos dolorida de dar a notícia para Lia. Ela ia ficar triste porque amava muito Ângelo. Dito sabia disso. Não gostava nenhum pouco da ideia de ser ele a dar a notícia para ela.

O dia de domingo acabou e Lia arrumou as crianças para dormir. Estava com medo. Sabia que os bandidos não haviam descoberto a barraca e ela ficaria lá com as crianças até Ângelo voltar. Por que ele estava demorando tanto?

Os rapazes voltaram e foram embora para suas casas. Caio passou no casarão só para dizer que estava tudo bem com eles.

Ângelo, no pensar de Lia, estava demorando demais. Ele e Dito. Por que justo os dois não voltaram? Bem, ele sabia voltar para casa. Ele ia se deitar com as crianças. Já era tarde, ia dormir.

Lia acordou na segunda-feira com pressa. Levou as crianças para a creche e foi trabalhar. Quando Ângelo voltasse, ele ia ter que ter uma boa desculpa para tê-la deixado passar a noite sozinha com as crianças.

A tarde chegou e nada de Ângelo voltar para casa. Nem Dito apareceu na marmoraria. Lia resolveu ir buscar as crianças na creche. Precisaria convencer Alice de que estava bem. Não podia se mostrar tensa.

Alice entregou as crianças para ela sem muita discussão.

A noite Lia recebeu a visita de Dito e de um advogado na cabana e ficou sabendo o que havia acontecido com Ângelo.

Como Dito imaginara, Lia recebeu a notícia da pior forma possível. Ficou arrasada e depois de escutar a explicação do advogado, ela pediu para que fossem embora. Os dois.

Dito se ofereceu para passar a noite na cabana, queria oferecer proteção para elas. Ela recusou firmemente, alegando saber se cuidar.

— Eu só quero saber onde Ângelo está.

— No 37º DP, aqui perto – disse o advogado.

— Está bem. Agora podem ir. Obrigada.

Acordar cedo, cuidar das crianças, da vida, foi o primeiro pensamento que ocupou a mente de Lia. Era preciso levar roupas limpas e objetos de higiene pessoal para Ângelo na delegacia. Ela não perdeu tempo. Levou-lhe o que precisava: roupas limpa, escova de dente, creme dental, pente, aparelho descartável de barbear, frutas e uma revista semanal.

Na delegacia, teve que entregar tudo aos policiais, que lhe disseram se houvesse algo ilegal na sacola ela também ficaria ali.

Teve dez minutos para vê-lo no parlatório da delegacia, onde só podia ver seus olhos, através das grades.

Não fizeram juras de amor, não se cobraram atenção, nem se prometeram esperar um pelo outro. Cada um deles sabia se cuidar a seu modo e fariam isso.

Ela passou a buscar as crianças na creche todos os dias. Alice esperava com a diretora, que queria explicação. Era evidente que havia algo de errado e ela ia precisar explicar.

— O que houve com o pai das crianças?

— Está preso.

Não adiantava negar a verdade, porque a notícia da briga no casarão já era de domínio público.

— Ele é o responsável legal pelas crianças. Você está em depressão, sendo autorizada a trazer as crianças até a creche, mas não está autorizada a levá-las para casa.

— É isso mesmo. Eu estou fazendo a psicoterapia, estou melhor e posso cuidar das crianças até o Ângelo ser solto e isto será em breve.

— Enquanto ele não voltar, Alice fará um acompanhamento diário do seu caso. Caso aconteça algo com elas serão encaminhadas ao Conselho Tutelar.

— Está certo. Não se incomodem, dará tudo certo. Até o Ângelo voltar, eu cuido delas.

— Mesmo assim, Alice vai observar as crianças diariamente.

— Tudo bem, fico feliz por saber que tem alguém olhando por elas. Alice já faz isso há alguns meses e eu sou muito grata a ela por isso.

Alice resolveu dar uma carona para Lia.

— Por que você não me contou da prisão dele? Quem sabe eu poderia ajudar vocês. Arrumar um advogado?

— Ele tem um advogado. Não se preocupe. O que eu preciso mesmo é que você seja ainda mais generosa nos seus relatórios sobre as crianças. Eu não posso perdê-las, Alice. Sei que você não quer prejudicar nenhum de nós.

— Não se incomode. E pelo menos desta vez confie em mim.

COLIBRI

Colibri saiu da oficina e foi até a faculdade encontrar-se com Regina. Encontrou na escadaria da entrada uma colega de Regina. Ela se mostrava muito confusa quando respondia às perguntas que Ângelo lhe fazia.

— Você viu a Regina do terceiro ano por aqui hoje? Ela veio à aula hoje?

— Regina? Na aula? Hoje?

— É. Ela veio?

— Não. Não veio. Você a conhece?

— É.

— Faz tempo?

— É.

— Não te avisaram?

— O quê? O que aconteceu?

— Não. Eu estou estranhando que da turma dela não saiu ninguém ainda. Ela mesma está demorando.

— Você é amigo dela?

— É.

— É que aconteceu uma coisa. Hoje não teve aula. Eu vim e fiquei sabendo aqui. Então resolvi tirar umas dúvidas com um professor.

— Por que não teve aula?

— Porque uma pessoa da turma morreu e foi todo mundo pra lá.

— Ah, é... Mas morreu de quê?

— Overdose. Você sabe. Exagerou. Desculpe-me, eu nem me apresentei. Sou Fernanda.

— Muito prazer, Colibri. Mas overdose assim? Que pessoal maluco. Estragar a vida assim?

— Pois é. Eu não quero nem chegar perto desse assunto. Mas tem muita gente aqui que usa. Gente bem nascida, inteligente, de família boa.

— Será que a Regina vai ao velório? Vai estar lá com a turma?

— Sem dúvida, ela estará lá.

— Onde será o velório?

— Já está sendo. É lá no cemitério São João Batista.

— Vou pra lá me encontrar com ela. Obrigado.

— De nada. Boa sorte. Hei! Eu sinto muito.

— Eu também.

Quando chegou ao velório, Colibri perguntou:

— Onde está sendo velado o aluno do terceiro ano da faculdade de Direito?

— É no salão nobre. E era uma aluna.

— Obrigado.

Colibri dirigiu-se ao salão nobre e procurava entre os presentes o rosto de Regina. Sabia que ela estaria lá. Os colegas o olhavam entristecidos. Observou um senhor que chorava muito e soube que era o pai da moça morta.

— Quem foi que morreu? Vanessa? Priscila? Isabela?

— Não. Nenhuma delas.

Quando a moça a quem ele perguntou ia responder, ela já estava longe.

Karem o abraçou e ele sentiu uma pontada no peito. Todos estavam ali. Só faltava Regina.

O desespero tomou conta de Colibri quando ele viu Robson, o melhor amigo de Regina, chorando próximo ao caixão.

Robson fazia parte do grupo de voluntários que o visitava no asilo. Robson e Regina eram inseparáveis. Então Colibri se aproximou de Robson e sem olhar para o caixão, perguntou-lhe:

— Cadê a Regina? Onde ela está? Robson, cadê a minha Rê? Por que Regina não está aqui? A Fernanda disse que ela estaria, sem dúvida. Cadê ela, Robson?

— Eu pensava que tinha perdido ela pra você. Sinto muito. Me perdoa.

Colibri olhou por cima dos ombros de Robson, que o abraçava, e viu que quem estava dentro do caixão era Regina, coberta com suas flores preferidas.

Saiu do velório e ficou sentado na porta, chorando como um bebê. Chorou muito, até que a cerimônia terminou e todos foram embora.

Robson estava saindo do velório quando ofereceu uma carona:

— Colibri. Eu te levo pra casa. Vem comigo.

— Tá. Me deixa em casa?

— Deixo.

— Fazia tempo?

— Muito tempo. Uns quatro anos.

— Por que ninguém fez nada?

— Todos fizemos. Nós, os amigos, o pai dela. Todo mundo que ela conhecia tentou ajudar.

— Por que ninguém me contou?

— Ninguém queria perder a amizade dela.

— É. Amizade?

— Nós achávamos que era o melhor a fazer. Talvez não fosse.

— Não consigo entender. Já vi tanta gente se matar por causa disso. Mas só gente ferrada. Gente pobre. Gente burra. Gente feia. Ela era tão diferente de tudo isso.

— Era mesmo. Ela era especial. É aqui que você mora?

— É.

— Você vai ficar bem?

— É.

Quando Lúcia chegou e encontrou Colibri jogado, estático, tentou conversar:

— Eu soube que fecharam a oficina. Que coisa. Pensei que tivesse sobrado pra você.

— É.

— Como você está?

— É.

— Não precisa ficar assim tão mal. Essas coisas acontecem.

— É.

— Está tudo bem?

— Não.

— Você arruma outro emprego. Não se preocupa.

— É.

— Vai procurar a Regina. Sai com ela um pouco, com o Vitor. Não fica assim, não.

— A Regina usava drogas, você sabia?

— Não. Eu não fazia ideia. Faz tempo que ela parou?

— Não. Não faz.

— É por isso então que você está assim. Vai conversar com ela. Ela pode ter entrado num buraco, mas com sua ajuda ela sai dele.

— Sai não. Sai mais não.

— Acredita na força de vontade dela. Se ela tentar de verdade, ela sai.

— Ela não sai mais do buraco.

— Ela tem um filho seu. O que uma mãe não faz pelo filho?

— Ela não sai mais do buraco nem pelo filho.

— Você não está sendo muito duro com ela, não? Eu estou bem surpresa com o fato da droga, mas acho que se ela contar com seu apoio ela sai do buraco sim.

— Esse buraco não tem saída.

— Então tá, Colibri. A mulher é sua, o filho é seu e a teimosia também. Faça o que quiser. Só te digo uma coisa, assim você vai perdê-la.

— Já perdi! Já perdi!

— O que foi que houve, Colibri? Para de gritar. Assim você me assusta.

— Regina morreu, Lúcia! Ela morreu de overdose. Ontem à noite. O enterro dela foi hoje à tarde.

— Meu Deus, garoto... Eu não sei o que te dizer.

— Só não diz que sente muito, pois eu já ouvi isso demais hoje.

A noite durou uma eternidade e nenhum dos dois conseguiu dormir.

CAPÍTULO XXIII

A situação na marmoraria estava cada vez melhor. Lia e Dito se tornaram empresários on-line, vendendo seus produtos via internet. Lia montou um site para a marmoraria.

O faturamento da empresa aumentando e os sócios recebendo o seu em dia. Dito tentou contratar Lia e ela recusou.

— Quero liberdade. Trabalho pra você e pra quem mais me interessar. Se aparecer algo muito, muito melhor, posso ir embora. Mas não se preocupe que eu te aviso antes.

O casarão teve o seu primeiro andar todo restaurado.

O trabalho era feito todo final de semana. Eles passavam o sábado e o domingo trabalhando juntos.

Quando não havia necessidade da presença de todos, iam só alguns. Dito nunca deixou de ir.

Alice chamou Lia num fim de tarde para ler os relatórios que havia produzido sobre as crianças. Lia leu e ficou contente por Alice ter sido tão honesta. Alice ia lhe oferecer uma carona, quando notou o carro de Dito se aproximar da entrada da creche. Ele ia todas as tardes com ela buscar as crianças.

Alice perguntou:

— E o Ângelo? Ele está bem, Lia?

Ele sairá logo, pois o delegado não conseguiu incriminá-lo porque ele foi o único que não se envolveu na briga.

O delegado parou a viatura na frente da marmoraria numa manhã e, ao entrar, o serviço parou. Todos estavam imóveis. A respiração ficou difícil. Ele cumprimentou um a um pelo nome. O pavor tomava conta de cada um a cada nome que era falado.

Foi até o escritório e chamou Dito num particular.

— Seguinte, não vou perseguir ninguém, mas não tô aqui pra mimar vagabundo. É bom se manter na linha. Se alguém der motivo, o bicho pega geral.

— O senhor vai levar alguém?

— Na verdade, eu não tô nem aí pruns merda como vocês não. Tô atrás de peixe grande. Esse negócio de prender bandidinho de quinta não leva ninguém pra longe não. Tô querendo é pegar uns trafica que tão por aqui. Vocês sabem quem são?

O silêncio era tal que se ouvia o respirar de cada um e o coração batendo forte.

— É o que eu pensei. Ninguém ouviu, nem viu. Aqui é todo mundo com pobrema. Ah! O amigo de vocês vai sair logo. Fiquem de olho nele.

O delegado foi embora e Dito marcou uma reunião com a turma toda e o advogado no final do expediente da sexta-feira.

Às vezes Alice parava para pensar na situação de Ângelo. Ele, numa prisão, com aquela mansidão, aquela delicadeza, aquele jeito simples, tão sensível. Devia ser difícil para ele suportar. Ela se sentia mal só de pensar. Mas que droga também, ela se sentia mal por qualquer coisa ou qualquer pessoa. Ele era um homem e sabia se cuidar. Era estranho como ele e as crianças lhe ocupavam o pensamento. Vira e mexe ela se pegava pensando nele.

O primeiro andar do casarão ficou todo branco com detalhes em madeira. A louça sanitária era branca e o revestimento de parede e o piso também. Dito fez armários embutidos no banheiro e nos quartos. Tudo em madeira, que ele era mestre em marcenaria. Passara dezoito anos trabalhando com madeira.

O berço das crianças, ele deixou perfeito. Fez uma cômoda do mesmo tom. As portas, ele lixou e deu acabamento em verniz escuro. Ficaram como novas. Precisava alguém observar muito de perto para encontrar algum defeito.

Depois de terminar a restauração do primeiro andar, Dito resolveu desbloquear a passagem para o térreo. Conversou com Lia e ela lhe explicou o receio de Ângelo.

Ele entendeu, mas resolveu desbloquear mesmo assim, ficando a entrada do primeiro andar fechada por dentro. Ele restaurou a escada, que era de madeira; passou três finais de semana nessa atividade.

Mário e Rubens limparam tudo em volta do casarão. O térreo foi varrido e lavado. Cada cômodo foi limpo e os entulhos retirados e levados para longe. O quintal foi capinado e as cobras tiveram de arrumar outro lugar para viver.

Mário e Rubens trouxeram restos de pedra da marmoraria e revestiram com argamassa um metro e meio ao redor de todo o casarão, procurando combinar as pedras para não ficar muito feio. Dito fez no térreo, num amplo espaço coberto, um balanço e uma gangorra para as crianças brincarem.

Caio achou que um jardim e uma horta ficariam muito bem naquele lugar e se pôs a executar o serviço de delimitação do terreno. Atrás do casarão fez os canteiros para a horta e a sementeira. Na frente, com pequenos pedaços de pedras, delimitou os canteiros do jardim em forma de meia-lua. Eram seis meias-luas de dois metros, onde foram plantadas mudas de rosas vermelhas, amarelas e brancas. E nas janelas do primeiro andar Caio plantou gerânios em vasos para ficar mais fácil a manutenção.

Alice foi fazer uma visita de observação de local de moradia das crianças no meio de uma tarde qualquer. Ao entrar no matagal, seu coração disparou. Nunca entrara ali antes e estava receosa com o que encontraria.

Ao chegar ao casarão, ela ficou surpresa com o fato de ele ser todo branco, observou o teto.

— Alguém em casa?

Dito saiu para atendê-la. Ele e Lia trabalhavam no casarão.

Alice notou cada detalhe, do teto ao chão, viu as crianças dormindo numa rede próxima ao balanço e entendeu porque haviam faltado à aula.

Algumas flores já desabrochavam e enfeitavam o lugar arejado e acolhedor. Ela se sentiu mal pelo que acreditava que iria encontrar ali. Ainda bem que havia se enganado.

Disse que a visita era para confirmar as condições de higiene em que as crianças se encontravam.

Lia explicou que as crianças tinham faltado à aula porque tinham ido ao Posto de Saúde para tomar vacina, mas que no dia seguinte ela levaria os atestados. Ofereceu-lhe um chá.

Subiram até o primeiro andar e Lia colocou água no fogo, que já era produzido num fogão de verdade, novo, todo cinza, como todos os eletrodomésticos da casa. Tomaram chá de pêssego com biscoitos. Dito esquentou água. Ele não bebia chá.

— O senhor não bebe chá?

— Não. Obrigado. Só tomo chá quando estou doente.

— E muito mal. Na verdade, Alice, ele não bebe chá. Prefere café porque acredita que é afrodisíaco. O chá, por sua vez, faz efeito contrário.

Alice enrubesceu e não perguntou mais nada.

As crianças acordaram aos berros. Dito desceu e as trouxe para cima. Lia preparou-lhes um lanche.

Lia esperava que Alice iniciasse a conversa que a levara até ali, mas Alice esperou demais e só conseguiu pedir autorização para tirar algumas fotos do lugar.

Lia sabia que Alice estava muito mais que interessada em Ângelo e na sua nova condição de preso. Ela gostava muito mais do que devia dele. Devia estar interpretando mal a reforma do casarão e o amigo dele na casa sem sua presença. Devia estar pensando que Lia e Dito... Ela não iria discutir sua moral com Alice. Ela sempre disse que queria ajudar, mas nunca se dispôs de verdade a ouvi-la, a aceitá-la. Lia havia passado por coisas demais para se deixar abalar pelo que quer que Alice pensasse. E se Alice se mostrasse para Ângelo como mulher?

Primeiro, era ele quem ia decidir. Segundo, Lia não ia deixar por menos. Alice era mulher, tinha os seus encantos, mas não tinha os seus olhos azuis.

Enquanto divagava, percebeu que Dito observava cada movimento seu. Cada pensamento. Vigiava até o receio mais contido que passava pela sua cabeça. Não se sentiu nem um pouco confortável com aquela ideia.

Dito era velho. Tinha um sorriso aberto, mas o sorriso de Ângelo, quase um sorriso pela metade, era ele que ela amava. Alice? Podia até tentar.

CAPÍTULO XXIV

A cada noite ficava um dos rapazes da marmoraria no casarão. Dito, pelo menos uma vez por semana, fazia parte do rodízio. A ideia era dar proteção às três.

O delegado montou uma blitz na frente da marmoraria. Cada um dos rapazes que chegava ao trabalho entrava ressabiado, de cabeça baixa, sem voz. Cada um se lembrava bem do motivo desse sentimento de vergonha e medo. O delegado esperava a desova de uma quantidade considerável de droga.

Esperou o dia inteiro em campana e à noite montou guarda dentro do terreno da marmoraria.

Quase de manhã, os policiais, sob as ordens do delegado Daniel, prenderam três suspeitos. Dois deles do grupo que "visitava" o casarão.

Na delegacia, Ângelo estava cada vez mais desesperado. Aguardava ordens para falar com o juiz. Parecia que esse dia não chegaria jamais. Às vezes, ele chorava, às vezes, rezava. Escrevia cartas para Lia, ficava esperando toda quinta-feira, ansioso pela visita dela. As tardes de quinta eram as que renovavam suas esperanças na vida.

O carcereiro abriu a cela de madrugada e jogou lá dentro os três rapazes. Eles e Ângelo se olharam, reconheceram-se, e já estavam cercando Ângelo, que sentia o pavor tomando conta de cada membro do seu corpo.

Os presos haviam aprendido a gostar de Ângelo por ele ser bastante prestativo e colaborador com os outros no que podia. Era a hora do troco.

Eles não iam deixar Ângelo apanhar daqueles caras, mas o medo que ele estava sentindo ia subindo pelas pernas, joelhos, pelos esfíncteres. Sua barriga estava fria, seu coração acelerado, a boca seca, os olhos dilatados, a cabeça rodava, o cérebro parecia comprimir. Ele já sentia o impacto do punho de um deles no nariz. Parecia que voava. Será que era agora? Ele ia morrer? Será que já estava morto? Só conseguiu ouvir uma voz bem longe, dizendo:

— Seguinte, cara. Esse mano aqui é sangue bom. Fica na sua. Aqui ninguém bate nele não, tá sacando?

Sentiu o braço de um dos presos no pescoço, apenas apoiado sobre seu ombro.

Ângelo demorou alguns segundos para entender o que estava acontecendo. Conseguiu piscar os olhos e sentou-se no chão, chorando. Percebeu que havia se molhado. Pegou outra roupa, trocou-se, deitou-se, rezou muito em voz baixa, até que dormiu.

Às seis e meia da manhã, todos acordavam obrigatoriamente. Era hora do banho frio e depois o café da manhã. Abriram a cela e chamaram:

— Ângelo de Alencar.

— Eu. Sou eu.

— O delegado quer falar com você.

Não o algemaram como das outras vezes.

— Tchau. Tá livre. Vai pra casa.

A roupa do corpo e o dinheiro da passagem foram o que ele havia levado. O guarda ainda disse:

— Volta pra cela pra pegar suas coisas?

— Quando eu cheguei aqui, eu só trouxe a mim mesmo. Estava inteiro. Vou levar o que restou de mim apenas.

Pegou um ônibus até o bairro onde ficava o casarão e andou um pouco até chegar.

Chegou ao portão e achou estranho, diferente, bonitinho. Todo branco, quase não reconheceu o casarão. O jardim, as floreiras no primeiro andar. Notou que a escada que tinha improvisado ainda estava lá. Subiu e deu de cara com Lia fazendo café e preparando mamadeiras.

— Oi.

— Ah! Ah!

Ela gritava, sem conseguir parar. Era uma mistura de felicidade e susto.

— Tudo bem. Sou eu. Calma. Tá tudo bem, disse, abraçando-a e beijando seu rosto, segurando sua face com as mãos. Lia iniciou um choro compulsivo de alegria, susto ou sabe lá de que mais.

Estavam assim, abraçados, a água fervendo, quando Dito surgiu do outro quarto, assustado com o choro de Lia, com uma arma na mão.

Eles se olharam, cumprimentaram-se e Dito foi acordar Caio. Ângelo olhou nos olhos de Lia, ainda segurando seu rosto entre as mãos, como quem procura uma resposta para uma pergunta que não quer fazer. Quando ouviu a voz de Caio, não precisava mais da resposta.

Ângelo a fez sentar-se e incumbiu-se do café. Depois dos abraços e votos de boas-vindas de Caio e Dito, conversaram sobre a reforma, que foi muito elogiada por Ângelo. Depois do café, Dito e Caio foram para a marmoraria e Lia tirou um dia de folga.

Lia queria saber o que o advogado dele tinha feito.

— Nada. Nem o juiz me chamou. Estou desconfiado que nem B.O. fizeram, senão eu não saia assim.

— E por que eles te prenderam?

— É o que eu queria saber. Melhor, queria nada. Tenho até medo de descobrir. Você acha que eles fizeram essa reforma à toa? Ou ficaram com dó de mim? Tem alguma coisa errada.

— Tem muita coisa errada. Será que a gente se meteu em outra fria?

— Sei lá. É melhor nem perguntar muito. Vamos tocando a vida. Quando melhorar, nós iremos embora.

— Você ainda acha que nós vamos embora daqui? E se formos, vamos pra onde?

— Não sei. O que sei é que essa casa não é e nunca foi nossa. Qualquer dia o dono aparece e nós vamos embora.

— Não é, nunca foi, mas talvez venha a ser. Quem disse que essa casa tem dono?

— Você acha que tudo isso aqui pertence ao nada? A ninguém? Essas árvores, essa casa, esse lugar caiu do céu aqui? Prontinho? Lia, é óbvio que alguém construiu tudo isso e gastou tempo e dinheiro.

— Eu não sou idiota. É evidente que isso tudo teve dono, mas não quer dizer que ainda tenha.

— Mesmo que o dono tenha morrido, sumido, e os herdeiros?

— E os herdeiros? Cadê eles? Onde moram? Existem? Se existirem, sabem da existência deste lugar? Ângelo, você deve estar cansado. Dorme um pouco. Descansa. Eu levo as crianças para a creche e de lá eu volto pra fazer um almoço bem gostoso. Depois à tarde eu vou ao banco. Você está inteiro? Você está bem? Precisa de alguma coisa?

Era a primeira vez que ela demonstrava preocupação com ele, com seus sentimentos e seu bem-estar. Ao perceber a preocupação dela, Ângelo abriu um sorriso lindo, ainda tímido, mas lindo.

— Eu estou muito bem, agora estou bem melhor. Só precisava era desse abraço. Agora vou fazer o que você falou. Vou descansar, que não foi fácil. Pode ir tranquila.

Ele a abraçou com muita força mais uma vez e a beijou no rosto.

CAPÍTULO XXV

Sempre que ia ao centro da cidade, Lia aproveitava para andar um pouco e aliviar a mente. Havia decidido que tentaria rever Elsa. Era tão bom conversar com ela. Falar sobre a vida. Jogar conversa fora.

Foi ao banco. Pôs-se a andar. Olhou vitrines de lojas. Modelos e preços de móveis. Foi até o ferro-velho onde Elsa costumava vender o material do dia porque já era quase fim de tarde. Esperou um pouco e Elsa surgiu.

— A vida tá na mesma: é catar lixo, vender, guardar um pouco do dinheiro, ir juntando para visitar os filho na Febem. Lá eles tão bem cuidado. Tem o que precisam. Voltaru a estudá.

— O Ângelo esteve preso. Foi um inferno esse tempo todo, mas agora ele está bem. Está em casa de novo. O casarão está lindo. Você precisa ir lá um dia. Podia ser num fim de semana. Está quase todo restaurado.

— Olha, Lia. O papo tá bom, brigada pelo lanche, mas precisu ir. Vou numa reunião.

— Reunião? Você? De quê?

— Nóis tamu se reuninu pra vê se faz alguma coisa por nóis porque esse povo aí tem tudo. Quem tem as coisa que qué num se incomoda com quem num tem. E o governo, esse ainda é pior. Só quer ficá nos cargu que tem e arrumá outros melhor. Nós é que tem que se virá.

— Eu posso ir nessa reunião com você?

— Você? Qué mesmo? Mas você saiu dessa desgraça de vida.

— Você acha que eu já estou mesmo bem?

— E num tá? Naquele casarão?

— E se o dono aparecer? Ali deve ter dono. O Ângelo sempre diz isso. Hoje mesmo eu discuti com ele, mas sei que ele está certo.

— Então vamu logo, amiga, pra nóis num chegá atrasada.

— Onde é a reunião?

— Debaixo do viaduto que eu moro. Tem bastante espaço. Cabe todo mundo.

Ao chegarem ao viaduto, os outros infelizes olhavam ressabiados para Lia por causa de sua aparência. Alguns ainda a reconheceram. Elas se sentaram nos lugares do fundo e ficaram quietas.

Um homem começou a reunião, dizendo:

— Nóis precisa se unir. Unidos a gente consegue um preço melhor e até quem sabe uns carrinhos pra trabalhar. Proponho que todos aqui se una num grupo só. Pra negociar com os comprador.

— Pra quem a gente vamos vender?

— Pra quem pagar mais.

— Como a gente vamos dividir o dinheiro da venda?

— Nois pode dividir pelo número de gente que trabaiá na família. Assim a família maior ganha mais.

— Nóis pode decidir isso depois.

Nesse instante começou uma briga de um lado do viaduto. Um homem bêbado esfaqueou outro homem e ele caiu inerte, ensanguentado.

Lia e Elsa fugiram apavoradas e correram muito mais quando ouviram a sirene da polícia na direção do viaduto. Lia puxava Elsa pelo braço, porque tinha mais saúde e era bem mais alta. Tirou os sapatos e corria com os pés descalços. Ouviu o barulho de um ônibus e correu para o ponto. Parou o primeiro ônibus que passou e entrou, arrastando Elsa com ela.

Os passageiros do ônibus olharam para elas desconfiados. Elas continuaram o choro e foram até o terminal, onde desceram e pegaram outro ônibus que as levasse para mais perto do casarão.

Chegaram as duas no casarão, às onze da noite. Encontraram Ângelo andando de um lado para outro do quarto e as crianças dormindo. Ele, bastante preocupado, ainda conseguiu ser gentil com Elsa.

— Olá, Elsa. Boa noite. Você está bem?

— Ângelo. Elsa vai dormir aqui.

— Você está sóbria?

— Estou. Tô sim. Tô legal.

— Agora que vocês chegaram, eu acho que vou dormir. Vocês querem jantar?

— Eu preciso de um banho. Preciso de um banho urgente.

— Acho que sim, Lia. Você está toda suja e suada.

— Você já jantou, Elsa?

— Não, Ângelo. Ainda não.

— Então eu vou esquentar comida pras duas.

Eles jantaram em silêncio depois do banho de Lia. Ângelo lavava a louça e Lia secava enquanto esperavam Elsa sair do banho. Lia ofereceu umas roupas dela para Elsa usar. Ficaram grandes, mas confortáveis.

— Boa noite pra vocês duas. Eu vou me deitar.

— Ângelo, eu preciso conversar. Eu quero que você saiba o que aconteceu conosco hoje.

— Vocês não precisam explicar nada pra mim não.

— Eu gostaria que você soubesse o que aconteceu.

Lia contou com detalhes tudo o que tinha acontecido naquele dia, desde que saíra de casa, principalmente sobre a reunião. Ela não o poupou dos detalhes.

— Mas que ideia essa de vocês. Formar um grupo de catadores. Que ideia maravilhosa juntar um banco de loucos, bêbados, drogados e putas. Que ideia produtiva.

— Esse é o adjetivo. Produtiva. Essa ideia pode ser muito produtiva.

— Lia, me poupe. Já que fez questão de me contar esse absurdo, me fez ter certeza de que vocês são loucas, doidas varridas mesmo. Eu vou dormir. Boa noite. Vocês vão dormir também ou preferem se meter em mais alguma maluquice ainda hoje? Se eu fosse vocês ia dormir pra ver se amanhã acordava e voltava melhorzinho ao normal.

— É, Lia, é melhor nóis durmi.

— Vamos, Elsa. Você dorme no colchão que está aí no quarto ao lado. Ângelo, não tem ninguém dormindo aí hoje não?

— Não. Não tem ninguém.

CAPÍTULO XXVI

Lia acordou com o aroma do café exalando no casarão. Tinha pão dormido quente com manteiga e ovos fritos.

— Venha tomar café.

— O pão está quente, Ângelo?

— Venha e prove você mesma. Se não estiver como gosta, deixe que eu como sozinho.

— Elsa está dormindo profundamente – disse Lia, enquanto sentava à mesa.

— Deixa ela dormir. Vai ver não dorme num colchão macio há séculos. É melhor que descanse.

— Você está zangado hoje? Ou ainda está irritado por causa de ontem?

— Desde quando os seus remédios passaram a se multiplicar?

— Como é?

— Os seus calmantes estão todos na cartela, do jeito que você recebeu no posto.

Ângelo parecia mesmo irritado, sua voz começava a falhar.

— Ah, então é isso? Você andou fuçando as minhas coisas de novo.

— Não. Apenas constatei o óbvio. Por que você parou de se cuidar? Deixou de ir ao terapeuta?

— Faltei só em duas consultas.

— Quais?

— As duas últimas.

— Abandonou o tratamento, é? É isso que você quer dizer?

— Não. Eu quero dizer que fiquei muito mal porque você estava preso. Alice ficava me vigiando, o pessoal da marmoraria me pressionando e eu ainda tinha que cuidar delas sozinha.

— Muito bem, agora eu estou aqui. Você vai tomar os remédios todos os dias na minha frente e vai engoli-los. Eu estou aqui, ninguém mais vai te incomodar. Você pode voltar a se cuidar. Mas não dá pra ficar parando o tratamento com os remédios, nem a terapia, ou vai entrar em depressão outra vez.

Ângelo segurou-lhe o rosto com as duas mãos como sempre fazia quando pretendia que ela prometesse algo:

— Promete que você vai se cuidar para cuidar de todos nós? Promete?

— Está bem.

— Então tome esse comprimido agora.

— Esse não é o que está vencido?

— Não. Aqueles eu joguei fora. Esses são outros. Toma.

Lia tomou o comprimido com leite. Prepararam as crianças, deixaram o café pronto para Elsa e saíram juntos, rumo à creche e à marmoraria.

Voltar a trabalhar na marmoraria produzia em Ângelo um misto de alegria, confiança na vida e desconfiança. Ele não conseguia acreditar nas pessoas. Não acreditava que alguém pudesse dar algo a outro de graça. Era isso que estava ocupando sua mente desde que os colegas resolveram ajudar na reforma do casarão.

Perder os finais de semana nessa atividade à toa lhe parecia muito suspeito. Ele já não conseguia pensar na marmoraria do mesmo jeito que quando chegara ali. Ainda precisava deles tanto quanto precisara antes. Sentia-se preso a essa situação e queria tentar sair dela com dignidade. Dignidade e sobrevivência eram tudo que lhe ocupava a cabeça.

Alice foi ao casarão num final de tarde. Deu uma carona para Ângelo e as crianças, pois era preciso encontrar Lia para discutir novamente os relatórios semanais sobre a condição de vida das crianças. Alice perguntou sobre as ausências na psicoterapia, mas Lia apresentou os seus motivos e se comprometeu a voltar às consultas junto com Ângelo, para retomar o tratamento.

Enquanto conversavam, Alice observava de soslaio Ângelo. Ele e as crianças, brincando na rede. Parecia tão infantil, tão inocente, mas ao mesmo tempo assim, sem camisa, era bonito, meio franzino, magrinho. Ela não conseguia parar de olhar.

Não percebia que enquanto observava Ângelo, também ela era observada, por Lia, que já estava ficando irritada com aquele interesse todo nela, nas crianças e, principalmente, em Ângelo.

— Alice, você precisa saber mais alguma coisa?

— Não. Já estou indo embora.

— Então, tchau. Até breve.

— Tchau. Lia. Ângelo. Meninas.

— Obrigado, Alice. Muito obrigado.

O delegado Daniel apareceu na marmoraria para conversar com Dito sobre os rapazes que tinham sido presos durante a campana na marmoraria. Avisou que eles seriam transferidos para outra delegacia porque precisavam responder outros processos. Estavam sendo procurados por outros crimes. Agradeceu a colaboração do pessoal da marmoraria e disse que sinceramente torcia por eles. Percebera que todos ali estavam tentando mudar de vida.

— E eu acredito, sim, em pessoas que querem trabalhar, crescer, prosperar honestamente com o fruto do seu trabalho. Parabéns a vocês. Eu não vou perseguir ninguém. Quem não der motivo vai ficar legal, mas eu, macaco veio, vou ficar de olho. Só pra não perder o vício.

Dito avisou a todos os rapazes sobre as ideias do delegado ao iniciar a reunião daquela sexta- feira, no fim da tarde.

Caio resolveu falar:

— Dito, eu passei três anos na prisão e agora estou aqui trabalhando com vocês e estou satisfeito. Quero que isso dure bastante, pelo menos até terminar a minha condicional e eu puder ir embora pra minha terra, com alguma grana pra ajudar minha mãe. Ela nem sabe que eu estou aqui. Não deixa nada acontecer com essa marmoraria, senão o que vai ser da gente?

— É, Dito. Ninguém aqui é santo não. Tá todo mundo aqui na condicional, mas quando a gente veio pra cá, nóis resolveu que ia tentar ter vida diferente e esse delegado quer ferrar cum nóis por quê?

— Primeiro, Rubinho, esse delegado num quer ferrar com a gente não. Ele pediu colaboração. Nós fizemos a nossa parte. Fizemos o que ele queria, porque aqueles caras iam acabar envolvendo a gente com as coisas grandes que eles estavam aprontando e queriam incendiar o casarão. Lá tem duas crianças. O delegado já sabia da condicional de cada um aqui por causa das nossas idas ao Fórum.

— Tá certo, Mário, mas eu ainda tenho sete anos pra ficar por aqui. Não quero mais voltar pra cadeia. Decidimu montar um negócio junto pra tentar sair daquela vida. Guardamu dinheiro e quando chegamu aqui achamu que tava tudo bem. Eu tava até pensando em trazer Elaine e os meninu pra morá aqui por perto, mas o que vai acontecer agora?

— Ei, espera aí! Cadê aqueles caras corajosos, que eu já vi enfrentar polícia à bala, bandido na porrada e fazer coisa pior. Só por que não tão mais na bandidagem viraram todos maricas? Covardes? Vão ficar aí chorando? Será que eu vou precisar arrumar umas babás pra vocês?

— É, Mário, umas babás bem gostosas. Uma pra cada. Seria legal.

Dito tinha esse espírito de descontrair o ambiente quando a tensão estava no limite.

Caio voltou a falar:

— A gente já fez muita coisa errada, mas queria que dessa vez esse nosso plano desse certo.

— Teria? Tivesse? Espera aí, pessoal. Vocês já desistiram? Posso demitir todo mundo e contratar funcionários de verdade e pedir pra loira fazer as contas certas? É porque dá um trabalho danado dividir o lucro aqui com vocês.

— É, Dito, acho que eles vão desistir na primeira. Esses caras vão amarelar. E nós que confiamos neles. Fazer o quê. Vamos colocar a placa de contrata-se ali fora.

— Então pessoal? Posso demitir vocês?

— Eu, não. Eu fico. Eu vou continuar nessa.

— Valeu, Paulo. Mas alguém que fica?

— Eu também.

— Conta comigo.

— Então, Caio? Vai ficar ou vai embora?

— Se o delegado ficar marcando a gente?

— A gente não precisa dar motivo pra ele. Só ficar na nossa. Cada um na sua.

— Você acha que ainda vai dar certo, Dito? Acha?

— Não sei, Caio, mas não tenho outro jeito. Na minha idade não dá pra começar de novo. Só vou avisando uma coisa: quem sair tá desistindo. Sai sem nada, não leva grana nenhuma.

— Tá bem, eu fico. Até enquanto eu aguentar.

— Alguém aqui quer perguntar ou dizer mais alguma coisa?

Como ninguém se manifestou mais, encerraram a reunião.

Ângelo, que nada tinha falado, achava que tinha ido para a reunião errada. Não, ele achava que estava no local errado. Não, melhor, ele estava mesmo era no planeta errado. Ele era o próprio erro, concluiu, enquanto caminhava em direção ao casarão.

Foi chutando pedras no caminho. Olhando para o céu. Tentando controlar a respiração.

Chegou junto ao portão branco do casarão, apoiou as mãos em suas grades e pôde ver a luz acesa no primeiro andar. A sombra de Lia olhando pela janela. Parecia esperá-lo.

Observou-a melhor. O contorno do seu corpo de longe e também o casarão reformado, as floreiras na janela. Era a primeira vez que observava o casarão à noite. Estava tão bonito. Lia também estava tão bonita...

E eu? O que estou fazendo aqui? Por que simplesmente não dou meia-volta e vou embora para nunca mais voltar? O que estou esperando? Poderia abandoná-la com as crianças? E daí? Quem são as crianças? Ela precisa mesmo de mim? Será que não estou é atrapalhando a vida dela? Sozinha ela não se virava melhor? Olha pro casarão. O que ela conseguiu fazer enquanto estive preso. Ela podia arrumar alguém que pudesse dar-lhe algo de valor. Cuidar dela, das crianças, mantê-las. Eu que achava que havia arrumado um emprego decente e aqueles caras são um bando de bandidos! Que legal, aquela marmoraria para uma cadeia só faltavam as grades.

Sentado no chão, ainda próximo ao portão, continuava divagando...

Os guardas da cadeia, a marmoraria, poderiam ser Dito e Mário sempre vigiando todo mundo. E agora que eles pretendem assinar a minha carteira? Pra quê? Eu passo a fazer parte integrante do bando também? Qual seria o meu papel? O de otário, com certeza.

E tentava decidir-se.

Por que não entro, pego uma roupa e vou embora? Por que não faço isso? Seria homem suficiente se fizesse isso? Seria homem o suficiente para fazer isso?

Sentiu os braços de Lia aconchegando-se em suas costas e suas pernas se apoiando em suas coxas, por trás. Ela o abraçava e o enlaçava, descansando sua cabeça em seu ombro.

Nem percebeu as lágrimas que ele derramava. Não se disseram nada. Ficaram ali no chão, naquele abraço apenas, até decidirem entrar.

COLIBRI

Colibri passou semanas trancado em casa, sem sair nem para ir à padaria. Esqueceu-se da vida, de procurar trabalho e do filho.

Lúcia passava os dias trabalhando na casa da patroa e cuidando da casa, do irmão, e pensando no sobrinho, Vitor. Ela tentava fazer Colibri se mexer e ir ver o filho, mas ele não reagia.

Quando Robson bateu à porta da casa de Lúcia àquela noite, não tinha certeza do que estava fazendo, mas ele havia amado demais Regina e era padrinho de Vitor, mesmo que nunca o tivesse batizado. Ele se considerava padrinho e pronto. Resolveu bater de novo e mais uma vez ninguém atendeu. Insistiu mais uma vez e se sentiu um idiota por estar ali.

— Boa noite, moço. Posso lhe ajudar?

— Você mora aqui?

— Sim, eu moro aqui. O senhor deseja alguma coisa?

— Eu preciso falar com o Colibri. Me disseram que ele morava aqui. Mas acho que me enganei.

— Quem é o senhor? Deseja alguma coisa com meu irmão?

— Ah! Você é irmã do Colibri. Eu sou Robson. Será que ele está?

— Eu não sei, estou chegando agora, mas se estiver, deve estar mal, porque não o atendeu. Eu vou ver.

— Diga a ele que eu sou amigo da Regina e preciso falar com ele sobre o Vitor.

Colibri não dormia. Estava no sofá-cama que usava. Poderia ter atendido, mas não conseguiu fazê-lo. Estava mal.

Lúcia entrou em casa e do seu jeito foi logo dizendo:

— Colibri, levanta. O Robson, amigo da Regina, está aqui e quer falar com você sobre o Vitor. Levanta e ouve o que ele veio falar. Levanta, moleque!

— Tá bom. Para de gritar. Oi, Robson.

— Boa noite, Colibri. Como vai?

— Vou muito mal.

— Eu também estou mal. Foi um golpe dos duros, mas foi pra todo mundo. Só que eu estou aqui pra te falar do Vitor.

— O que aconteceu com ele? Ele está mal?

— Não. Fica calmo. Ele está bem.

— Se o menino está bem, por que você veio falar sobre ele?

— Robson, esta é minha irmã Lúcia.

— Nada. Quer dizer, está tudo bem com ele.

— Então fala que eu estou ficando nervosa.

— Calma, Lúcia, ele está bem mesmo.

— Eu vou passar um café.

— É, Lúcia, faz um café, por favor.

— O problema, Colibri, é que o pai da Regina, doutor Dácio, está saindo do Brasil. Ele vai levar o Vitor com ele.

— Por quê?

Ele recebeu uma proposta faz tempo para ir morar na Europa. Com a morte da Regina, ele não tem mais motivos para ficar. Resolveu aceitar. Despediu-se do pessoal do escritório hoje. Vai tirar esta semana para se preparar e a semana que vem vai embora. Eu perguntei pra ele e ele confirmou, como eu estou te dizendo. Achei que você ia querer saber o que está acontecendo com teu filho. Eu devia isso à Regina.

— O que você acha que eu devo fazer?

— Você quer mesmo que eu diga?

— Eu quero que você me ajude. Eu não sei o que fazer. Estou meio perdido.

— Já que você perguntou, eu vou dizer o que eu acho. Acho que você deveria falar com o doutor Dácio e resolver isso com ele.

— Eu não quero perder meu filho, mas se ele quiser levá-lo embora do país, o que é que eu vou poder fazer?

— Se você quiser seu filho mesmo, é melhor se apressar. E ir logo, ainda esta semana. O doutor Dácio está indo embora e seu filho também.

— Então eu vou lá amanhã. Vou à casa dele. Nunca fui lá, mas dessa vez eu vou.

— Ele sai de casa cedo.

— Que horas?

— Às oito.

— Amanhã eu chego lá às sete.

Ainda eram cinco e meia da manhã e Colibri já estava acordado. Levantou-se, tomou café e foi até a casa do doutor Dácio.

Não se surpreendeu com o luxo do jardim da casa onde Regina morara. Conhecia bem cada pedacinho daquele jardim. Regina sempre lhe contava como era a sua casa e levava muitas fotos do jardim quando ia visitá-lo no asilo.

Colibri respirou fundo e apresentou-se à empregada, que chegava para trabalhar. Depois de alguns minutos, doutor Dácio o recebia:

— Bom dia. Então é você o passarinho, pai do meu neto.

— Bom dia, doutor Dácio. Meu nome é Colibri.

— Está bem. Que seja. O que você deseja?

— Vim ver o meu filho.

— Veio ver ou veio buscá-lo?

— Vim buscá-lo!

— Por quê? Por que depois de dois anos e meio você descobre que tem um filho? Só agora?

— Não. Eu vi a Regina gestar o Vitor, vi a barriga dela crescer, vi ele novinho, ainda bebê. Eu sempre estava com ele até que...

— Eu sei. Você sempre foi um bom pai, por isso eu não entendi o seu sumiço. Esperava você aqui há semanas e você só me aparece hoje?

— Eu não fui um bom pai, não. Eu só fiz o que pude e fiz pouco, porque pude pouco e posso menos ainda.

— Eu também fiz o que pude.

— Eu soube que o senhor vai embora do país.

— Vou mesmo.

— Por quê?

— Não tenho mais nada a fazer aqui. Perdi minha filha, que era o meu maior projeto de vida. Não deu certo, só isso. Recebi uma proposta há tempos mas recusei por ela. Agora não preciso mais recusar.

— O senhor deve imaginar que a Regina passou a usar drogas depois que me conheceu, mas eu posso lhe garantir que não foi bem assim.

— Não se incomode. Quando Regina passou a visitar aquele abrigo, onde você morava, já era uma tentativa desesperada de dar uma nova chance para ela. Quem sabe vendo outra realidade, observando a necessidade de outras pessoas, ela tivesse mais amor pela vida. A gravidez também, eu procurei encarar dessa maneira. Quem sabe com uma nova vida dentro de si, ela se abrisse para se dar uma nova oportunidade. Mas foi em vão. Nem pelo filho ela conseguiu deixar o vício.

— O senhor não tem ódio de mim?

— Não, rapaz. Eu não lhe odeio e amo o meu neto. Como juiz da Infância, sei que ele estará melhor com o pai. Vou pedir que preparem as coisas dele e quando ele acordar você o leva

— Então eu posso levá-lo comigo?

— Ele é seu filho. Você tem como cuidar dele?

— Eu moro com a minha irmã. Nós vivemos numa casa alugada.

— Você está trabalhando?

— Agora eu estou desempregado, mas vou arrumar um emprego logo.

— Quem vai cuidar dele?

— Vou ver se arrumo uma creche quando estiver trabalhando. Enquanto estiver em casa, cuido eu.

— Eu não quero deixar de ter contato com ele. Não pretendo que ele se esqueça de que teve mãe e que tem um avô.

— Não se preocupe, eu falarei do senhor para ele.

— Eu quero vê-lo sempre que puder.

— O senhor vai poder vê-lo quando quiser.

— Colibri. É esse o seu apelido? Colibri?

— É esse mesmo.

— Colibri, aqui está o número da conta corrente do Vitor. Isso pode ajudar você a cuidar melhor dele.

— Não se preocupe. Eu me viro.

— Não estou lhe dando nada. Era a parte da mãe dele. É dele por direito. Não deixe faltar nada para ele, por mim, por favor.

— Está bem. Não se preocupe. Eu cuidarei dele.

— Papai! Papai! Que legal! Você veio me ver!

Ao ver seu neto nos braços do pai, doutor Dácio sabia que havia feito o que era certo.

CAPÍTULO XXVII

Lia foi procurar Elsa no centro da cidade para conversarem, olhar vitrines e jogar conversa fora. Tomaram um lanche e se divertiam muito, enquanto Elsa contava suas novas aventuras para Lia. Elsa parecia divertir-se muito com a própria sorte ou com a falta dela. Voltaram ao assunto do lixo e Elsa contou que depois daquele dia o pessoal recuou da ideia porque não daria certo fazer um grupo contando com qualquer um que quisesse participar.

— Depois daquela reunião, ainda fizeram mais três, mas todas terminaram em desentendimento por causa das bebida ou valentia de algum dos convidado.

— Que pena, Elsa. Parece que desse jeito não dá.

— Seria possível formar o grupo desde que nóis pudesse contar só cum gente séria e num lugar aberto para todos, um lugar que eles fosse, mas não ficasse lá. Só fizesse as reunião.

— O casarão. Lá seria um bom lugar.

— Não, Lia, o casarão não. Ângelo nunca que ia aceitá que nóis fizesse a reunião lá.

— Na verdade, ele só não consegue acreditar na viabilidade dessa possibilidade. Ele não enxerga a oportunidade.

— É, o casarão tem bastante espaço. Dava pra guardar os material lá embaixo onde vocês num usa. Até conseguir vender tudo.

— Está resolvido. A próxima reunião será lá no casarão. Vamos convidar só gente decente. Gente de família, gente com filho pequeno. Ah, Elsa, gente que não bebe, nem se droga. Não se esqueça de que eu moro lá.

— Tá bem, mas e o Ângelo?

— Deixa que com ele eu me entendo. Agora. Tchau que eu preciso voltar pra marmoraria.

Lia voltou para a marmoraria para contar a ideia para Dito e pedir a opinião dele a respeito do assunto. Dito percebeu logo a falha no projeto.

— Se levarem o material para casarão, como irão transportá-lo para vender?

— Quando conseguirmos bastante material venderemos em boa quantidade para quem vier recolher. Podemos trabalhar só com PET, alumínio e papelão, assim concentramos o trabalho e ganhamos quantidade.

— É preciso escolher bem as pessoas.

— Isso sem dúvidas. Podemos cadastrar as pessoas e criar regras. Quem desobedecer tá fora.

— Quem vai criar essas regras?

— Na reunião o grupo decide. Todo mundo participa e cada um dá sua opinião. Depois ninguém pode reclamar.

— Menina, você é demais! Conte comigo.

— Sábado à tarde. Você vai? Será às quinze horas no casarão.

— Já disse, conte comigo.

Lia esperou até Ângelo terminar o serviço na marmoraria para ir com ele buscar as crianças.

Alice os esperava lá fora com as crianças. Ângelo estava já adiante quando ouviu Lia dizer que precisava de Alice no sábado à tarde no casarão. Alice pareceu surpresa com o convite, mas garantiu a presença.

Elsa passou o resto da semana sem conseguir ganhar seu dinheirinho com lixo como sempre fazia. Ela estava muito ocupada em observar os colegas de infortúnio para ver quem bebia e quem não bebia, quem se drogava e quem não se drogava, quem tinha filho pequeno e cuidava bem deles, com carinho e responsabilidade.

Não era muito fácil achar pessoas com esse perfil entre os seus conhecidos, porque para fugir da realidade era comum o envolvimento, mesmo que involuntário, com o ilícito. Nem todos eram suficientemente fortes para manter a lucidez.

Convidou quinze pessoas que considerava preparadas. Dessas quinze, apenas três não tinham filhos, mas não bebiam e nem usavam drogas, estavam nas ruas por outros motivos.

Elsa estava receosa de que Lia não pensasse o mesmo que ela. Se ela não gostasse deles, o que ia acontecer? Elas haviam de persuadir o Ângelo. As pessoas que trabalham com lixo são assim mesmo, não dá pra escolher muito se quiser formar um grupo desses. Não dava para ser outras pessoas, tinha que ser as que estavam precisando.

Sempre que convidava alguém ela pensava: "Não custa tentar".

Só precisava encontrar com Lia e marcar dia e hora. Decidiu ir até o casarão e conversar com ela. Quem sabe se o Ângelo tinha feito janta e ela podia descolar até uma noite de sono naquele colchão gostoso.

— Boa noite, Elsa. Você está sóbria?

— Boa noite, Ângelo. Tô sim. A Lia tá aí?

— Está. Pode entrar.

— Você já jantou? Nós estamos terminando. Aceita?

— Aceito, sim. Tô com uma fome dos diabo.

— Então vem cá.

Depois de jantar, Elsa tomou um banho e trocou-se com as roupas de Lia. Elas foram conversar no térreo, enquanto observavam as crianças brincarem até cansarem para dormir. Ângelo se encarregou de lavar a louça e preparar as mamadeiras para a madrugada.

Acertaram tudo para o sábado. Era preciso garantir a presença de todos, porque, segundo Lia, alguns poderiam desistir depois.

CAPÍTULO XXVIII

Lia e Elsa arrumaram o térreo como puderam. Lavaram o chão e compraram biscoitos e chá para servirem a quem aceitasse o convite.

Os interessados foram chegando timidamente. Alguns entraram para perguntar e confirmar o endereço. Elsa resolveu ficar na rua esperando e encaminhando quem tinha dúvidas sobre o local. Todos se sentaram no chão e esperaram os demais.

Quando Alice chegou não entendeu porque fora convidada junto com aquelas pessoas. Dito veio sozinho e estranhou a ausência de Ângelo.

Lia iniciou a reunião pedindo que cada um se apresentasse dizendo seu nome e seu interesse na reunião. Começou por si mesma.

Meu nome é Lia. Tenho vinte e seis anos, trabalho com contabilidade e resolvi participar porque sei que se formos bastante perseverantes temos muitas chances de fazer desse um grande projeto.

— Meu nome é Elsa. Tenho quatro filho e acho que nóis pudia tentá pra vê.

— Meu nome é Robson. Tenho dezoito anos, não tenho filho e vim saber qual é a ideia de vocês.

— Meu nome é Maria. Tenho quarenta anos, seis filho, quatro neto, e já participei de muita reunião pra fazê grupo. Quem sabe esse dá certo.

— Meu nome é José Alves. Sou marido de Maria e quero a mesma coisa que ela. Tenho quarenta anos.

— Sou Dito. Tenho sessenta e dois anos e consigo acreditar em qualquer coisa em que essa moça se meta. Sei que com ela vai dar certo.

Lia enrubesceu. Ficou sem graça mesmo.

— Meu nome é Vitória. Eu já participei de muita reunião com Maria e José. Desta vez eu quero que dê certo. Tenho quatro filho e quero por eles.

— Eu sou Alice. Tenho vinte e cinco anos, sou assistente social e não sei para que seja essa reunião.

Todo mundo ficou surpreso, olhando para ela.

— Eu sou Paulo, tenho vinte anos, não tenho filhos e sou catador. Não tenho nada na vida, não tenho o que perder. Quero tentar, moça.

Paulo olhava fixamente para Lia. Nesse momento ela sentiu um pouco da responsabilidade da proposta que fazia.

— Meu nome é Sandro. Tenho trinta e dois anos, três filho, mas não tenho mulher. Ela morreu semana passada e eu fiquei sozinho pra cuidar deles e sustentar. Se essa ideia der certo eu vou ficar contente.

— Ana Maria, 14 anos, tô catando lixo faz seis mês. Tô grávida e quero ver como vai ser essa história. Você vai arrumá imprego pra nóis, é?

Ana olhava para Lia, que já se sentia impotente diante de tanta tragédia.

— Eu sou Luís Eduardo. Sou advogado e fui convidado para colaborar com a proposta fazendo deste grupo uma associação legalizada.

— Não tem mais ninguém? Alguém que não falou? Todos aqui, com exceção de Dito, Alice e Luís, somos catadores. Queremos fazer um grupo de catadores de lixo, mas a ideia é só trabalhar com lixo reciclável. O material recolhido vira propriedade do grupo e é vendido em grande quantidade, pelo melhor preço. O lucro é dividido por família. O trabalho de cada membro da família é contabilizado no nome do responsável. Vamos abrir uma conta para fazer os depósitos. O convite é para fazer uma experiência de um mês. No final do mês a gente faz a divisão para ver se compensa. Quem quiser, continua. Quem quiser, sai. O material fica aqui no casarão. Todo dia vocês trazem o material para o casarão. Ele é arrumado e contabilizado aqui mesmo. Poderão tomar um banho e também uma sopa.

— Quem vai fazer a sopa, Lia?

— Quanto vai custar cada banho desse?

— Não vai custar nada. O banho será uma colaboração de quem mora no casarão. A ideia é que as pessoas saiam daqui limpas para irem dormir. Sabemos como é passar dias na rua sem poder tomar um banho.

— E a sopa?

— Na verdade, respondeu Lia com um sorriso sarcástico no rosto, a sopa é uma colaboração do nosso amigo senhor Benedito da Silva. Ele veio para a reunião dizendo que contasse com ele e trouxe o advogado, mas nós podemos perguntar pra ele. Quanto vai custar a sopa?

Ele foi pego de surpresa. Por essa ele não esperava.

— Eu digo que vocês só terão a sopa. Não contem com mais nada. Só terão a sopa porque eu quero ver isso dá certo. Vou apostar.

Ana, muito entusiasmada, perguntou:

— Quem vai fazer a sopa?

— É, moça. A sopa precisa tá pronta quando nóis chegar.

— Ela precisa está prontinha no fim da tarde. Você sabe cozinhar?

— Eu?

— É, você. Com essa barriga daqui a pouco não poderá mais trabalhar com muito peso. Fazer a sopa seria uma alternativa.

— Puxa vida, eu arrumei um emprego! E quanto é que eu vou receber?

— Muito bem, moça, saia dessa agora.

Dito estava se divertindo muito naquela assembleia maluca.

Ângelo chegou, observou a reunião e não conseguiu se surpreender com a ideia de ver o casarão invadido por todo aquele povo. Deixou as crianças brincarem e passou a ouvir a história, mas não iria participar de jeito nenhum.

— Você, Ana, vai receber um percentual do lucro das vendas. Não sei quanto ainda.

— Então nóis vai pagar pela sopa e pelo banho com uma parte do lucro. É isso que eu entendi? E nóis num sabe nem quanto vai ser?

— Já vai começar assim?

Lia respirou fundo e tentou argumentar:

— Se nós queremos a sopa, e é claro que queremos, porque essa ideia não surgiu do nada, surgiu da experiência de trabalho de rua de alguns aqui, alguém vai ter que fazer a sopa. A água não será cobrada do total, por enquanto. Dito está doando o material para a sopa e alguém precisa fazer a sopa. Vocês querem pensar melhor? Depois pensamos na proposta e fazemos novas propostas?

— Se você puder fazer as contas, a gente discute depois. Nóis pode ficar sem a sopa no começo pra ver quanto que ia dá pra cada um. Se não ficar muito caro, nóis aceita.

— Muito bem todos concordam com a proposta de Vitória?

A essa altura, Dito já ria muito da situação em que Lia se colocara. Ângelo é que não conseguia achar graça nenhuma.

Alice pediu licença para sair e disse não ter com o que colaborar.

— Pessoal, esta é Alice, uma pessoa muito dedicada e que está sempre disposta a ajudar quem precisa. Eu a convidei porque a maioria aqui tem filhos e vai precisar de um lugar para deixá-los. Alice, nós gostaríamos que você nos ajudasse a conseguir as vagas necessárias nas creches e escolas públicas para as crianças.

— Eu não posso me comprometer com isso. Quem resolve isso não sou eu.

— Mas você não pode tentar?

— Ah, sim. Tentar eu posso. Encaminhamentos, se houver vagas. Então se facilita um pouco, mas eu não estou prometendo nada.

— Essa é a colaboração que nós precisamos de sua parte. Você poderia tentar?

Alice não tinha saída. Ela se sentiu acuada, numa cilada. Olhou para trás e viu Ângelo a olhá-la, esperando uma resposta. Todas aquelas pessoas pareciam sérias, mas aquela proposta era maluca demais.

Todo mundo esperava que ela dissesse sim e foi o que ela fez, sentando-se em seguida. Sandro resolveu perguntar:

— Dava pra senhora tentar conseguir uma vaga pros meus filho na creche aqui perto, moça? É que eles são pequeno e eu tenho que levar eles no carro de lixo, e isso não é bom pra eles.

— Eu vou precisar de alguns papéis, de um endereço e dos documentos das crianças também.

— Nós poderemos fazer um cadastro de quem está participando da reunião. Fazer a experiência de um mês. Avaliar. Resolver se continuamos ou não no fim deste mês ainda.

— Quem tiver mesmo interessado pode preencher este papel aqui, né, Lia?

— São esses mesmos, Elsa. Uma espécie de cadastro que podemos começar a preencher agora. Quem não souber todos os dados, não tem problema. Depois continua a preencher.

— E quem não tem documento?

— Não tem problema, Caio. Depois os documentos podem ser preenchidos. O importante agora é que todos coloquem seus nomes e o que mais for possível de informações nessa ficha.

Cada participante recebeu uma ficha e um número de inscrição para se cadastrar.

Depois de algum tempo de prazo, alguns permaneciam com as fichas em branco, apesar de terem papel e caneta em mãos. Outros colocaram apenas o primeiro nome e os demais terminaram de preencher.

Ângelo se aproximou com jeito de Paulo e quis saber, quase lhe sussurrando ao ouvido:

— Você não sabe se quer participar? Quer pensar melhor? É isso?

— Quero, sim. Quero muito.

— Então você não preencheu a ficha porque não sabe escrever. Não sabe responder?

— É, eu não sei lê, nem escrevê.

— Quer que eu preencha pra você?

— Ah, por favor, moço! Eu quero sim.

Ângelo preencheu a ficha de Paulo, a de Vitória, a de Seu José e a de Dona Maria. Lá estava ele colaborando com aquela maluquice.

Lia convidou todos para o chá, depois continuariam a reunião. Dito não conseguia olhar para Lia sem rir de sua situação.

— Que esparrela, hein moça. Que história é essa? Por que você resolveu se meter nessa?

— Você não percebeu que lixo dá um ótimo dinheiro?

— Perceber, eu percebi. Só que nós não tamu ganhando nada. Por enquanto só gastando.

— Mas vamos ganhar. Em longo prazo.

— Tá bem. Eu aposto em você.

— Pra tudo isso funcionar é necessário que mais pessoas além de você acreditem nela.

— Com certeza, Ângelo. Incluindo você.

— É necessário, que as pessoas acreditem no projeto, trabalhem por ele e defendam ele. Quem vai estar à frente pouco importa. Se não for a Lia pode ser qualquer outro aqui. Você Dito, Elsa, Alice.

Depois de atrapalhar a conversa entre Dito e Lia, Ângelo voltou para o seu lugar com um copo descartável cheio de chá.

— Ele acredita muito em Alice, não é, Lia? Gosta muito dela.

— Na verdade, eles são amigos.

— Muito amigos. Ela é muito bonita.

— Vamos começar essa reunião outra vez para acabar logo com isso.

— Acabar, menina? Nós estamos tentando começar ainda.

Lia chamou a atenção dos presentes para o reinício da reunião e propôs que se decidissem os critérios para a participação no grupo ou associação. Luís Eduardo pediu a palavra.

— Vai ser preciso estudar a criação legal do grupo. Se for uma cooperativa, nós vamos precisar de uma diretoria eleita, uma ata registrada da formação da diretoria e posse dessa mesma diretoria, um estatuto, que é o documento onde se diz o que será o grupo, quem poderá participar dele e ainda o que cada um dos participantes poderá ou deverá fazer. O papel eu arranjo. Acho que seria interessante decidir os critérios que vocês gostariam que tivesse nesse papel.

— Seu dotô, se nóis decidi aqui, o senhô bota tudim num papel pra nóis? É assim mesmo?

— É, seu José. Vocês decidem como será e eu registro tudo.

— Parece unânime que o próximo passo é a eleição dos critérios de participação. Então vamos a eles. Quem quer começar? Quem faz a primeira proposta?

— Posso falar?

— Claro, Maria, por favor.

— Eu queria que as pessoas que quisesse participá não pudesse beber, porque as pessoas bebe e depois esquece as responsabilidade.

— Eu posso falar?

— Paulo, por favor.

— Eu acho que as pessoas que quer participar e têm filho pequeno têm que botar na escola. Porque se eles não estudá, que é que vai ser deles depois?

— Dona Lia, por favor.

— Pois não, seu José.

— Eu acho que tem que proibir droga. Por que se usa droga, vende o lixo e compra crack, e isso é ruim.

— Ia ser bom se a gente se reunisse pelo menos uma vez em cada duas semana pra vê como tá funcionanu.

— No começo, Lia...

— Diga Elsa.

— Era bom mesmo nóis se reuni toda semana. Fazê uma reunião. Pra nóis num desanimá e vê se tá todo mundo sem beber mesmo.

Ângelo parecia não acreditar no que estava ouvindo. Era Elsa mesmo quem estava dizendo aquilo? Ela seria a primeira a cair fora. Era melhor ficar calado, guardar esse pensamento para si mesmo.

— Dona Lia...

— Pois não, Robson.

— Nós podemos fazer as reuniões às segundas-feiras à noite. Todo mundo já vem, já fica direto. E ninguém pode usar arma na reunião.

— Alguém tem mais alguma proposta? Não? Então vamos resumir tudo isso numa proposta só:

    a.   Não fazer uso de bebidas alcoólicas.

    b.   Não fazer uso de narcóticos.

    c.   Matricular seus filhos em creches e escolas.

    d.   Participar de todas as reuniões convocadas pelo grupo.

    e.   Não portar armas de qualquer natureza.

    f.   Quem não cumprir com esses critérios será desligado do grupo automaticamente.

Quando Lia terminou de ler, todos aplaudiram. Alguns se emocionaram. O sonho estava se realizando. O sonho infeliz de alguns infelizes miseráveis que sem direito à cidadania ainda se davam ao luxo de sonhar.

— Que dia vão ser as reuniões?

— A única proposta de dia, Ana, é a segunda-feira à noite. Alguém tem outra proposta?

— Sexta-feira à noite eu acho que é melhor.

— Mais alguma proposta?

— Na quarta-feira à noite, porque dá tempo de fazer alguma coisa no fim de semana se sair alguma coisa muito errada.

— Seu José disse quarta à noite. Alguém tem outra proposta? Não? Então aqui temos três propostas. Segundas, quartas e sextas.

Nesse momento, Ângelo olhou bem firme para Lia, na esperança de que ela se lembrasse da psicoterapia nas noites de segunda-feira.

Lia olhou para ele e continuou:

— Segundas, quartas e sextas são as opções. Eu gostaria de pedir que fossem analisadas somente as quartas e as sextas, porque as segundas eu não poderei participar das reuniões e gostaria muito de estar presente. Vocês concordam?

Como ninguém discordasse, Lia continuou:

— Então está em votação. Quartas ou sextas à noite. Quem vota na quarta levante a mão.

— Sete pessoas levantaram a mão. Por um voto a reuniões serão às sextas-feiras. Agora precisamos decidir se serão toda semana ou a cada quinze dias. Quem quer que as reuniões aconteçam toda semana levante a mão.

— Foram dez mãos que se levantaram. Todas as sextas-feiras, às dezenove horas, reunião do grupo, aqui no casarão. Alguém quer propor outro horário? Todos concordam? Então até sexta-feira, pessoal.

O grupo que chegou devagarzinho foi embora mais feliz. Estavam mais esperançosos. Era como se para cada um deles tudo já fosse realidade. Com o que combinaram acreditavam que a realidade ia mudar. Era uma certeza real dentro de cada um. Também era real a certeza de que não estariam mais sozinhos. Sua solidão poderia ser partilhada por outros, sua miséria também.

Lia se sentia exausta. Tomou um banho e foi deitar-se sem jantar, sem ajudar a cuidar das crianças, sem se importar com a vida. Na semana seguinte teriam outra reunião. Seria sempre assim? Ela estava cansada. Adormeceu.

CAPÍTULO XXIX

O trabalho da marmoraria já estava sendo muito para todos. Para Lia, era mais cansativo ainda, mas apesar de tudo ela ficou muito satisfeita com a proposta de outra microempresa que ofereceu as contas para ela fazer.

Levou os papéis para casa e passou boa parte da noite a estudá-los. Era um bom dinheiro, que aparecia a mais no caixa do casarão. Eles estavam sempre precisando de dinheiro e com esse extra Lia resolveu pensar no conforto. Compraria móveis para a casa. O único lugar da casa que tinha mobiliário era a cozinha. Ela pretendia adquirir outros móveis. Quem sabe um sofá para a sala ou uma cama. Foi deitar-se e no colchão que dividia com Ângelo, encontrou-o deitado dormindo profundamente, usando uma samba canção estampada que ela ainda não lhe vira usar. Tinha ficado linda nele. Ele sorria, parecia que sonhava. Com que será que sonhava? Com ela, talvez? Parecia ser um sonho bom. Seria bom se fosse com ela.

Dito havia conversado com Lia sobre Ângelo e o seu interesse de registrá-lo como funcionário da marmoraria. Ele não queria ser registrado, não queria ser empregado oficial de Dito. Pretendia arrumar um emprego e passava algumas horas por semana tentando uma colocação no mercado de trabalho. Não estava sendo fácil para ele. Com documentos novos, não havia registros, portanto não comprovava experiência. Sempre lhe pediam experiência.

Ela sabia disso, sabia que Ângelo lutava, mas não sentia orgulho disso. Não conseguia pensar como ele. Não conseguia sentir nem dó dele. Sabia disso.

Ele ainda não gostava muito da ideia de morar no casarão. Preferia tentar arrumar uma casa para alugar. Estava explicando isso para Alice, na porta da creche no fim de uma tarde. Eles pareciam bem contentes e bastantes amigos.

Quando Lia chegou no carro de Dito para buscar as crianças, encontrou os dois encostados no muro, conversando e rindo. Ângelo tentava tirar do rosto de Alice uma franja falsa que insistia em cair-lhe nos olhos.

Ao olhar os dois, Dito pensou alto:

— Como eles se dão bem. Eu fico emocionado com tanta amizade. É muito bonito isso.

— Pode me deixar aqui. Eu volto para casa com Ângelo e as crianças. Obrigada pela carona.

— Não há de que, moça bonita.

Lia desceu do carro e foi até onde eles estavam. Cumprimentou-os e os quatro foram para casa.

94

Depois do jantar, enquanto Ângelo lavava a louça, Lia o agarrou por trás e começou a beijar-lhe o pescoço carinhosamente. Ela o desejava e queria que parasse com essa maluquice de fugir dela.

Ele não gostou da ideia e reagiu, tirando-lhe as mãos de sua cintura, lembrando-lhe:

— Para com isso. Nós combinamos, lembra?

— Você ainda pensa assim?

— Penso e vou continuar pensando.

— Você está tão perfumado. Tão bonito. Deixa eu te sentir. Tocar-te.

— Não. Você ainda se lembra, se não maluqueceu de vez. Eu disse que ia te dar minha mão para você se segurar, meu ombro pra você chorar, mas nunca mais você ia ter meu corpo para amar outra vez. Agora para de me provocar.

— Esquece isso. Nós somos jovens, bonitos, saudáveis. Vamos tentar outra vez.

— Não. Você é chave de cadeia. Tranca dura mesmo. Quem se envolve com você só sofre. É dor e dor e mais dor. Só isso. Eu não quero sofrer, pra mim está bom assim.

— Pois para mim não está, Ângelo. Nós podemos viver. Estamos reconstruindo as nossas vidas. Estamos transformando a nossa realidade. Olha pra essa casa, pra essas crianças, pra você, pra mim.

— Ótimo. Vamos continuar construindo tudo isso do jeito que estamos fazendo até aqui.

Lia desistiu da discussão e resolveu dar uma volta lá fora. Passeou bastante pela estrada escura que leva ao casarão. Quando voltou todos dormiam. Era bom ir dormir também. O dia seguinte era sexta-feira e depois de trabalhar teria a reunião do grupo dos catadores.

Os participantes da reunião chegavam cansados, porém pareciam animados. Vinham conversando e faziam planos e também buscavam respostas.

Lia iniciou a reunião pedindo a Luís Eduardo que contasse as novidades.

— A novidade senhores, analisando a proposta que foi feita na última reunião, podemos dar um caráter de cooperativa ao grupo. Pela forma como o grupo está se organizando e as observações que foram feitas ficou claro, ao meu ver, que podemos, sim, identificar o grupo como cooperativa.

— E o que nóis precisa fazer para virar isso aí, a tal cooperativa?

— Dona Elsa, é esse seu nome, não é?

— É, sim.

— Então, Dona Elsa, existem alguns papéis que precisamos registrar, mas disso eu tomo conta, como falamos na última reunião.

— Então nóis já pode trazer os lixo pra cá amanhã, Lia?

— Calma, pessoal. Vamos começar ponto a ponto. A cooperativa vai precisar de um nome, uma diretoria. Algumas pessoas vão precisar assumir os cargos nem que seja no papel no início, para depois aprender a fazer isso na prática.

— Ainda tem que decidir a história da sopa.

— Quem vai fazer a sopa?

— Quem vai ser o presidente da cooperativa?

— Como vamos eleger a diretoria?

— Quanto tempo o sujeito vai poder ser o presidente?

— Colegas, eu peço que nós nos lembremos da última reunião. Decidimos que faríamos uma experiência de um mês. Se desse certo e tudo corresse como o combinado, faríamos no papel. Então vamos manter a proposta. Enquanto isso, o Dr. Luís Eduardo vai arrumando a papelada e nós podemos ainda pensar na diretoria e no nome da cooperativa.

— Muito bem, Dona Lia, é isso aí. Eu me lembro de que nóis decidiu tentar primeiro e depois registrar.

— Alguém se opõe que seja feita essa tentativa? Não? Então podemos tentar. Vocês gostariam de começar com sopa ou sem sopa?

— Com sopa, a resposta foi unânime.

— Então precisamos decidir quem fará a sopa.

— Pode ser a menina aí. A moça da barriga.

— O nome dela é Ana, Seu José. Alguém é contra que a Ana seja a responsável pela sopa? Não? Ana você aceita a proposta?

— Eu posso catar lixo de manhã e fazer a sopa à tarde?

— Ela cata lixo de manhã até o meio-dia, depois vem pra cá e faz a sopa. Vai ser bom pra ela que ela pega uns troco também.

— Todos concordam com a proposta como foi colocada por Elsa agora? Alguém é contra?

Ninguém contestou.

— Eu trouxe duas dúzias de pratos e duas dúzias de colheres. Estão no carro. Por que eu pensei que a sopa me pareceu tão importante e como vocês iriam tomá-la sem pratos? Pareceu-me que não havia pratos.

— Olhem, pessoal, já começamos com uma doação. Muito bem, Dr. Luís Eduardo, nós nem havíamos pensado nesse detalhe, porque aqui todo mundo se vira. A sopa não ia ficar na panela por falta de pratos. Aproveitamos para lhe agradecer e eu peço uma salva de palmas pela iniciativa.

Todos aplaudiram e Lia sorriu pela primeira vez na reunião. Seu sorriso logo se desfez quando Ângelo entrou na reunião, acompanhado por Alice e pelas crianças. Dito observou a cena e o fim do sorriso de Lia. Foi sua vez de rir.

— Então poderemos começar a arrecadação de lixo na próxima semana. Cada um traz o seu lixo e o deposita no local determinado. Venderemos e dividiremos o lucro, destinando cinco por cento para a conta da cooperativa. Alguma sugestão?

Eu gostaria de propor que com o lucro fossem compradas cestas básicas, porque se comprarmos juntos podemos negociar um preço mais barato. Faremos uma lista de produtos essenciais e toda semana a família recebe sua cota de alimentos, garantindo primeiro a sobrevivência de todos.

— Puxa, que ideia boa, Dona Alice. Eu gostei, assim pelo menos no começo não dá tempo de gastar dinheiro com pinga.

Elsa pensava tão alto que todos ouviram sua preocupação em não voltar a beber. Uns riram, outros não.

— Alguém é contra a proposta de Alice? Não? Aprovada.

— Dona Alice, a senhora viu a vaga pros meus filho? Vai ter lugar pra eles na creche ou na escola, vai?

— Seu Sandro, por enquanto só consegui a vaga da sua filha menor porque ela tem menos de seis anos e a Prefeitura está garantindo lugar pra ela na creche, mas eu preciso dos documentos dela. O senhor também vai precisar levá-la e buscá-la todos os dias e ela não poderá faltar, senão perde a vaga.

— Então ela vai faltar por quê? – Agora que conseguiu a vaga, vai faltar nada. Mas os documento dela tudo rasgô, molho e sumiu.

— Então o senhor vai precisar tirar outros. Sem os documentos ela não pode ir à creche e se ela não for, ela vai perder a vaga.

— Sandro, procure o Conselho de Direitos da Criança que eles providenciam cópias para você. Você precisa procurar seus direitos no lugar certo. As pessoas que querem ajudar precisam te dar as informações certas porque receber essas informações também é um direito seu.

Alice sentou-se e ficou quieta. Não podia contestar o que Lia dizia ali. Fora assim que ela e Ângelo conseguiram as matrículas das crianças na creche.

— Alguém tem mais alguma pergunta? Não? Pessoal, tem café com leite e bisnaguinha doados pelo Dito. Quem quiser pode comer. Fiquem à vontade. A reunião está encerrada.

Enquanto tomavam café, Sandro dava leite com pão aos filhos e Ângelo o convidou para subir com ele e dar uma janta às crianças. Sandro aceitou prontamente. Na cozinha, enquanto alimentava os filhos, Ângelo perguntou:

— Você sabe onde fica o Fórum da cidade?

— Sei não, moço. Sei nem o que é esse tal de Fóru.

— O Fórum é a sede do Tribunal da Justiça. Lá tem a Vara da Família, da Criança e do Adolescente.

— Você quer que o juiz leve meus filho pra longe de mim?

— Não, claro que não. Não se preocupe, se você for até o centro da cidade e procurar a Vara da Criança e do Adolescente, falar com a assistente social, contar sua história, ela resolve logo o problema da escola das crianças. É direito da criança ter a vaga garantida. Eles encaminham você para a escola com a vaga já garantida. O Fórum fica na Praça da Bandeira. Sabe onde fica? Perto do Correio?

— Ah! Sei sim.

— Vai lá. Fala com eles que você vai ver que não demora muito não.

— Mas a moça disse que sem registro num tem vaga.

— Ela não pode mesmo garantir. Mas o juiz da Vara da Criança e do Adolescente pode. O registro é direito da criança. Se você for lá, ele resolve logo isso pra você.

— Eu vou ver isso.

Sandro olhava Ângelo em pé, perto da pia da cozinha do primeiro andar do casarão, e resolveu perguntar:

— Moço, esse juiz não vai tomar meus filho, não né? Eu num ia conseguir viver sem eles. Eles já perderam a mãe. Agora é só eu pra cuidar deles.

— Se você for falar com a conselheira tutelar, de banho tomado, barba bem feita, roupa bem limpinha, sem cheiro de álcool, ela vai te ajudar. Pode ter certeza. Não precisa ter medo. Fica tranquilo. Leva eles limpinhos também e conta toda a história. Você vai ficar surpreso. Eles resolvem logo.

— Onde é mesmo o lugar?

— Eu vou escrever o nome e o endereço pra você levar.

Ângelo anotou numa folha de caderno o endereço do Fórum e entregou o papel a Sandro. Ele colocou o papel no bolso. Agradeceu. Desceu para o térreo com os filhos e foram embora.

A reunião havia sido proveitosa e o pessoal lavou a louça que usou durante o café. Ficou combinado que Ana cuidaria da higiene do banheiro do térreo. Lia sabia que precisava resolver um problema sério para a cooperativa: arrumar rapidamente um parceiro para comprar o material reciclado que fosse transportá-lo.

CAPÍTULO XXX

Foi uma semana de trabalho de muito cansaço e desgaste para Lia, que passou todo o tempo livre procurando um parceiro para a cooperativa. Não seria fácil dizer na próxima reunião que para conseguir um parceiro era necessário uma quantia maior de produto reciclável e eles ainda estavam longe disso. Por enquanto passariam a vender por um preço não muito animador, porque precisavam de dinheiro logo. Se pudessem esperar a história seria diferente, mas se pudessem esperar não teriam criado a cooperativa. Pensou em não ir à reunião. Daria uma desculpa qualquer e faltaria. Alguém faria a reunião em seu lugar. É, seria mais fácil se pudesse ser assim. Mas se ela fosse capaz disso, não estaria ali. Iria à reunião e colocaria o problema. Assumiria todo o fracasso da ideia e que ela não tinha dinheiro ainda para dividirem. Era isso. Era só isso.

Todo dia, no fim da tarde, todos já estavam de banho tomado e a sopa era um sucesso. Parece que Ana levava jeito para a cozinha. Ninguém reclamava e ela usava alguma coisa dos legumes do casarão.

Sandro chegou do Fórum procurando por Ângelo. Queria contar pra ele como tinha sido. Ele tinha ido buscar ajuda para tirar a segunda via da certidão de nascimento, que havia sido comida pelos ratos debaixo do viaduto. Contou que a segunda via sairia em quinze dias.

— Será que depois disso a moça ali arruma a vaga que eu preciso?

— Alice pode tentar, mas você mesmo pode ir até a escola ou à creche e fazer a matrícula deles se tiver vaga. É direito da criança. E os mais velhos, estão frequentando a escola?

— Eles estão indo, sim. Gostam muito da merenda de lá.

— E das aulas? Da professora? Dos colegas? Eles estão aprendendo?

— Estão. Eles estuda até quando chega ao barraco. Só que num tem luz, mas de manhã Roberta faz as lição tudo.

— Então você está mais contente, Sandro? O pessoal do Fórum não quis te tirar as crianças, não?

— Não. Eles falou pra mim que as família têm que ficar junto. Os filho precisa sempre que possível ficar com os pai.

— Mas não se sinta mal, não. Nem em dívida. Tudo isso é direito seu. Ninguém está te fazendo favor nenhum.

— É, Ângelo, mas mesmo assim eu quero agradecer pra você e pra Lia pelas informação que vocês me deram.

— Olha, Sandro, a reunião já vai começar.

Lia iniciou a reunião dizendo:

— O material coletado pelo grupo foi bom, porém houve uma pequena dificuldade de vender, porque, para se conseguir um bom preço, é necessária uma quantidade muito maior de produto. Passei a semana pesquisando preço e não consegui nenhum que valesse a pena. Então decidi não vender até podermos negociar com maior quantidade. O problema é que não vendemos nada. Então hoje não temos dinheiro em caixa para dividirmos.

O silêncio foi tumular. Todos se olhavam como se não houvessem escutado ou não houvessem entendido o que Lia dizia. Ficaram mudos.

Dito, sentindo o clima pesar, procurou se aproximar de Lia. Sentou-se ao seu lado. Ângelo sentiu a boca seca, todo aquele pessoal cheio de esperança e ele ali, com as crianças. Resolveu levá-las para o primeiro andar e deixá-las lá em segurança.

Dona Maria pediu a palavra:

— Lia, eu não entendi. O que foi que você disse mesmo?

Lia procurou se aclamar. Respirou fundo e tentou ser mais clara, dizendo:

— Colegas, nós temos pouco material para negociar e eu não vendi nada. Quero uma quantidade maior. Então nós não temos dinheiro hoje. Só teremos quando vendermos a mercadoria. Vocês entenderam?

O silêncio parecia mais forte, mais pesado. Estava difícil pra Ângelo respirar. Ele deixou as crianças no primeiro andar. Trancadas, sem acesso ao térreo. Desceu e se colocou ao lado de Lia. Iria protegê-la se preciso fosse, estava com medo, gelado, mas nunca deixaria Lia sozinha. Nem com Dito. Ficaria ali.

Alguém começou a rir. Era estranho, mas tinha alguém achando graça nisso tudo.

— Quer dizer que a moça achou que nóis ia conseguir lixo o bastante em uma semana pra vender com preço decente, é? E eu que pensei que a moça entendia do assunto. Nóis tá perdido mesmo.

— Para de rir dela, Zé. Num tá vendo que nóis tava pensando uma coisa e ela outra?

— Agora quem não entendeu nada fui eu.

— Lia, deixa explicar.

— Por favor, Elsa, faça isso.

— Quando nóis resolveu se juntar, nóis num deu um mês de prazo, num foi?

— Foi.

— Então nóis num tá vindo tomar banho aqui? Tomar sopa e pão? Aqui, todo dia?

— É.

— Então nós tá fazendo isso pra juntar lixo um mês todo, pra ter bastante pra vender. Ninguém aqui esperava receber nada hoje, não. Nóis veio discutir as coisa e saber se nóis conseguiu juntar o lixo que esperava e também se tá todo mundo sóbrio. Dinheiro, se tiver, é só daqui um mês, por isso nóis precisa da sopa, senão num dá pra esperar.

Lia, Dito e Ângelo estavam de mãos dadas sem perceberem. Ficaram aliviados com o que ouviram e procuraram relaxar. O pessoal havia pegado os três de surpresa. Apesar de tudo, eles não esperavam por isso.

Alice olhava os três também surpresa. Para ela, aquele pessoal se contentava com pouco. E pareciam muito satisfeitos por estarem jantando toda noite sopa com pão.

Lia passou a ler os apontamentos da quantidade de material recolhido por cada família e propôs novas metas para serem conquistadas por cada um deles. Era uma maneira de elevar a autoestima da turma e também de ensiná-los a estabelecerem metas para suas vidas e para o próprio grupo.

Essa técnica Lia havia aprendido na psicoterapia que frequentava toda semana com Ângelo. Na terapia de grupo, as dinâmicas serviam para ensinar a se respeitarem como pessoas e a vislumbrarem um futuro melhor. Traçar objetivos em curto, médio e longo prazos para si e para suas vidas. Às vezes Lia repetia as técnicas com o pessoal da cooperativa.

Após apresentar o resultado da semana e confirmar a próxima reunião, a reunião foi encerrada com um café com leite, pão e manteiga.

Durante o café, Lia convidou:

— Elsa, passa a noite aqui.

— No sábado, amanhã, vou visitá meus filho na Febem, e se durmi aqui num vô me animá acordá cedo. Vô é perdê a hora.

CAPÍTULO XXXI

No final de semana, Caio gostava de ir ao casarão cuidar da horta. Sempre se dedicava àquela atividade. Ele ficava horas tirando ervas daninhas dos canteiros, semeando outras ervas, fazendo o plantio das mudas. Estava distraído quando Ângelo se aproximou e lhe ofereceu um suco de tomate colhido da horta.

— Obrigado, Ângelo.

— Você gosta mesmo de mexer com a terra, cara.

— Eu me realizo aqui. É muito bom mexer com a terra, plantar. Você não curte?

— Não sei. Acho que não levo jeito pra isso. Se eu plantar acho que não vai nascer. Não aprendi a cuidar da terra e cresci na cidade.

— Eu não. Eu sou da roça. Vivi sempre plantando. Cresci fazendo isso.

— E por que você veio pra cá?

— Meu pai vendeu o sítio e trouxe todo mundo. Eu já era grandinho.

— Cadê seus pais?

— Meu pai morreu.

— Naquela tarde, na reunião do Dito, você disse que queria ajudar sua mãe. Disse que ela mora longe. Onde ela mora?

— Em Goiânia.

— E por que você veio pra cá? Está tão longe.

— Vim atrás de emprego.

— E conseguiu cadeia?

— É, cadeia das bravas.

— Por quê?

— Assalto. Achei que ia dar uma grana pra resolver minha vida. Dancei na primeira e agora tô aqui.

— Desculpe ter tocado no assunto.

— Não se incomode. Eu gosto bastante de você.

— É mesmo?

— É, você tem sido muito legal comigo. Nunca me prejudicou. Isso já é bastante.

— Você é empregado do Dito, né?

— Mais ou menos. Nós lá é tudo meio sócio. Nós trabalhava na cadeia e guardava o dinheiro para quando saísse.

— Por quê?

— Porque nós sabia que ninguém ia querer empregar a gente. Dito deu a ideia porque ele tava guardando o dinheiro dele fazia mais de ano.

— Vocês faziam o quê?

— Costurava bola, fazia artesanato. Dito ensinava na cadeia fazer serviço de marcenaria.

— Por que vocês resolveram trabalhar com marmoraria?

— O Dito achou barato, o negócio era bom e ele resolveu comprar pra nós todos. Quando eu saí da cadeia eles já estavam aqui fazia dois anos. O Mário também.

— Tem mais alguém pra chegar?

— Tem só o Léo, que é o último. Do grupo todo só falta ele sair.

— Dito ficou bastante tempo na cadeia, né? Ficou dez anos?

— Dezoito, Ângelo. Ele ficou dezoito anos lá.

— Tudo isso? Dá pro cara enlouquecer.

— É, mas ele saiu legal e tá dando uma chance pra gente. Pra mim isso é muito importante.

— Eu acredito e torço muito por você e por eles. Você está sabendo da cooperativa?

— Tô, por isso vou plantar mais legume pra ajudar na sopa. Você tá ajudando também. Isso é legal.

— Eu?

— É, você. Não é você que fica com as crianças na hora da reunião? O Dito é quem contou.

Ângelo foi pego de surpresa com essa e pensou: "Ah! Então eu virei babá? O Dito ainda contava pra todo mundo. Ele devia está se divertindo muito com essa ideia. Só que dezoito anos de cana é muito pra qualquer um. O cara deve ter aprontado muito. Santo é que ele não era e agora queria posar de bom patrão pra cima dele e da Lia? Não faltava mais nada... Agora eu virei babá. Só faltava isso".

Enquanto Ângelo pensava consigo mesmo, Caio continuava falando e ele não ouvia mais. Depois de algum tempo, ele recolheu os copos e voltou pro casarão.

COLIBRI

O coração de Colibri continuava ocupado. Ainda pensava e amava muito Regina. Era como se ela estivesse viva. A presença de Vitor só fazia aumentar a falta que sentia dela.

Era difícil ver Colibri acompanhado por alguma mulher que não fosse Lúcia. E quando eles estavam juntos, os colegas costumavam comentar. Teciam comentários maldosos a respeito da relação dos dois e alguns até achavam que eles eram namorados. Colibri nunca se incomodou de explicar que Lúcia era sua irmã. Sempre deixou o dito pelo não dito sem se incomodar com maiores explicações.

Além de não ter nenhum relacionamento com mulheres, Colibri não demonstrava muito entusiasmo pela vida. Ia tocando como dava, da melhor maneira possível. Procurava estar sempre ao lado do filho.

Quando viajava e podia, levava o filho junto. Quando estava em casa ficava com a irmã e o filho, saía pouco e nunca para se divertir.

Sempre ia ao banco para guardar a quantia enviada por doutor Dácio. Não gastava o dinheiro do filho. No banco, tratava de aplicá-lo para o futuro do menino e fazia todas as perguntas que queria até compreender o assunto e então resolver o que faria. Nenhuma vez utilizou-se do dinheiro de Vitor para comprar algo para si ou para Lúcia.

Foi questionando e discutindo a melhor forma de guardar o dinheiro de Vitor que Colibri conheceu Sonia, a gerente. Muito simpática, era também muito inteligente, e depois de tanto elogiá-la para Lúcia, ela lhe disse:

— Por que você não a convida para sair?

— Lá vem você de novo.

— Por que não?

— Porque não e pronto.

— Ela não é bonita?

— Ela é bonita, inteligente, simpática e tudo mais.

— Qual é o problema?

— Nenhum problema. Eu só não quero sair com ela.

— Eu não entendo você. Se não serve uma bonita, inteligente e simpática, você está procurando o quê? Uma feia, burra e chata?

— Eu não estou procurando nada.

— Mas ela não é legal? Interessante?

— É, mas sei lá.

— Sei lá... Só se sair com ela, senão sei lá.

— Será?

— Pensa assim: por que não?

— É.

Certa vez, Colibri tomou coragem e convidou Sonia para ir ao cinema. Marcou com Lúcia também:

— É só para garantir.

— Garantir o que, rapaz?

— Sei lá.

— Tá bom.

Marcaram de se encontrar no cinema. Foram os três. Estavam na fila tranquilos e conversando, até que Lúcia olhou para trás e comentou:

— Ninguém merece, Colibri. Olha quem está ali.

— Quem?

— O patrão, a patroa e um amigo deles. Vamos fingir que não vimos.

Não adiantou os três disfarçarem, os patrões de Lúcia foram convencidos pelo acompanhante a apresentar-lhe Lúcia:

— Boa noite, moça.

— Boa noite, doutor Rogério. Dona Amanda. Doutor Valter.

— Boa noite, Lúcia.

— Boa noite.

— Vocês já se conhecem?

— Já, Dona Amanda. Uma vez fui apresentada a ele na saída do trabalho. No ponto de ônibus.

— Interessante.

— É mesmo.

— Você está acompanhada?

— Estou. Quer dizer, não exatamente. Estamos em três. Essa é Sonia e esse...

— Colibri. Muito prazer.

— Então com licença. Posso me sentar ao seu lado?

— Sim, claro.

— Você e seu namorado vêm sempre ao cinema?

— Eu não tenho namorado.

— E esse rapaz ao seu lado?

— Não é meu namorado.

— Pior, então é noivo.

— Não, não é noivo.

— Não me diga que é amigo.

— Não. É meu irmão.

— Que bonito. Vocês são tão unidos assim?

— Mais ou menos.

— Você tem outros irmãos?

— Não.

— Então ele deve ser especial.

— É.

— Vocês moram juntos?

— Às vezes.

— Às vezes?

— É.

— O filme está quase acabando.

— Já está tarde.

— Eu posso te levar em casa.

— Não, obrigada. Eu vou voltar com o Colibri.

— Eu o levaria também.

— Acho que ele não aceitaria.

— Que pena. Eu lamento.

O filme acabou e Lúcia sentiu-se aliviada pelo fim da conversa. Voltaram para casa de ônibus. Lúcia e Colibri, porque Sonia morava do outro lado da cidade.

CAPÍTULO XXXII

Na reunião de sexta-feira, todos já se chateavam com o atraso. A reunião não começava e alguns já estavam ficando irritados.

Lia resolveu começar a reunião sem que todos estivessem presentes.

Após alguns minutos, chegou Elsa e foi logo explicando o motivo do atraso. Ela vira tudo, sabia o que tinha acontecido, mas a culpa não era dela.

— O que aconteceu foi uma desgraça. Parecia que tudo ia dar certo, mas ele não teve escolha, tava pegano umas latinha que tava num canto perto de um ponto de ôinbu e quando foi jogá o resto do refrigerante... ou era cerveja... Eu acho que era refrigerante...

— Por favor, Elsa continue.

—Ah, Lia... Ele pegou a lata e ia jogar o refrigerante, que ainda tinha um pouco, e sem querer molhou a perna de um rapaz, mas foi sem querer. O rapaz esperava o ôinbu. O cara não gostou e tomou sastisfação. Ele pediu desculpas, sabe, gente, mas não adiantou. Eu acho que o cara tava bêbo. Aí o cara ficou nervoso e começou a bater nele, bateu bastante, bateu a cabeça dele no chão, até que ele começou a sangrá e a cabeça dele começou a se abri, aí ele não se mexeu mais. Aí ele morreu. Foi por isso que eu cheguei agora. Eu tô atrasada. Desculpa gente.

— Pelo amor de Deus, Elsa. Você chega agora, conta toda essa desgraça e não diz quem foi? Quem foi que ficou assim?

— Então vocêis num tão sabeno?

— Fala logo, Elsa! Quem morreu?! – Seu José já gritava.

— Foi o colega daqui. O moço que tava com nóis.

— Foi o Paulo, Elsa? É por isso que ele não veio?

— É, Ângelo. Foi ele mesmo.

O silêncio foi geral. Parecia que ninguém mais tinha motivo para estar ali. A reunião foi transformada num velório, no qual não havia cadáver para ser chorado. Sem velas, sem choro. Só havia a dor. Cada um parecia ter perdido alguém seu. Ou será que cada um havia perdido um pouco de si próprio?

— Ele só tinha vinte anos. Na primeira reunião ele disse que não tinha nada. Não tinha nada a perder. Ele só não sabia que por lutar pela vida com tanta garra, lutando para viver, encontraria a morte. Aqui nós perdemos um companheiro, um sócio. Estamos mais sós, eu acho.

— Tudo o que você está dizendo, Ângelo, está certo, mas nossas vidas continuam e é preciso continuar lutando por elas. O nosso amigo merece nosso respeito e até a nossa dor, com certeza ele ficará muito feliz onde estiver se puder saber que nós conseguimos realizar o sonho que também era dele. Nós devemos isso a ele.

— Elsa, onde vai ser o enterro?

— No cemitério, Ângelo.

— Elsa, por favor, tenta se concentrar. Em qual cemitério?

— Aquele lá do canto, o Da...

— Saudade?

— É, acho que é esse porque o corpo tá no IML lá perto. Eu não fui lá porque a polícia ia querer testemunha e eu fiquei com muito medo...

— O corpo deve estar no necrotério, lá no Hospital Universitário, esperando por identificação. Nós podemos ir lá amanhã bem cedo.

— Se você for, Ângelo, eu posso ir com você também.

— Obrigado, doutor Luís Eduardo. Sua presença poderá facilitar as coisas por lá.

— Então nós podemos formar um grupo e irmos amanhã tentar enterrá-lo. Vocês querem continuar a reunião?

Enquanto Lia tentava organizar as coisas, o silêncio imperava.

— Não? Não querem? Não querem? Então está encerrada a reunião. Quem quiser pode ir tomar café.

Dito levou Ângelo e Luís Eduardo para um canto durante o café, para combinarem como iriam resolver o enterro de Paulo.

— Vocês me esperam na frente do Hospital Universitário. Lá reconheceremos o corpo e adiantamos os papéis do enterro. Ele tinha documentos? Família?

— Que se soubesse não, mas notícia ruim não demora a chegar. A essa altura, se ele tiver família por perto, eles já devem até estar sabendo de tudo.

— Eu vou pegar a ficha dele aqui na cooperativa e ver as informações que temos. Talvez alguma foto ou coisa assim.

Com as informações que tinha, Luís Eduardo se despediu de todos e foi embora. Lia convidou:

— Elsa, dorme no casarão esta noite. Você ficará bem melhor junto da gente.

— Se o Ângelo num se importá, eu fico sim.

Logo depois das seis da manhã, Dito chegou ao casarão para ir com Ângelo, Lia e Elsa até o necrotério. Não foi preciso fazer muita coisa. Elsa e Ângelo reconheceram o corpo de Paulo. Luís Eduardo agilizou os papéis e Paulo foi enterrado no mesmo dia. Só os quatro amigos acompanharam Paulo em sua última viagem, do necrotério ao cemitério. Era estranho, mas pela primeira vez em sua breve existência aquele corpo estava na companhia de amigos.

CAPÍTULO XXXIII

Leo demorou um pouco até encontrar o número 15.584 da Avenida Barão de Mauá, onde ficava a marmoraria. Trazia consigo uma mochila preta e eram quase cinco horas da tarde quando bateu no portão.

Ficou nessa situação alguns minutos até que o portão abriu-se para ele e uma moça alta, magra, de olhos azuis e bem bonita ia passando por ele sem percebê-lo.

Ele a interpelou e perguntou por Dito. Ela mostrou-lhe com um gesto, pois parecia estar com pressa.

Leo se dirigiu aonde ela havia indicado e ficou muito feliz ao rever Caio, Rubens e Dito, que ainda trabalhavam no local.

— Rapazes, já são cinco e quarenta e vocês ainda trabalham?

— É. Ainda estamos no pesado. E é melhor ir se acostumando com a ideia. Como você está?

— Agora estou livre, livre, livre...

— Bem vindo à sociedade, literalmente.

— Obrigado, Dito. Então o negócio é esse? Pedra?

— Mármore. Solidez.

— Enquanto vocês descansam carregam pedras. E isso dá dinheiro? Dinheiro mesmo? Do bom?

— Dá mais que roubar. Aqui ninguém apanha, nem sofre ameaça de morte.

— É, Caio, sendo assim acho que vou ficar por aqui com vocês. Cadê o Mário?

— Já foi. Ele foi ao Fórum.

— Tem isso também. Fórum. Não posso me esquecer.

— Não se preocupe com isso. Nós temos uma tabela mensal, na qual anotamos o dia e a hora de cada um comparecer ao Fórum. Deixamos grudado na geladeira, assim ninguém esquece.

— Vocês são bem organizados. Tá todo mundo por aqui Dito?

— Todos. Agora o grupo está completo.

— Tem mais alguém?

— Não. Como sócio só nós, mas tem dois colaboradores. Um é o faxineiro e uma garota que faz as contas.

— E o que eu vou fazer?

— Agora, você vai tomar um banho, jantar e dormir. O resto a gente decide depois.

— Mas antes, uma cerveja gelada pra gente comemorar. Ou eu vou começar achar que vocês mudaram demais.

— OK! Mas em casa. Vamos embora.

CAPÍTULO XXXIV

Demorou algum tempo para a cabeça de Ângelo voltar ao normal. Isso se refletia em seu humor. Ele andava meio cabisbaixo e calado. Quem o conhecia sabia que sempre que morria alguém por perto ele ficava assim. Entrava em depressão, numa morbidez só. Não conseguia lidar com o sentimento de perda que a morte de alguém próximo lhe trazia. Isso se repetia desde a morte de sua mãe. Ficava mais calado do que nunca. E Lia o sentia cada vez mais distante. Às vezes, ela tentava conversar, fazer planos ou até pressionar, mas ele não reagia, ficava calado e cabisbaixo, e quando falava era sobre um assunto: o falecido. Ele queria saber o que se faria com o saldo que Paulo deixara na cooperativa. Lia defendia a ideia de que a cooperativa era a legítima dona do material de Paulo. Todos eram os donos. Não havia muito que discutir sobre o assunto, mas Ângelo sempre voltava a ele quando queria desconversar em algum momento.

E, ultimamente, Lia estava mais do que nunca procurando assunto e tentando se aproximar dele. Queria quebrar o acordo que haviam feito antes de chegar ao casarão. Queria voltar a viver, a amar em todos os sentidos. Era bonita, sabia disso. Dito não a deixava esquecer, nem na marmoraria nem nas reuniões da cooperativa, e essa rotina de trabalho e reuniões da cooperativa já estava bem cansativa. Era preciso um pouco de festa e de alegria. Era preciso viver.

Luís Eduardo chegou com novidades na reunião. Para todos que estavam presente, foi muito animador saber que agora eles eram uma cooperativa, com CNPJ e tudo mais. Mesmo sem saber o que isso significava. Eles eram uma cooperativa sem fins econômicos e o fruto do trabalho diário geraria mais que lucro, geraria vida. Era de vida que Luís Eduardo falou quando deu a notícia do registro no cartório. Agora que eles estavam registrados, tornaram-se pessoas jurídicas, estavam trabalhando, parecia que iam ao rumo certo.

Lia pediu a palavra para falar do balancete.

— É, pessoal, eu tenho vendido só um pouco do material porque ainda acho o preço muito baixo. Nós temos um bom estoque e em três meses de trabalho pesquisamos possíveis compradores e o preço não varia muito não. Com as cestas básicas deu para tocar até aqui. Como temos estoque, podemos decidir o que vamos fazer com ele. Se vendemos tudo e o que fazemos com o percentual da cooperativa.

A reunião não aguardava mais a presença de todos para começar desde a morte de Paulo. Por isso, quando Alice chegou acompanhada de duas amigas, todos perceberam. Elas não pretendiam chamar a atenção, mas foi inevitável.

— Boa noite. Por favor, continue Lia.

— Você não prefere apresentar suas amigas, Alice?

— Essas são Denise e Renata. Elas vieram fazer uma visita e também uma proposta.

— Por favor, aqui nós gostamos muito de gente interessada, que faz proposta.

— Boa noite. Sou Denise. Sou médica e conheço a cooperativa desde a primeira reunião há seis meses. Desde esse tempo que Alice me fala de vocês e me convida a participar, mas não sabia como poderia ajudar. Hoje resolvi vir e me colocar à disposição. Se precisarem, podem contar comigo.

— Boa noite. Sou Renata. Vim participar da reunião por causa da minha amiga Alice, que me convidou. Pelo que estou vendo, já sei que vou ter muito no que ajudar. Vocês têm uma proposta linda aqui. Desculpem-me eu... me emociono muito fácil. Mas podem contar comigo.

— Mas você pode ajudar nóis como?

— Eu sou dentista. Tenho uma clínica no centro e posso atender alguns de vocês. Quem sabe?

— Você tá querendo atender nóis e cuidar dos nosso dente?

— É, eu acho que sim.

— De garça?

— Nós poderíamos ver como fazer.

— Por que você quer ajudar nóis?

— Denise e Renata, vocês podem ficar à vontade se quiserem ajudar. O grupo se formou por necessidade e não por ideologia. Não temos vínculo com ninguém, portanto estamos abertos a novas propostas. Se pretendem colaborar poderão entrar na condição de voluntários, como Alice, Dito e Luís Eduardo. Sejam bem-vindas.

— Obrigada.

Elas foram aplaudidas pelo grupo, que se entusiasmou com a presença delas.

A cooperativa contava com um advogado, uma médica, uma dentista, um empresário, uma assistente social e um grupo de infelizes miseráveis que formavam a parte interessada. Ou será que a parte interessada eram os voluntários?

A um mês do fim do ano, o grupo estava constituído, mas dependia ainda da força financeira de Dito e da ajuda de Caio na horta. A preocupação de Lia era tentar o mais depressa possível dar autonomia financeira ao grupo para que ele não dependesse tanto dos voluntários e pudesse sobreviver sem precisar contar com a ajuda dos colaboradores.

Ângelo aproximou-se de Sandro para saber das crianças.

— Tão na creche e na escola. As professora gosta muito deles e se preocupa porque eles não têm mãe.

— Eles estão aprendendo as lições?

— As professora diz que eles é inteligente. Eles faz as lição em casa, que eu vejo. Só que tem um pobrema.

— Qual?

Nos fim de semana, eles fica o dia todo comigo no viaduto e aí eles tudo pega piolho. As professora reclama pra mim, mas num adianta. Limpa a cabeça, pega piolho. De novo e de novo.

— Mas não ficam mais doentes com diarreia e outras coisas?

— Agora eles come três veiz por dia na creche e os dois mais velho come na escola e aqui. Está tudo forte. Eu preciso mesmo é arranjar um lugar decente pra morar. Limpinho, pra eles ficar bem.

— Vamos acreditar, Sandro. Coragem. Fé. Nós vamos conseguir

— Você se preocupa com as criança de todo mundo, né? Parece que você gosta muito de criança.

— Eu pareço uma babá, né? disse Ângelo, com ar zombeteiro.

— Não parece não. As babá sempre são mais bonitinha que você.

Os dois riram tão alto que interromperam a reunião, percebendo o quanto tinham se afastado do assunto. Lia, que tentava decidir o que fazer, irritou-se:

— Queremos saber qual é a piada. Queremos rir também. Pode nos contar, Ângelo?

— Desculpe-nos, pessoal.

— Podemos continuar a reunião?

— Por favor, Lia, continue.

— Como eu estava dizendo, temos um saldo em material. Precisamos decidir se continuamos comprando as cestas básicas em grupo ou não.

— Posso, Lia?

— Por favor, Seu José.

— Eu não vejo porque não continuar. A gente compra, divide e tá dando certo. Alguém não está satisfeito?

— Lia, posso falar?

— A palavra é sua, Ana.

— Não dava pra nóis comprar roupa? Só uma parte do dinheiro, pra comprar roupa pras criança pelo menos?

— É... A dificuldade talvez esteja na questão do tamanho. Nós conseguimos descontos nas cestas básicas porque compramos a mesma coisa em grande quantidade. Roupas eu não sei como seria, mas posso pesquisar. Na próxima reunião eu trago o resultado da pesquisa. Estou entregando a vocês um balancete por escrito para que cada um possa ver qual sua situação atual e seu saldo em material. É importante que cada um possa controlar sua produção e estabelecer suas metas, assim como estamos fazendo no grupo. Com metas bem estabelecidas nós conseguiremos controlar melhor. As metas que idealizamos. Superamos todas até hoje. Agora, talvez estejamos sendo modestos em nossas pretensões. O que vocês acham? Mantemos as metas?

— Pra nóis num desanimar, nóis pudia ficar como tá. Quando nóis tivesse mais certeza das coisa, certeza que vai dar certo, nóis pudia mudar.

Elsa, que pensara alto, refletia a opinião do grupo.

— Todos concordam com a Elsa? Então está bem, mantemos as metas como estão. Mais algum assunto? Não? Pessoal, vamos ao café.

Durante o café, Ângelo aproximou-se de Alice:

— Suas amigas vieram nos estudar?

— Por que você diz isso, Ângelo?

— Por que elas me parecem muito preocupadas em observar cada movimento nosso, cada comentário, o comportamento de cada um aqui.

— Pelo que vejo, elas também estão sendo observadas e muito bem. Eu pensei que fôssemos um grupo aberto. Eu mesma vim participar bem informalmente.

— Desculpe-me, Alice, não foi isso que eu quis dizer.

— É claro que suas amigas são muito bem-vindas. Nós só precisamos discutir a possibilidade de organizar o apoio delas. Ninguém aqui está incomodado com a presença delas. E se querem nos ajudar, precisam nos observar bem e fazer as anotações necessárias.

— É isso mesmo, Lia. Me desculpe mais uma vez, Alice. Fui muito infeliz em meu comentário. Espero não tê-la aborrecido com ele.

— É, Alice, obrigada por tê-las convidado.

Renata e Denise conversavam com Elsa e Sandro num canto e sentiram a necessidade de orientá-los mais do que de assisti-los. Talvez a colaboração delas se desse mais pela orientação sobre saúde e higiene. Foi pensando dessa maneira que elas saíram do casarão naquela noite.

Quando Renata e Denise chegaram ao apartamento que dividiam num outro bairro da cidade, resolveram traçar um plano de atendimento aos cooperados. Pensaram em dividi-los por sexo e idade, marcar um dia para fazer uma triagem geral. Renata lembrou que Alice sempre dizia que eles tinham uma ficha cadastral. Lia devia saber onde se encontrava.

— É que Alice se esforça muito menos do que poderia ali no grupo. Ela está muito mais interessada em outras coisas do que no grupo como cooperativa. Ela vai às reuniões porque se sente acuada, precisa dar uma satisfação ao rapaz por quem ela quer ser admirada. Só isso.

114

— Você acha, Renata, que ela poderia fazer mais? É isso?

— Claro que sim. Há tanto o que fazer com eles, tanto o que realizar, ao invés de ficar olhando para um cara magrela e insosso.

— Rê, ela não disse que ele era bonito, inteligente e educado?

— Disse. Eu vi que ele é sonso.

— Ah, vai, assume, ele não é feio.

— Não, feio ele não é. Mas é magrelo. Achei ele meio na dele, meio sonso.

— E aquela garota lá, a tal de Lia?

— Ela, sim, parecia ser tudo o que Alice disse, inclusive muito bonita.

— Mas não é só você que acha. Viu aquele velho babão que olhava para ela o tempo todo? Puxava os aplausos, votava em tudo que ela propunha, balançava a cabeça afirmativamente para qualquer coisa que ela dizia? Acho que ele também a considera bonita.

— Aquele velho babão é o tal do Dito. O dono da marmoraria Barão de Mauá. Ele é o único empresário envolvido na cooperativa e não é velho, nem de se jogar fora não.

— Ah, não! Mais uma na cooperativa pra arrumar alguém. Olha, tá parecendo mais agência sentimental.

— Sua boba. Você não leva nada a sério mesmo. Vamos dormir que amanhã o bicho pega e pega cedo.

CAPÍTULO XXXV

Leo iniciou suas atividades na marmoraria como vendedor, representante de vendas. Sua função, fechar os negócios. Para desenvolver suas atividades, inicialmente ele precisou dos serviços de Lia. Foi ela quem o treinou para fazer a abordagem dos clientes e deu-lhe toques de como fazer uma negociação. Portanto eles precisavam se relacionar e muito bem.

Leo era um rapaz, jovem, bem educado e bem falante. Gostava muito de fazer amigos e conhecia as pessoas com quem convivia, pois era muito perspicaz. Às vezes se aproximava além da conta e era inconveniente.

Solteiro, sem família, não tinha muita responsabilidade com a vida e não se incomodava de magoar os demais.

Dito e Mário, sabendo como era o Léo, conversaram com ele:

— Cara, eu não quero encrencas na marmoraria. Nós aqui somos um time só, mas ninguém é capitão, intocável.

— Dito, a Lia é casada?

Lia. Esse assunto é muito bom para ser tocado agora e por você. Lia é uma pessoa que presta serviços para nós. Ela não é funcionária da marmoraria. É muito competente. O mais não interessa, fique longe dela.

— Sim, senhor.

Mas Dito sabia que Leo não podia ver mulher e sabia mais, sabia que ele não a deixaria em paz. Resolveu então questionar Lia sobre sua situação com Ângelo. Ele não queria que Leo se metesse em encrencas. Como se isso fosse possível. Leo tinha um ímã que o atraía para encrencas. Ele procurava se envolver em confusões de tal maneira que parecia ser constantemente perseguido por elas. Dito queria questionar Lia, mas temia está sendo demasiado indiscreto. Não sabendo que tipo de pessoa era Ângelo, pensava:

— E se ela não compreender a dimensão da minha preocupação? E se ela contar pro Ângelo? E se ele vier tomar satisfações? A coisa pode ficar pior.

Mesmo assim resolveu arriscar. Na primeira oportunidade, convidou-a para almoçarem juntos no centro da cidade:

— Quero deixar claro que minha única intenção é a de evitar problemas entre Leo e Ângelo e que você deve estar preparada. E não tenho nenhum interesse pessoal no assunto, mas sei que não posso controlar o Leo por muito tempo.

— Ele vai te dar problemas, Dito?

— Espero que não, mas eu não quero que ele acabe arrumando confusão com seu marido.

— Eu não tenho marido, Dito.

— O seu namorado.

— O Ângelo?

— É, com ele.

— Não se preocupe que ele não se incomodará com o que o Leo venha a dizer.

— E você, vai se incomodar?

— Dito, tem sido muito bom trabalhar com você. Ser sua amiga. Durante todo esse tempo você tem ajudado demais a mim e ao Ângelo. Tem ajudado tanto. Eu nem sei o motivo do seu interesse por nós e pela cooperativa. De qualquer forma, é muito bom poder contar com você sempre.

Enquanto Lia falava e olhava o fundo do copo em que bebia. Ela segurou a mão direita de Dito.

— Eu não sei quanto ao Ângelo, mas o Leo é perigoso, às vezes.

— Por que você não o manda embora de uma vez?

— Eu não posso. Ele é o segundo acionista da marmoraria. Depois de mim é ele quem tem maior participação. Eu não tenho como indenizá-lo.

— Ele é perigoso? Como? Ele pode ser violento?

— Se for contrariado, receio que sim.

— Em que sentido?

— Em todos os sentidos, Lia. Cuidado. Ele não entende um não de uma mulher bonita.

— Ele é estuprador ou coisa assim?

— Não. O motivo da prisão dele foi outro.

— Prisão? Ele esteve preso?

— Esteve. Ele também, é claro.

— Ele também? Não entendi. Quem mais esteve preso? Ele e o Ângelo? Você não está querendo comparar os dois, né?

— Acho que falei demais. O Ângelo nunca te falou da sociedade?

— Sociedade? Que vocês são todos sócios? Falou, mas isso eu sei porque você mesmo me contou.

— Foi isso que ele te disse sobre a sociedade?

— Foi isso. Ele não me conta muita coisa. Tem mais alguma coisa para ele contar?

— Quem? O Ângelo?

— É. Tem mais alguma coisa?

— Não. Claro que não. Não se preocupe. Tá tudo bem. Procure não se incomodar com o Leo que ele, se não tiver motivo, sai fora. E a cooperativa, como tá? As moças que foram lá resolveram alguma coisa? Vão mesmo ajudar? O que você acha? Elas parecem sérias, não acha?

— Acho. Acho que elas são sérias. Alice está procurando um encaminhamento para o Sandro frequentar uma sala de Educação de Jovens e Adultos. Ele mal escreve o próprio nome. O objetivo da cooperativa também é fazer as pessoas superarem suas dificuldades.

— Tem uma boa turma ali na cooperativa que não lê e não escreve.

— Alice fez uma triagem e levou até a Secretaria da Educação do município. Agora está esperando a resposta da possibilidade de vagas.

— Lia. Vamos voltar ao trabalho?

— É pra já, chefe.

Lia saiu do restaurante com a sensação de que Dito havia desconversado quando ela deixou escapar que não sabia da prisão de Leo. Mas Ângelo, esse não iria poder desconversar, não. O Dito deixou bem claro que ele sabia e ela ia dar um jeito de ele lhe contar tudo o que sabia.

No caminho de volta à marmoraria, nenhum dos dois procurou assunto. Dito estava completamente arrependido e confuso por ter lhe entregue sua própria história e pensava: "Mas que diabo de relação mais doida a dela com o Ângelo. Como era possível que ele não tivesse contado tudo pra ela? Deixá-la se envolver com eles sem avisá-la sobre quem eles eram. Ou o cara era maluco ou ela não era dele, portanto, ele não se importava com o que poderia lhe acontecer. Se fosse assim porque eles dois viviam juntos? Será que ela estava disponível? Mesmo que estivesse, o Leo não ia encostar um dedo nela. Se Ângelo não se importava, ele não permitiria".

COLIBRI

Dias depois de voltar da última viagem, Colibri acordou assobiando sua música preferida. Preparou o café para si e para Vitor. Ao olhar a geladeira percebeu na porta um bilhete de Lúcia, em que pedia para ir ao banco pagar umas contas.

Colibri pegou a parte de Lúcia no local que haviam combinado. Deixou Vitor com a vizinha e partiu para o banco, levando também as contas da vizinha para pagar.

Pegou ônibus, sentou-se. Logo cedeu seu lugar a uma senhora com uma criança no colo. Fez o resto da viagem em pé. Desceu no centro da cidade, comprou um jornal e foi ao banco.

Entrou no banco e observou a fila. Ficou um pouco na fila. Resolveu ir à empresa buscar uma autorização para pagar o convênio e pensou: "Vou lá. Quem sabe quando eu voltar a fila estará menor".

Foi até a empresa, recebeu a autorização e dirigiu-se à clínica para marcar uma consulta, pois há dias sentia dificuldades para enxergar e pretendia tirar dúvidas sobre a sua visão. A consulta foi marcada para duas semanas depois.

Colibri voltou ao banco. A fila já não era tão grande. Notou a presença de três rapazes à sua frente. Ficou contente. Não perderia tempo. Não demoraria muito. Perguntou ao rapaz da frente:

— Que horas são, por favor?

— Uma hora.

— Obrigado. Valeu.

— De nada. Dá pra você segurar minha blusa, por favor? Só um pouco que eu já volto?

— Claro.

O rapaz parecia nervoso. Suava. Colibri chegou a pensar: "Será que ele está passando mal?".

A fila não demorou muito. Logo ele já estava próximo ao caixa. O rapaz não voltava. Foi aí que as coisas se complicaram.

— É um assalto.

— Calma, moça, por favor.

A moça do caixa, já desesperada, não sabia o que fazer.

— Todos pro lado, pra parede! Agora!

Colibri demorou para entender e ficou em pé, com a blusa do rapaz na mão.

A essa altura a arma do segurança do banco, a única verdadeira, já estava na mão do assaltante, que segurava Sonia, a gerente, pelo braço.

Colibri segurava a blusa do rapaz com força. Estava desesperado e não sabia o que fazer. Torcia para tudo acabar bem.

E tudo acabou bem. Bem para os funcionários e para os clientes. Entre eles havia dois policiais que, percebendo o despreparo dos assaltantes e as armas de brinquedo que usavam, reagiram. Renderam os quatro bandidos que entraram juntos para assaltar o banco. Todos foram presos.

CAPÍTULO XXXVI

Denise e Renata foram até o casarão conversar com Lia sobre a condição de saúde geral e bucal dos cooperados. Renata, mais animada, chegou dizendo:

— Eu podia fazer um diagnóstico de cada um, com exceção das crianças, porque elas são atendidas na UBS do bairro. Depois do diagnóstico, podemos organizar uma agenda de atendimento, começando pelas urgências.

— Você atenderá todos gratuitamente? Porque eles não podem pagar.

— Eu já me dei conta disso, Lia. Conversei com um amigo meu, ele me ajudará. Ele pode vir no fim de semana para o diagnóstico. Mas eu ainda não entendi onde os cooperados moram. É aqui?

— Não. Aqui só moramos eu, o Ângelo e nossas crianças.

— E os outros?

— Cada um num lugar. Tem quem more em pensão. Outros em barracos. Outros com parentes. Outros sob viadutos.

— Eles teriam como fazer um tratamento?

— Onde eles seriam atendidos?

— O diagnóstico poderia ser feito aqui mesmo. O tratamento teria que ser feito no consultório. Você permitiria que eu e o Danilo fizéssemos o diagnóstico aqui no casarão, durante um fim de semana?

— Quanto a mim, não vejo inconveniente algum, porém eu não tomo nenhuma decisão pela cooperativa. Tudo o que fazemos decidimos na reunião. O que eu poderia fazer era levar a proposta de vocês, que eu acho maravilhosa. O que perguntarão é sobre o pagamento.

— Não há como cobrar deles.

— Não há mesmo. Nem da cooperativa. O que se arrecada se gasta com comida.

— Eu poderia fazer uma triagem no mesmo dia para ver os casos mais evidentes de verminoses e encaminhar ao serviço público.

— Denise, eu não quero ser pessimista, nem desanimar vocês, mas lidar com os problemas dessas pessoas não é fácil. Eu demorei mais de um mês para convencer Aninha da necessidade de fazer um pré-natal, procurar o serviço de saúde. Fui com ela para fazer inscrição e acompanhei-a por duas consultas até que ela se convenceu de que seria bem tratada por lá. Disse que era preciso que ela acompanhasse sua gravidez utilizando-se dos serviços disponíveis. Quando se trata de serviço público eles são bem resistentes. Podemos tentar. Se não tivéssemos tentado e tido paciência não teríamos a cooperativa.

— Lia, em sua opinião, o que afastou Aninha do serviço médico? Por que ela não queria ir ao médico? O que ela temia?

— Ela me disse que tinha vergonha de estar grávida. Medo de fazer exame de toque ou outros semelhantes. Tinha também muito receio de que perguntassem o nome do pai da criança.

— Por quê?

— Porque ela não sabe quem é e tem receio de ser julgada por isso.

— E como você a convenceu a procurar um médico?

— Com muita conversa, com muita paciência. Apoio. Falando do parto dos meus filhos. Explicando coisas básicas sobre a sexualidade humana. Coisas que ela deveria ter aprendido na escola se tivesse frequentado uma.

— Qual é o grau de instrução dela?

— Ela me disse que saiu da escola aos oito anos, na terceira série, depois não voltou mais.

— Que pena. Poderia ter estudado mais. É bastante inteligente, como eu pude perceber.

— Todos nós somos inteligentes. O que às vezes nos falta é oportunidade para nos desenvolver. Às vezes falta capacidade para aproveitarmos essas oportunidades. No caso de Ana faltou tudo, inclusive confiança nas pessoas que a cercavam.

— É ela quem faz a sopa?

— É ela mesma. Faz a sopa, lava o banheiro e, durante as manhãs, ela cata lixo. À noite, duas vezes por semana, frequenta a reunião do centro espírita para, no fim da gestação, receber um enxoval para o bebê. Nas reuniões eles passam orientações sobre gravidez, parto, higiene do recém-nascido, amamentação.

— Quem lhe falou do centro espírita?

— Eu.

— Você lhe indicou o espiritismo por quê?

— Eu já sabia do serviço prestado, do enxoval e do apoio espiritual que eles dão à comunidade. Fui junto para ela se inscrever porque tinha vergonha e receio. Depois passou a ir sozinha e até gosta das reuniões. Sempre me conta como foi.

— Você considera uma boa opção a doutrina espírita?

— Quanto a isso, eu não sei. Levei-a lá por causa do enxoval. Se ela é boa ou não, não paro para pensar. Não me incomodo com isso.

— Por que, Lia? A espiritualidade não lhe interessa?

— Não. Eu já tenho problemas o bastante nesta vida para me preocupar com outra, póstuma ou futura. Se eu conseguir me virar nesta encarnação já estará tudo bem. O futuro ou o passado não me cabe resolver.

— Mas que assunto esse nosso. Aonde fomos parar.

— Podemos marcar uma data para iniciarmos os atendimentos?

— Podemos marcar na próxima reunião se eles aprovarem a proposta. Eu vou tentar defender a ideia e acho que não haverá objeção. Vamos tentar.

— Então, Lia, até sexta-feira, na reunião.

CAPÍTULO XXXVII

Lia trabalhava para vários clientes, mas fez da marmoraria sua principal atividade. Defendia os interesses de Dito como se fossem seus. Ao chegar para trabalhar de manhã encontrou um vaso de flores do campo muito lindas. Ficou sensibilizada e apressou-se a ler o cartão; queria que fosse de Ângelo.

O cartão dizia:

"Bom dia, Princesa.

Flores para alegrar seu dia. Seja feliz hoje.

Seu admirador".

Ela tremeu de raiva ao ler o nome de quem lhe enviara as flores. Picou o cartão e teve vontade de jogar o vaso pela janela. Como ele podia ser tão atrevido? Dar-lhe flores na cara do Ângelo! Levou o vaso para fora e deixou-o ao relento.

Não iria dar trela para esse tipo de provocação. Ela precisava daquele trabalho e não se prejudicaria por nada, nem por ninguém.

Com o dinheiro que ganhava, Lia estava havia algum tempo se responsabilizando pelo sustento dos quatro que moravam no casarão. Ângelo já não comprava nada para eles havia algumas semanas. Ela não percebera nada, porque estava muito ocupada e ia sempre às compras com Dito. Como não faltava nada, ela não dera por falta do dinheiro de Ângelo.

Numa quinta-feira, Ângelo e Lia foram levar as crianças à creche juntos. Ele lhe disse que não iria trabalhar na marmoraria aquele dia. Ela não perguntou o motivo. Lia olhou-o firmemente e ele lhe disse:

— Não se preocupe. Não estou doente. Estou bem, mas tenho uns assuntos para resolver.

— Então eu vou trabalhar.

Trabalhou o dia inteiro na marmoraria depois de se desculpar com Dito pela ausência de Ângelo. Voltou ao casarão e resolveu que precisava tomar algumas decisões que havia adiado há semanas. Precisaria de coragem, mas esta nunca lhe faltou. Não seria Ângelo que a transformaria numa fraca. Por amor a si mais do que a ele, ou seria por amor a ele mais do que a si própria? Isso não importava muito. Ela iria pedir-lhe explicações e não aceitaria que desconversasse, como sempre fazia.

O anoitecer no casarão era sempre uma festa. As pessoas chegavam para o banho e a sopa, ficavam por ali e arrumavam os mais diversos assuntos. Era a ida ao médico, o progresso dos filhos na escola, alguma situação vivida durante o dia de trabalho ou mesmo alguma desgraça acontecida na vida de algum conhecido.

Naquela noite, Lia achou Aninha diferente, parecia mais pesada. Já estava entrando no nono mês e parecia cansada mesmo. Aproximou-se dela e perguntou:

— Você está bem? Me parece que não.

— Estou muito cansada. Queria dormir, mas ainda vou ter de andar bastante hoje.

— Você está muito inchada. A barriga está mais baixa.

— É, acho que já tá perto.

— O que o médico disse?

— Ele disse que nasce até daqui uns dez dias. É só esperar.

— Você foi à reunião do grupo espírita?

— Fui. Eles me deram o enxoval. Está tudo ali.

Ana falou isso e sentou-se. Estava cansada, mas ainda precisava lavar as panelas da sopa porque os pratos cada um lavava o seu.

Quando Ângelo chegou, Lia estava sentada ao lado de Ana, dizendo para ela lavar as panelas no dia seguinte.

— Você está muito cansada. Deixa. Eu lavo as panelas. Lavo junto com a louça do jantar lá em cima.

— Obrigada, Ângelo. Pode deixar, eu aguento. Lavo a louça e depois eu vou embora.

— Acho melhor você ficar por aqui. Se precisar de ajuda vai ser difícil achar na rua. Pode ser que não haja ninguém por perto na hora. Dorme aqui até seu filho nascer. Não é fácil ter filho na rua.

— Vocês já fizeram muito por mim e eu não quero incomodar.

— Não brinca com sua vida, garota. Dar à luz não é fácil. Na rua ninguém pode te ajudar e você não tem recursos. Fica por aqui que a gente se vira se precisar.

— Lia, eu queria guardar aqui as roupinhas novas do bebê que eles me deram.

— Tudo bem, então você fica com roupinha e tudo, combinado?

— Combinado.

— Resolvido, moças? Então vamos ao jantar. Vou esquentar o que tem pra comer. Você sobe com a gente, Aninha. Deixa as panelas que eu lavo.

— Pode deixar, Ângelo. Eu e a Elsa lavamos hoje.

— Obrigado, Maria. Valeu.

Depois do jantar, enquanto Ângelo cuidava da louça, Lia resolveu fazer algumas contas para ver se seria possível seguir direitinho seu plano caso fosse necessário. Ao se deitar, tentou puxar conversa, mas notou que Ângelo já dormia ou estava fingindo muito bem.

CAPÍTULO XXXVIII

Renata e Denise estavam a cada dia mais entrosadas com os cooperados. Já participavam das reuniões toda sexta-feira e nunca se atrasavam. Montaram um calendário de atendimento e estavam seguindo-o à risca. Alguns sentiam medo no início, mas logo mudavam de ideia e faziam o tratamento direito.

Aproximava-se o fim do ano e todos continuavam tocando suas vidas como podiam. Faltava pouco para mudar o ano e as esperanças deles eram as luzes das festas natalinas, que se acendem nessa época para enfeitar a cidade. Ora se acendem, ora se apagam.

No fim do ano, os filhos de Elsa vieram para ficar com ela por uma semana. Esse ano passaria o fim de ano com eles e com Sandro, e os filhos dele também. Haviam alugado uma casa com o rendimento dos dois, pagavam um aluguel de dois cômodos. Era bem longe do casarão, mas eles iam e vinham todos os dias.

O importante é que eles tinham um endereço. Realizaram o sonho de voltar a morar debaixo de um teto, com um piso seco e quatro paredes para abrigá-los, sem aquele cheiro de ratos, gatos, cachorros de rua, gente sem banho, drogas e outras coisas mais que o viaduto da cidade oferecia.

Não tinham móveis, mas faziam planos, quem sabe mais tarde, cada um tendo sua vida, sem brigas, sem beber, cuidando-se. Deus ajudava. Podia ser. E, assim, Elsa e Sandro moravam juntos.

Lia chegava em casa cada vez mais tarde. Estava procurando um lugar para morar com as crianças e se Ana aceitasse poderia ir junto. Se ela cuidasse das crianças, Lia pagaria as contas. Ela e o bebê ficariam bem.

Dito fez uma reunião na marmoraria para combinar o fim do ano. Pediu que Lia participasse, porque ele queria saber se dava para pagar o décimo terceiro do pessoal ou se isso aconteceria só no papel e se não fosse possível pagar, seria melhor que Lia explicasse as razões para todos.

Durante a reunião, Lia apresentou as contas e disse que seria possível pagar um pouco a mais, mas os impostos exigiam cautela e não era nada recomendável que o caixa ficasse totalmente vazio.

Caio fez uma proposta ao grupo:

— Eu queria que nós usasse um pouco desse dinheiro pra fazer uma festa na cooperativa pras criança no Natal.

— Ótima ideia, Caio. Se você fizer mesmo, eu ajudo.

— Legal, Rubens, mas eu pensei que nóis podia fazer a festa junto. Nóis pudia fazer a festa no casarão que vocês mora. A festa pode ser no Natal.

— Tem alguém contra a ideia do Caio e do Rubens?

— Nós podemos fazer a festa no casarão, Lia? Podia ser lá?

— Na verdade, Mário, eu preciso colocar a proposta na reunião, porém creio que ninguém irá se opôr à ideia.

— E como é que você vai fazer então?

— Na próxima reunião já fazemos a proposta e votamos. A reunião é na próxima sexta-feira à noite. Se você quiser participar, você mesmo pode fazer a proposta.

— Então, Lia, o Caio poderia ir e fazer a proposta, já que ele que teve a ideia.

— Sem dúvida, ele é sempre muito bem-vindo.

— Podemos então fazer a festa pras criança, com presentes, fruta, pão, bolo e refrigerante e alguns brinquedos.

— É isso mesmo, Caio. Se cada um de nós doar uma parte desse extra, que nós não vamos chamar de décimo terceiro, porque sócio não recebe décimo terceiro e ninguém aqui é empregado de ninguém, a festa sai linda.

— Quem tem família aqui pode levar também?

— Claro, Sandro.

— Essa festa é para comemorar nossa liberdade, nossa amizade, a sociedade?

— Acho que é para comemorar tudo isso junto, Leo. O fato de estarmos juntos sem ter nos matado até agora. Nossa liberdade e a sociedade em si. São muitos os motivos. E você, Ângelo, o que acha?

— O casarão é da cooperativa, Dito. Acho que eles precisam opinar sobre a festa, inclusive se querem ou não participar. Por mais que a ideia seja boa, se eles não estiverem lá, não sei se haverá festa.

— Mais democrático que isso só reunião de partido de esquerda. Temos um político entre nós.

— Na próxima reunião coloca-se na pauta como propôs a Lia, votamos, e se for aprovada, fazemos?

— A sua proposta é excelente. Vamos reuni-los e perguntar o quê? Posso até imaginar. Fazemos uma reunião com pessoas que vivem de catar lixo e perguntamos assim: vocês querem participar de uma festa com bebida, comida e música de graça no dia de Natal?

— Acho que está decidido. Usaremos a reunião da cooperativa para decidir isso, Leo.

— Não, não, não. Proponho que nós mandemos um convite para cada viaduto da cidade onde o povo do grupo se abriga e esperamos a resposta. O problema é que nem todos sabem ler... Que pena...

Ângelo se sentiu pessoalmente ofendido como amigo dos cooperados e passou alguns segundos para responder. Ele vivia daquele jeito e não tinha feito essa escolha. Deixaria aquele cara falar ou seria melhor tomar uma atitude? O que aquele cara entendia do assunto de morar na rua? Sem pensar direito, começou a falar:

— As pessoas que receberiam o tal convite que o senhor propõe fazem parte de uma cooperativa com endereço certo e conhecido. Se realmente pretende realizar sua proposta posso lhe fornecer o endereço da cooperativa. Quanto ao fato de não saberem ler, poderei ler para eles à noite, quando chegarem para a sopa e para o banho. E gostaria ainda de propor a todos que precisamos nos preocupar com o que será servido na festa, porque alguns membros da cooperativa estão numa luta imensa contra a bebida e as drogas. Alguns estão travando batalhas insanas e sofrem muito com isso. Proponho, então, que a festa se realize sem bebida alcoólica. Alguns refrigerantes e sucos seriam bem-vindos, nada além disso, por favor.

— Além de tudo, é politicamente correto. O homem é um santo. Santo Ângelo, sua benção.

— Eu concordo com você, Ângelo. Acho que sem álcool é melhor.

— Obrigado, Caio, pois isso é muito sério.

— Então nós fazemos assim: compramos o que precisamos e dividimos o custo. Faremos a festa então?

— Se os cooperados concordarem, talvez.

— É, Ângelo, colocamos a proposta na reunião então?

— Nós colocaremos na pauta da próxima reunião.

Lia ficou encarregada de fazer as compras e os rapazes da marmoraria de prepararem a festa.

Poucas vezes na vida Lia teve motivos para se orgulhar das atitudes de Ângelo. Dessa vez, porém, ele havia se superado. Fez aquele cara calar a boca com meia dúzia de palavras, sem violência. Foi superior e Leo havia percebido isso.

Leo ofereceu-se para acompanhar Lia até o casarão, mas ela recusou. Dito ofereceu carona para ela e para Ângelo. Eles aceitaram para terminar a conversa com Leo.

Passaram na creche e, chegando ao casarão, perceberam que Ana não estava nada bem. Parecia que a criança decidira chegar. Ela falou das contrações e das dores que sentia. Levaram Ana ao hospital, onde ela foi examinada e o médico plantonista disse que a criança não nasceria naquele dia. Poderia, então, voltar ao casarão.

Na volta, Dito resolveu ficar em casa e emprestar o carro para Ângelo levar Ana e Lia para casa. Caso precisasse voltar ao hospital de madrugada seria mais fácil.

Durante a madrugada, Ângelo ouviu um grito abafado de Ana e resolveu voltar com ela ao hospital. Às seis e meia da manhã nascia um menino bonito e pesado. Nem parecia que era tão pobre. Tão sem sorte. Dormia tão tranquilo e seu sono trazia uma paz que enchia o espírito de sua mãe de esperança. Ela tinha uma boca a mais para alimentar, não tinha onde morar, nem mesmo o que comer, mas estava imensamente feliz. Ele era o motivo de sua felicidade.

Ela era capaz de ser mãe. Vivia morrendo de tanta miséria e sofrimento, mas era capaz de gerar vida. Estava feliz. Nessa alegria adormeceu.

Ângelo voltou ao casarão para contar para Lia, que ficara com as crianças, sobre a vida do mais novo habitante da terra e do casarão.

CAPÍTULO XXXIX

Quando Ana saiu do hospital com Lucas, os dois passaram a ocupar o quarto das crianças no casarão. Compraram uma cama e um berço. Lia havia decidido que Lucas não iniciaria sua vida morando na rua.

A festa foi aprovada na reunião da cooperativa da forma que foi proposta por Caio.

Todos que estavam de alguma maneira envolvidos com a cooperativa foram convidados. Renata e Denise, que costumavam passar o Natal com amigos, foram para a festa. Os rapazes da marmoraria foram todos. Os cooperados não podiam faltar e Elsa ainda levou os filhos.

A festa foi muito animada. Havia comida, frutas, pão, refrigerantes, música, muita conversa, alguma paquera e um inconveniente rapaz tentando assediar uma colega de trabalho.

As crianças eram as mais felizes. Ganharam brinquedos e aproveitaram para usá-los.

Renata e Denise dançaram algumas vezes com os rapazes da marmoraria, principalmente Denise com Caio. Alice não se misturou. Sempre quieta, não ousava dançar.

— Se continuar com esse movimento de cabeça, vai acabar com um torcicolo, moça.

— Desculpe-me, senhor Dito, mas eu não entendi.

— Acho que não vou desculpá-la não. A senhora me entendeu perfeitamente. Se continuar seguindo todos os passos dele com os olhos e o pescoço vai terminar a festa com um torcicolo horrível, porque ele não para.

— De quem o senhor está falando, por favor.

— Do Ângelo, Dona Alice, seu motivo único de ter vindo a esta festa, de fazer parte desta cooperativa, moça.

— Ora, por favor. O senhor está totalmente enganado, senhor Dito.

O sorriso de nervoso um pouco forçado ficou-lhe pior que sua cara normalmente séria.

— Será? Gostaria de estar. Na verdade, moça, eu gostaria de estar enganado em relação a cinco pessoas que estão aqui esta noite.

— Cinco pessoas? Quem seriam elas?

— A senhora, o Ângelo, a Lia e o Leo.

— O senhor disse cinco ou eu entendi errado?

— É, mas o quinto é o mais bobo deles. Veja, vocês poderiam trocar. Deixavam os dois em paz e ficavam juntos. A senhora e meu amigo Leo. Gosta da ideia?

— Não. Nem um pouco. Com sua licença.

Alice saiu de onde estava e foi se aproximar das amigas, Denise e Renata, que serviam refrigerantes a umas crianças. Dito ficou perdido em seus próprios pensamentos: "Se gostasse da ideia Alice estaria resolvendo uma situação confusa, porque se Ângelo e Lia vivem juntos é porque se gostam, e isso eles não escondem de ninguém, pelo menos não conseguem. O que é uma pena. Pelo menos para mim".

A festa terminou na manhã seguinte, com os cooperados voltando às suas casas.

CAPÍTULO XL

Ângelo chegou num fim de tarde de uma sexta-feira. Tomou um banho, barbeou-se. Esquentou a janta. Jantou e vestiu-se com um uniforme novo, diferente. Camisa e calça verdes e uma gravata azul. Estava saindo quando olhou para Lia, que olhava para ele do andar de cima do casarão. Pegou as crianças, que brincavam no pátio, e resolveu voltar. Subiu as escadas e foi ter com ela.

— Você deve ter notado que eu não tenho colaborado com você para manter a casa, pagando as contas. Você precisa saber também porque eu tenho faltado bastante no serviço lá na marmoraria.

— Não se preocupe em me dar explicações.

— Eu quero que você saiba, Lia.

— Saber o quê? Que você vai embora de vez? Fantasiado com essa roupa ridícula?

— Essa roupa ridícula é um uniforme. Eu arrumei um bico no fim de semana. Vou levar turistas para uma excursão. Por isso que eu faltei no serviço. Estava tentando acertar esse trabalho com uns caras que eu conheci. Não tenho colaborado com você nas despesas porque precisei do dinheiro para tirar minha carteira de motorista. Quero tentar arrumar um emprego decente.

— Você vai voltar?

— Vou voltar domingo à noite. Dessa vez são só dois dias. Se eles gostarem, eu posso arrumar outras viagens. Torce por mim? Por favor?

— Se você não voltar no domingo talvez na segunda nós não estejamos mais aqui.

— Eu volto no domingo. Prometo.

— Nessas excursões tem muita mulher solteira ou sozinha, por isso que você procurou esse trabalho, eu sei.

— Sabe nada, sabe nada. O que é que você sabe do que eu quero? Sabe nada. Se soubesse não ficava me ameaçando assim, ficava do meu lado, torcendo por mim, e me esperava. Ficava feliz por eu ter conseguido um trabalho decente, que vai me render uma grana extra, que vai ajudar a gente a mudar de vida.

— Está bem. Eu espero até domingo, se você me der um beijo na boca, agora.

Ângelo se fez de desentendido e ia se afastando, abaixando-se para beijar as crianças, quando Lia deu-lhe um beijo roubado que o fez corar. Agarrou-lhe pelo pescoço e beijou-lhe com mais força ainda. Ele apenas recebeu seu beijo, mas não retribuiu. Esperou que ela terminasse. Quando Lia parou de beijá-lo, Ângelo beijou as crianças e foi embora.

Durante o final de semana, as atividades no casarão não diminuíam. Caio continuava a cuidar da horta, mas agora tinha companhia. Alguns dos cooperados iam ajudá-lo ou mesmo alguém da marmoraria. Não se surpreendeu quando Dito chegou perguntando por Lia.

— Ela tá lá em cima com o Léo.

Dito subiu as escadas correndo, pulando os degraus. Não esperava boa coisa de Leo e tinha prometido a si mesmo deixá-lo longe de Lia.

— Eu quero falar com você, garota. Só isso.

— Se é só isso, desça e me espere lá embaixo.

— Você não entendeu. É só com você que eu quero falar.

— Leo, não se aproxime senão...

— Senão o quê? Vai chamar seu maridinho? Ele viajou ontem, não foi?

Lia se sentiu traída. Ele já sabia. Sentiu-se acuada. Ele a encurralara entre a parede e o fogão. As crianças estavam lá embaixo com Aninha. Se ela gritasse seria um escândalo.

Leo aproveitou-se do momento de indecisão de Lia e beijou-a a força.

— Lia, está tudo bem?

— Não, Dito. Não está nada bem. Parece que seu amigo aqui não sabe escutar um não. É um desaforado.

— Leo, solta a moça.

— Já soltei. Só queria um beijo dela, consegui. Tô saindo fora.

— Saia e não precisa voltar mais.

— Valeu, chefe.

— Você está bem, moça?

— Estou nervosa, Dito. Desculpa o vexame. Eu não esperava. Ele me pegou de surpresa.

— Cadê o Ângelo?

— Saiu.

— Vai voltar?

— Não sei. Acho que volta sim. Espero que volte.

— Volta hoje?

— Não, só amanhã à noite.

— Então eu durmo aqui hoje, tá bom?

— Não precisa disso. Eu me viro.

— É você, duas crianças, um recém-nascido e uma mulher de resguardo, no meio do mato, sozinhas. O que esse seu marido tem na cabeça?

— Deixa ele fora disso. Ele faz o que pode, faz o melhor. Se você quer ajudar, deixa esse cara longe de mim. Eu tenho medo dele. Ele não me inspira confiança.

— Você tem razão de sentir-se assim. Por isso eu vou dormir aqui.

— Senta aí, Dito, que eu te faço um café. Colocou água para ferver e foi lavar a boca.

— Dito, conta pra mim por que esse cara cismou comigo.

— Por que você é linda e ele gosta de mulher. E bonita ainda, quem não quer?

— Mas ele não devia respeitar minha vontade, o Ângelo, as crianças? Eu pensei que ele fosse me violentar. Tive medo, devo confessar. Obrigada por ter aparecido.

— Ele é um cínico atrevido.

— Eu percebo que você também não morre de amor por ele, por que não se livra dele? Não manda ele embora?

— Já lhe disse uma vez que não posso mandá-lo embora porque não posso indenizá-lo.

— Explica pra mim essa história de sociedade. A sociedade é de vocês todos?

— Tá disposta a ouvir? A história é longa.

— Quero ouvir tudo.

— Nós todos somos é... hum... hum... ex-presidiários. É isso mesmo. Queremos vida nova. Fizemos a sociedade para voltarmos a viver como cidadãos.

— Você também esteve preso? Desculpa, mas o que você fez?

Matei minha mulher e o amante dela para roubar a casa dele. Fui fazer um roubo, pensei que o cara não estava em casa. E não estava mesmo. No meio do nada ele chegou com uma mulher. Ouvi a voz. Era da minha mulher, que eu jurava estar em casa dormindo. Quando eu saí pra roubar, deixei ela dormindo. Fui preso em flagrante por latrocínio duplo qualificado. Peguei vinte e cinco anos porque já tinha passagem por outros roubos a residência, posto de gasolina, mercado, tentativa de assalto a banco. Juntaram tudo e eu cumpri dezoito anos. Saí faz dois anos. Na cadeia aprendi algumas coisas, inclusive a trabalhar com marcenaria. Propus a sociedade pros caras e juntei a grana para comprar qualquer coisa que pudesse ser tocada por alguém sem formação. Estava indo pro ralo quando você apareceu e tomou conta pra nós. Começou a dar certo. Estamos indo bem, né?

— Estamos indo muito bem. Eu quero que continue assim, mas o Leo não colabora, não ajuda. Com essa história, ele está me enchendo.

— Mantenha a porta fechada, mesmo durante as reuniões. Ele entrou porque você deixou.

— Eu sei. Me dei conta disso já. Eu não imagino você matando alguém para roubar. Não imagino mesmo. Se outra pessoa me contasse, eu não ia crer nunca.

— Pois é... Aparências. Só aparências. Alguém na marmoraria tem cara de bandido?

— Não. Não tem mesmo. Na verdade, essa história de cara não existe. É puro preconceito. Quando eu ia visitar o Ângelo na delegacia eu vi pouquíssimos presos com cara de bandido, jeito de mal, agressivo. Eles são bastante gentis, educados, parecem prestativos.

— É, Lia, nós somos estranhos mesmo.

— Nós. Você quer dizer os bandidos?

— Não. Eu quero dizer eu e você. Somos estranhos mesmo. Temos algumas esquisitices em comum.

— Eu, estranha?

— É, você mesma.

— Por que você me considera assim?

— Porque eu nunca ouvi falar de uma história como a sua. Se alguém me contasse, eu também não iria crer.

— Eu é que nunca ouvi falar de bandidos empresários. Só de empresários bandidos.

— Esses existem aos montes.

— É uma história diferente a sua. Bonita. Realmente estranha também.

— Estranha como o seu relacionamento com esse rapaz.

— O Leo? Eu não tenho nenhum relacionamento com o Leo.

— Nem com o Ângelo. Nada com ele.

— Eu moro com ele.

— Só mora. Vive na mesma casa. Mora na mesma casa com Ana, com ele, com as crianças. Fala a verdade, você não vive com ele.

— Você está sendo indiscreto. Está invadindo a minha intimidade.

— Não vou te pedir desculpas. Contei minha história pra você e pensei que você confiasse em mim também.

— Eu não tenho nada para te contar.

— Em outras palavras, você não precisa de mim, da minha amizade. Você tem o Ângelo para conversar. Você não precisa de outro ouvido amigo.

— Não, não é isso. Eu quero muito ser sua amiga, mas minha vida é mesmo muito simples. Não tem nada demais. Vivo, sim, com o Ângelo e as crianças, como você mesmo disse.

— Nasceu morando com ele e as crianças. Aprendeu contabilidade catando latinhas na rua, obviamente, junto com ele e as crianças. Teve dois filhos com três ou quatro meses de diferença um do outro. É, eu não te disse que nós somos estranhos? Ou somos bobos mesmo.

— Desculpa. Eu não pretendo te fazer de bobo.

— Não. Você apenas não confia em mim. Não somos amigos o suficiente. É só isso. Você tem o Ângelo para desabafar.

— Não tenho, não. Ele quase não conversa comigo, não me conta seus planos.

— Como esse de virar motorista de excursão?

— Ele te disse?

— Não. Você se esqueceu de que ele sumiu da marmoraria outra vez?

— Você descobriu sozinho? Você está vigiando o Ângelo? Chegou bem na hora que o Leo...

— Calma, moça. Não comece a viajar não, senão nunca seremos amigos.

— Por que você acha que eu e o Ângelo?

— Porque vocês nunca sabem um do outro. Ele leva a vida dele e você a sua. Quase separados. Juntos, mas separados.

— É tão óbvio assim?

— Não. Vocês até disfarçam bem. Alice jura que vocês são muito felizes.

— Aquela lá? Logo ela?

— É, ela acha, mas eu não. Não entendo por quê. Vocês até que combinam. Formam um casal bonito. Tem tudo pra dar certo, mas não dá.

— Até que dá, Dito. Dá certo.

— É, mas não te faz feliz.

— Não, não faz. Eu preciso de mais.

— Tá bom. Não precisa me contar.

— Você sabe mais do que parece. Eu vou embora, Dito. Vou mudar daqui com as crianças. Vou levar Aninha junto.

— Ah, não vai não! Nós arrumamos este casarão pra você, tivemos um trabalho dos diabos pra te ajudar e agora você vai embora? Eu arrumei o casarão pra quem? Praquele sonso? Afinal, quem fazia as contas era você desde o começo. A gente quase não podia te pagar, então resolvemos te ajudar do jeito que deu.

— É mesmo? Rolou esse assunto, foi?

— Ninguém se conformava quando conhecemos você. O Ângelo sumia e voltava com as contas feitas. Ele era honesto. A gente constatou logo. Mas essa mania que ele tem de sumir é muito chata. Quando você apareceu e a gente te conheceu foi muito bom porque não dependíamos mais dele pra fazer as contas.

— Mas vocês ainda precisam dele por lá.

— Não precisamos dele, não. A gente se virava sem ele. Ele só ficou por lá porque a gente ficou com dó dele no começo. Ele sempre comia bem, levava o que sobrava. Era humilde, fazia tudo que se pedia, não arrumava encrenca. Quando a gente precisou de alguém e ele resolveu nosso problema foi ótimo. Ele ficou e você veio junto. Perfeito. Mas agora a coisa desanda.

— Por quê?

— Você disse que ia embora.

— Ia não. Vou.

— Agora é a minha vez de dizer: por quê?

— Pelo que você constatou, eu quero ser feliz, quero reconstruir minha vida, e isso também significa ter alguém que seja meu de verdade.

— E o Ângelo?

— Não sei. Vou esperar ele voltar e vou resolver. Eu gosto muito dele e quero ele pra mim. Quero ser dele. Quero ser feliz. Você entende isso?

— Vocês já foram felizes? Já sofreram muito que eu sei. Já se provaram o suficiente?

— Não, nunca chegamos a sermos felizes juntos. Mas já sofremos o suficiente. Poderíamos começar a mudar essa história agora.

— Reconstruir sua vida, poderia ser com ele ou sem ele, com outro?

— Com outro por enquanto não dá. Chega de confusão.

— Então, moça, dá uma chance pra ele. Espera e conversa. Eu vou ficar torcendo por uma loira linda e especial que merece ser feliz, mesmo que tenha que torcer também por um cara sem sal, sonso, que não sabe a mulher que tem na mão.

— Saber ele sabe sim.

— Se soubesse cuidava bem dela.

— Ele cuida. Cuida há muito tempo. Cuida bem. Preocupa-se. Depois de tudo o que eu já fiz com ele.

Lia calou-se e o silêncio imperou no casarão. A emoção tomou-lhe conta e ela chorou bastante. Dito se aproximou dela e a abraçou.

— Meu ombro também serve pra isso. Aproveite.

Ela ria e chorava ao mesmo tempo. Quando Caio entrou para pegar um pouco de gelo, procurou não participar do momento e logo saiu.

— Por favor, Dito, não me decepciona. Eu preciso confiar em alguém, em você. Não há mais ninguém pra isso.

— Muito obrigado. Sua única opção agradece. Se você não pretende que nos ouçam, chega mais perto e fala bem baixinho.

Por mais que tentasse falar, a voz não saía. Ela não conseguia dizer-lhe nada. Então chorou em seu ombro. Dito a abraçou e a deixou chorar. Lia chorou tanto que adormeceu. Dito a carregou no colo até a cama e deixou-lhe sozinha. Ela precisava descansar.

COLIBRI

Lúcia já estava à beira do desespero quando resolveu procurar o irmão outra vez na delegacia do centro da cidade. Era a terceira vez que ia lá.

— O nome dele é Colibri, quer dizer, todo mundo conhece ele por Colibri.

— Vai lá, ô Mané. Procura um tal de Colibri. Quem sabe tem algum cantando por lá. Espera aí, moça. Quem sabe dessa vez.

— Ele desapareceu faz três dias. Eu estou desesperada.

— Calma. Se ele tiver aí, tá bem.

O carcereiro trouxe a informação:

— É, dona... O tal do Colibri tá mesmo aqui. Acontece que ele tá encrencado. Ele foi preso em flagrante. Assalto a banco há três dias.

— Como é? Assalto?

— A banco. É coisa pesada.

— Calma, moça, se acalma. Olha, essas coisas acontecem todos os dias. Hoje em dia isso é comum. Pelo menos a senhora o encontrou. Ele está aqui e está vivo.

— Posso falar com ele?

— Pode, sim.

— Por que ele não me telefonou? No meu emprego? Ele podia não podia?

— Olha, moça, isso aqui não é filme americano não. A coisa aqui é um pouco diferente. Mas a senhora pode falar com ele, sim. Quer que eu mande buscá-lo?

— O senhor faria isso, por favor?

— Claro. Ô, Mario Sérgio. Vai buscar o Colibri. Aqui pra moça. É seu marido?

— Não. É meu irmão.

Quando Lúcia olhou o rosto do irmão, quase não o reconheceu. Ele era a própria imagem do desespero, do medo e da dor.

— Então fica combinado assim: pro Vitor, eu tô viajando. Eu sei que vou sair daqui logo. Eu não roubei nada e nem tentei fazer nada. Só entrei no banco pra pagar as contas. Só isso. Não tenho nada a ver com o assalto.

— Eu sei, mas o que eu posso fazer?

— Arruma um advogado pra mim. Vamos ver se dá certo.

— Tá bom, enquanto isso se cuida. Eu vou fazer o que eu puder.

— Cuida do Vitor pra mim.

— Ele vai ficar bem. Você vai ficar bem e eu também. Te amo.

— Eu também te amo. Cuida do meu filho.

— Olha, moça, se seu irmão é inocente eu não sei, mas ele tá encrencado. É melhor arrumar um advogado e dos bons.

CAPÍTULO XLI

No meio da madrugada, Lia acordou e meio sem saber o que acontecia, foi até a cozinha. Dito dormia em um colchão, no chão, próximo à porta. Lia tentou voltar, mas ele acordou.

— Pode chegar, moça, sou inofensivo. Quer um copo de água para voltar a dormir ou quer comer alguma coisa? Você foi pra cama sem jantar.

— Dito, eu estou dormindo desde aquela hora?

— É. Dormiu bastante. Mas você chorou muito. Parecia que queria virar rio. Espero que tenha chorado todas as dores e as mágoas também.

Dizendo isso, Dito se levantou para ela passar. Tirou o colchão do lugar em que estava. Lia passou e foi até o filtro tomar um pouco de água.

Voltou-se para Dito e deu-se conta de que estava ali na cozinha quando adormeceu.

— Foi você que me carregou até a cama?

— Fui eu mesmo. Mas eu não fiz nada. Nem eu, nem ninguém. Está tudo bem?

— É estranho, mas eu não me lembro dessa parte.

— Você já estava adormecida e profundamente. Mas não se preocupe, está tudo bem.

— Meu Deus, as crianças! Cadê as crianças?

— Estão dormindo. Aninha cuidou delas também. Deu banho, janta e colocou na cama. Elas estão bem também.

— Desculpa, Dito, mas eu tenho que dar uma olhada nelas e pedir desculpas pra Ana. Ela não precisava fazer isso. Ela não é empregada da casa.

— Claro que não. Ela é só alguém que lhe fez um favor. Relaxa, está tudo bem.

— Eu sei, mas preciso vê-las.

— Então fique à vontade.

Lia foi até o quarto das crianças, onde dormiam. Olhou-as e olhou o Lucas, que dormia bem profundamente. Beijou-lhes o rosto e, não resistindo, beijou Aninha no rosto. Disse-lhe obrigada. Ana acordou, meio que não totalmente. Respondeu-lhe um de nada quase inaudível e voltou a dormir.

Lia voltou à cozinha, onde Dito a aguardava, sentado no mesmo lugar de antes. Ele a olhou e disse:

— Meu Deus, como você é linda. Aquele rapaz que me desculpe, mas ele é muito otário ou é mesmo outra coisa.

— O Ângelo?

— Quem mais seria?

— Ele não é otário, nem outra coisa. Outra coisa é que ele não é mesmo.

— Fiz um café pra você, porque eu quero beber também. Lia, você é linda, mas o seu café espanta visita, não dá. Agora eu sei por que você tem poucos amigos.

— Eu vou agradecendo, mas tomo um chá mesmo.

— Já estava meio esquecido do seu chá. É mesmo, você prefere chá. De qualquer forma, a água quente vai servir. Sente-se, querida, coma alguma coisa. Tem uma sopa ainda. Quer que esquente?

— Não me fale em sopa. Quando o Ângelo não está, é só o que se come nesta casa, a sopa da cooperativa. Eu não aguento mais.

— Ora, quem fala! A sopa da cooperativa tem cada dia um tipo diferente. E são bem gostosas.

— Já teve dias em que era tudo que eu precisava.

— Tá vendo moça, a vida muda. Agora já está melhor. Você está até achando defeito na sopa.

— Agora está quase tudo bem melhor. Dito você não sabe o que eu já passei.

— Lia, vamos combinar uma coisa? Se você não quer ou não consegue, não precisa se violentar daquele jeito que fez à tarde. Não precisa me contar nada. Eu juro, por nossa amizade, que eu vou compreender.

— Que vexame, Seu Dito. Chorei feito criança. Que feio.

— Feio? Vindo de você? Não. Nem sob lágrimas você consegue ficar feia. Nem assim.

— A verdade é que a minha história não é muito bonita não. Essa beleza toda só você enxerga.

— Eu e quem tem bom gosto. A sua história eu não sei, mas você é muito bela. Só não vê quem não quer.

— A verdade é que eu tentei e não consegui te dizer nada. Ficou chato e eu não me controlei mais. Eu queria sumir. Mas só consegui chorar.

— Então não me diga nada. Eu serei seu amigo assim mesmo.

— Dito. Eu e o Ângelo éramos amantes antes de acabarmos no lixo. Eu fiz muita besteira na vida, quase destruí a vida dele. Cheguei mesmo a lhe dar dois tiros. Não sei como não o matei.

— O que aquele sonso fez pra merecer isso? De graça não foi. Foi?

— Peguei ele com outra mulher. Acho que ele me traía. Quando o vi ferido fiquei desesperada, porque eu queria acertar ela, mas já havia atirado nele. Já estávamos no hospital, eu e ele. Dito, nós sofremos muito por isso.

— Vocês eram amantes? Qual dos dois era casado?

— Eu era casada e me envolvi com ele.

— Seu marido descobriu?

— Aquele banana? Não. Nem que eu dissesse, nem que ele visse. Ele é muito idiota e nunca gostou de mim.

— Por que vocês se casaram?

— Porque eu tinha o dinheiro que ele precisava para viver bem. E ele me parecia um sujeito otário o suficiente para eu poder mandar. Achei que ia ser fácil viver com ele e foi, até que eu me enchi dele.

— Aí apareceu o Ângelo...

— Pois é. Ele era diferente. Eu o conheci na rua. Ele estava andando meio sem rumo. Olhei. Gostei. Parei o carro e pedi uma informação qualquer que eu inventei. Ele me ensinou o caminho. Ofereci uma carona, ele recusou, pois ia pro outro lado. Abri o jogo. Ele topou. Terminamos a noite juntos.

— E no dia seguinte você largou tudo e foi morar na rua com ele?

— Se você continuar tentando adivinhar, vou deixar o resto da história por sua conta. Já está muito difícil te contar tudo isso.

— Desculpa, querida. Eu estou achando essa sua história meio estranha.

— Então me deixa concluir e você vai entender. Nós nos encontramos várias vezes. Ele sempre ia passear na praça suspeitíssima da cidade, boca de lixo, coisa barra pesada. É que lá tinha um forró bem baratinho. Era só o que ele conseguia pagar. Se o forró era barato, o sexo podia sair de graça ou em troca de um hot dog, um pastel, um cigarro. Nesses encontros ele me disse que era motorista. Arrumei um emprego com um amigo meu pra ele, mas ele trabalhava mesmo era pra mim.

— O que ele fazia pra você lá na sua empresa?

— Era meu motorista particular.

— A verdade é que eu estava muito descontrolada. Briguei muito com todo mundo e acabei me dando muito mal. Enlouqueci mesmo. Quase fali a empresa da família com ódio do meu pai. Eles me interditaram quando eu atirei no Ângelo tentando matar a garota que estava com ele e que era a amante do meu pai. Era isso ou responder por tentativa de homicídio. Aceitei.

— Menina, você é perigosa, mas eu conheço a sua história. Isso aconteceu há mais ou menos dois anos. Esse caso foi bem noticiado. Você é a Letícia Regina Bittencourt.

— De Oliveira Abrantes de Souza. Eu mesma. Sou eu.

— Você me deixou besta agora. Por essa eu não esperava. Esse caso deu em tudo quanto é jornal. Eu tinha acabado de sair da cadeia. Que mundo esse! Eu assistia a sua história na TV com um jornal na mão, tentando achar alguma coisa pra comprar e montar o negócio da sociedade. Mas você era muito diferente.

— Eu mudei um pouco o visual, por motivos óbvios.

— Pra disfarçar, é claro.

— Não. Não por isso. Por falta de condições de cuidar de mim, de ir a um bom cabeleireiro. Falta de maquiagem decente, um guarda-roupa de primeira. Isso faz muita diferença. Aparência é tudo.

— Sua vida mudou muito. Você deve sentir muita falta de tudo isso que perdeu.

— Não sinto mesmo. De tudo não. Do meu ex-marido nem lembro. Meu pai? Espero que tenha morrido. Ele e a mulherzinha dele. Minhas irmãs não morreram porque são umas moscas mortas já faz tempo. Os meus filhos, esses me fazem muita falta.

— Na época se falou muito neles. A imprensa cercava a escola deles e os mostrava o tempo todo. Mas também, você tinha que atirar dentro do shopping onde funcionava a sede da empresa do seu pai?

— Lá não era a sede da empresa. Era só um dos escritórios. Acho que seguro bem a onda da falta dos meus filhos por causa das crianças. Elas me lembram bem os outros. Mesmo sendo ainda muito novas. É como se eles tivessem voltado a usar fraldas.

— É um casal que você tem.

— Você se lembra dos detalhes assim?

— Lembro. Sabe por quê?

— Não faço ideia.

— É que eu pensava assim: tão linda e tão louca. Eu achava você linda demais pra ter feito tudo aquilo. Eu, acompanhando aquilo tudo pelo jornal da TV, e agora com a autora de tudo. E nem pra reconhecer. Mas você ainda não disse como veio parar aqui.

— Pois é. Fui interditada para não responder processo. A vaca da mulher do meu pai resolveu não me denunciar se eu aceitasse a interdição e a internação. Aceitei. Levaram-me para uma clínica de desintoxicação, mas era só fachada. Era uma clínica psiquiátrica mesmo. Fiquei lá por um tempo, que eu não sei quanto foi. O Ângelo diz que foram quase seis meses. Eu acredito nele. Quando me dei conta de onde estava, já estava aqui. Antes disso eu ficava muito tempo dormindo, sem reação aos remédios que tomava. Acordava sonolenta e dormia outra vez.

— Como foi que ele tirou você de lá?

— Depois que eu fui parar lá, só a minha mãe me visitou algumas vezes, no começo. Depois ela ia de vez em quando, acompanhava por telefone. Foi o que o Ângelo me contou.

— Você não se lembra direito?

— Não. Foi sossega leão dos bravos. Eu só dormia. Ele procurou a minha família e eles não deram ouvidos. Então ele se apresentou como meu marido. Como ele nunca havia estado lá e a clínica não estava nem aí também, ele entrou e me visitou algumas vezes, tentando observar de dentro e traçar um plano.

— E como é que o sonso conseguiu?

— Eu não gosto quando você fala assim dele.

— Desculpa, mas eu acho que ele se faz de bobo e de desavisado. Ele não é tão ingênuo quanto quer parecer o tempo todo.

— Ele só não precisa se aparecer como um gênio.

— Tá, mas nós não vamos nos desentender por causa dele, não é?

— Não sei, na verdade. O que eu sei é que nós pegamos um táxi na frente da clínica e fomos embora. Numa tarde de visita, ele chegou e perguntou: você quer ir embora? Eu ficava muito brava quando ele ia lá porque as pessoas me diziam que era o meu marido quem ia me visitar e quando chegava ao quarto, era ele. Eu dizia: "Não é ele o meu marido". Ele sorria, com aquele sorriso lindo, e falava: "Amor, você ainda não me reconhece". As pessoas conferiam os documentos e diziam para ele cuidar de mim.

— E vocês foram embora e só?

— Como a minha família não estava indo regularmente me visitar, eles devem ter demorado pra ficar sabendo. Isso nos deu mais tempo de fugir. Fugir mesmo, esse é o termo. Nós saímos de lá sem nada. Ele ainda se recuperava dos tiros. Ele sofreu demais, ainda mais porque eu estava dopada e só dormia. Ele tinha que arrumar as coisas pra ele e pra mim e eu não conseguia ficar acordada pra ajudar.

— Devem ter sido uns dias muitos difíceis.

— Dias? Foram meses. Nós passamos fome, frio, dores horríveis de cabeça e outras coisas que eu prefiro não me lembrar. Por isso que eu quero tanto ficar bem e que tudo corra bem para a cooperativa. Eu trabalho tanto assim para as coisas irem bem entre nós. Nós todos merecemos muito, senhor Dito.

— A minha história é barra pesada, mas a sua é muito melhor. Você parou de cheirar?

— Eu nunca cheirei.

— Mas foi do que te acusaram na época. Uso de drogas pesadas.

— Era preciso dar uma explicação. Afinal, os tiros foram dados num shopping. Eu quase matei mais alguém. Quer dizer, eu não matei ninguém, mas poderia ter sido terrível. Que bom que não foi. Hoje eu penso assim.

— É por isso que vocês dois vão à terapia às segundas?

— É, mas isso é coisa do Ângelo. Para se sentir seguro quanto a mim, ele condiciona sua permanência ao meu lado a um acompanhamento médico rigoroso e terapia, senão ele diz que vai embora. Ele até controla os remédios que eu tomo. Falando nisso, deixa eu tomar o de hoje antes que eu me esqueça.

— Quem te passa esses remédios?

— O psiquiatra do SUS. Eu faço consulta periódica com ele. Quando eu saí do hospital, eu ficava mal por conta dos remédios que me faltavam, então o Ângelo pegou os documentos da Elsa, aquela da cooperativa.

— Sei quem é.

— Ele pegou os documentos dela e trocou as fotos, então eu fazia consulta no lugar dela e o médico foi me tratando. E aqui estou eu.

— É, Lia... Esse rapaz não poderia ter outro nome. Ele é seu anjo da guarda. Mas eu não consigo gostar dele como gosto de você e não confio nem um pouco nele. Sinceramente, não gosto de gente sonsa. Fico com o pé atrás.

— Quando vocês dois se conhecerem melhor talvez essa má impressão mude.

— Não sei. Honesto ele é, mas não me inspira confiança.

— Agora que eu já tomei o remédio, não vou demorar pra ficar com sono. Para você não me carregar outra vez, eu vou sozinha para meu quarto. Dito, muitíssimo obrigada por estar aqui agora. Por estar na minha vida. Por ser meu amigo. Teve um tempo, logo antes de te conhecer, que eu achava que a única pessoa com quem eu seria capaz de conviver era com o Ângelo, que ninguém nunca mais ia falar de verdade comigo, me contar as coisas, contar comigo. Eu só tinha a ele. Agora tenho você também. Obrigada.

— Agora você tem a mim de verdade e não vá se esquecer disso, ouviu?

— Boa noite.

CAPÍTULO XLII

O final de semana foi muito proveitoso para Ângelo. A excursão de estudantes formandos no ensino médio havia ocorrido dentro do previsto, sem problemas. Ao final, a guia da excursão ficou bem interessada no serviço prestado por ele e disse que entraria em contato para próximas partidas.

Ao chegar à estrada, o óbvio: queda de barreira e horas de espera na rodovia. Quem chegaria domingo à noite, chegou na segunda pela manhã.

Ângelo entregou o ônibus na empresa e foi direto à marmoraria. Precisava trabalhar para que Dito não lhe desse as contas e, dessa vez, para sempre. Ele sabia que ainda precisava do emprego.

Dito chegou para trabalhar um pouco mais tarde e Leo, ao vê-lo, não perdeu tempo para destilar sua ironia e maldade.

— Bom dia, patrão. Chegando mais tarde hoje... O final de semana deve ter valido a pena. Cadê a moça? Não aguentou a festa? Está cansadinha? Aquele casarão tem muito que dizer.

— O casarão pode ter, mas você já falou até demais. Agora vê se cala a tua boca, Leo. Eu quero trabalhar.

Dito entrou no escritório e deu de cara com Ângelo, que tirava o pó dos móveis.

— Bom dia, rapaz.

— Bom dia, Dito. Tudo bem?

— Tudo. Não se incomode com o Leo. Ele só fala besteira e fala demais.

— Você dormiu no casarão?

— Foi. No sábado, no domingo. Ah! Na sexta também.

— Está tudo bem por lá? Com Lia, a Ana e as crianças?

— Está sim. Foi por isso mesmo que eu fiquei por lá.

— Obrigado.

— De nada. Vamos trabalhar?

Lia estava decidida. Iria embora. Passou o dia procurando casa para morar. Achou várias opções dentro do seu orçamento. Nada muito bom, mas ela não tinha muita condição de exigir. Ficou de pensar e dar a resposta para quatro lugares diferentes. Decidiu fazer isso no dia seguinte.

Demorou bastante resolvendo essas questões no centro. Quando se deu conta já passava das dezoito horas e ela não havia buscado as crianças na creche. Se ninguém tivesse feito isso, Alice estaria uma fera com ela. Foi voando até lá. Na creche já não havia ninguém, estava tudo fechado. Foi voando para o casarão.

Ângelo fazia a janta quando Lia chegou. As crianças brincavam no quarto, de banho tomado, alimentadas. Ângelo havia feito mingau para elas poderem esperar a janta, tinha lavado a louça, passado um pano no chão. Fazia calor e ele estava de calção, sem camisa. Estava tão bonito, um pouco mais bronzeado, e parecia feliz. Assobiava uma música de que gostava muito.

Lia entrou em casa. Observou ele na cozinha, as crianças e foi direto para o banho. Estava tudo bem.

Depois de jantar, Ângelo lavou a louça e a roupa das crianças que há três dias esperavam num canto. Lavou também o uniforme que usara no final de semana e a roupa que Lia usava desde sexta-feira.

Depois de executar essas tarefas, Ângelo perguntou se Lia precisaria de uma roupa passada no dia seguinte.

— Não. Usarei um jeans e uma camiseta. Obrigada.

— Então eu vou dormir porque hoje eu estou muito cansado. Fica com esse dinheiro que eu recebi pela excursão. Junta com o que já tem. Talvez haja outra excursão em breve.

— Você tem certeza disso?

— Do quê? Da excursão?

— Não. Do dinheiro. Tem certeza de que quer que eu administre?

— Administrar? Essa não é uma quantia administrável. É só uma grana pra gente se virar.

— A gente? Você ainda tem algum plano pra gente?

— Por que você está dizendo isso?

— Porque eu estou indo embora, Ângelo. Vou embora amanhã com as crianças. Procurei um lugar e tenho quatro opções.

— Só porque eu não consegui chegar ontem à noite como combinamos? É isso?

— Não. Não é só por isso. É por tudo que está acontecendo conosco.

— E o que é que está acontecendo conosco? Pensei que as coisas estivessem começando a ficar bem.

— Bem? Você acha mesmo que está tudo bem? Nós aqui, cada um com a sua vida. Você nem olha pra mim. Nós vivemos como o quê? Irmãos? Ângelo, eu sou jovem e quero ser feliz. Tudo que eu fiz na vida foi tentando ser feliz. Eu te amo. Você sabe disso. Se você não me quer, eu preciso procurar alguém que goste de mim.

— O Leo?

— Não seja tão idiota quanto ele.

— Quem sabe o Dito e todo o seu charme senil? Ou quem sabe o seu passado de ex-presidiário?

— Até isso você me escondeu. Você não foi capaz de me contar tudo sobre eles e a sociedade, não me disse nada.

— Dizer pra quê? Pra você trabalhar com receio ou com medo mesmo?

— O que interessa agora é que eu estou indo embora amanhã.

— E se eu pedisse pra você ficar, por enquanto? Enquanto a gente se acerta. Afinal, quem sempre quis ir embora era eu.

— Eu poderia até ficar, mas as coisas teriam que mudar muito por aqui.

— Ai, ai, ai... Mudar o quê?

— Começaríamos por ser um casal de verdade. Termos uma vida juntos, fazermos planos para nós, inclusive financeiros e, por que não, sexuais?

— Não, não, não. Nunca mais isso vai acontecer entre nós.

— Por quê? Você tem alguém? Se tem, me conta, por favor.

— Não, eu não tenho ninguém.

— E por que não me quer?

— Eu quero, quero muito você, mas não dá.

— Então eu vou mesmo embora.

— Vai embora assim? E as crianças?

— Vou levá-las comigo.

— Sim. E quem cuidará delas e de suas roupas, do banho?

— Vou levar Aninha comigo. Ela cuida das crianças e eu trabalho e banco as despesas.

— E a cooperativa? Você se esqueceu deles? Você encheu eles de esperança. Deu uma possibilidade de mudarem de vida e agora vai largar tudo isso assim?

— Ângelo, por favor. Não duvide da minha inteligência, nem me dê motivos para duvidar da sua. Eu não preciso morar aqui no casarão pra tocar a cooperativa. Faço isso de qualquer lugar.

— Então não há argumento que derrube sua decisão de ir embora?

— Há, sim. Um argumento só. Bem simples. Você. Se você me quiser eu fico.

Nesse momento, Ângelo se aproximou de Lia. Segurou-a pela cintura e disse ao seu ouvido, quase sussurrando:

— Eu quero que você fique. Quero muito.

— Então me pega, me beija. Vamos deitar junto. Até cansar e dormir.

Lia falava e agia ao mesmo tempo. Beijava-o e agarrava-o sem pudor algum. Quase tira seu calção e iria mais longe se Aninha não aparecesse, interrompendo a ação de ela.

Ângelo aproveitou a aparição de Aninha para se desvencilhar do ataque de Lia e conseguiu colocar de volta o calção no lugar. Lia sentou-se. Olhou bem para ele e perguntou:

— Você perdeu o desejo? A masculinidade? É isso? Não, eu posso ver que não.

Lia olhava no calção de Ângelo, bem abaixo da cintura, e percebia o estrago que fazia na sua anatomia. Ele não conseguia disfarçar que a queria. Estava excitado com todo aquele esfrega-esfrega promovido por ela.

— Então me diz, por que não?

Ângelo olhou para o teto como que pedindo ajuda lá de cima. Respirou fundo, meio constrangido, sem olhá-la. Seus olhos se encheram de lágrimas e ele engoliu as lágrimas que insistiam em surgir e se recompôs.

Lia se aproximou, beijou-o com ternura, olhou-o e pediu:

— Eu preciso saber, por favor, o que é que você tem?

— Não sei. Simplesmente, eu não sei. Não posso te dizer que tenho alguma coisa. Eu só sei que passei muito tempo em hospitais... Você sabe, tomei sangue, plasma... Tenho medo de te prejudicar. Se te causar algum mal, se te contaminar com alguma doença, eu sei que não conseguiria viver com isso.

— Você fez algum exame? Deu algum problema, Ângelo? Você está doente?

— Eu não sei mesmo. Não fiz nenhum exame.

— Por que não fez? Como você pode conviver com isso? Se tivesse feito, teria certeza. Se tivesse doente, se cuidaria. Faz um grupo de exames no posto, é de graça.

— E se der positivo? Se eu tiver contraído hepatite ou mesmo HIV?

— Você pode até ter o vírus, mas não quer dizer que esteja doente. Se tiver o vírus, pode fazer um tratamento e nem precisa ficar doente. Se não fizer, nunca ficará sabendo e eu estarei longe.

— Se eu ficar doente, você também irá embora.

— Você não me conhece mesmo. Nem sabe o quanto eu gosto de você.

— Você não iria embora por causa de uma hepatite ou da Aids. Eu não gostaria que você ficasse comigo por dó. Prefiro perder você agora.

— Ângelo, assim você me desanima. Esquece de mim, vai. Esquece tudo isso, mas faz os exames. Vai ao médico amanhã. Amanhã você acorda cedo, vai até o posto e marca a consulta, conversa com o médico e faz os exames.

— Eu não posso mais faltar na marmoraria. Não quero perder a oportunidade. Eles têm tido muita paciência comigo, mas é melhor não abusar.

— Amanhã eu vou com você ao médico e nós vamos fazer todos os exames que eles puderem oferecer. Depois vamos os dois trabalhar.

O abraço que uniu os dois nesse momento não foi mais de desejo, nem de amor. Foi solidariedade e companheirismo. Seria outro nome para um sentimento chamado amor?

CAPÍTULO XLIII

Na manhã do dia seguinte saíram os dois, ainda cedo, quase de madrugada. Deixaram as crianças dormindo com Ana.

No posto de saúde, marcaram a consulta para o mês seguinte. Lia não ficou satisfeita, procurou o diretor do posto e disse se tratar de uma suspeita de Aids, porque sabia que talvez agilizasse as coisas.

O médico, então, encaminhou-os ao Centro de Saúde da cidade. Foram de ônibus. As consultas do dia no Centro de Saúde já haviam se esgotados. No dia seguinte eles seriam atendidos.

O atendimento do Centro de Saúde encaminhou-os aos exames de urgência. Ângelo fez testes os mais diversos. Tirou sangue para HIV, hepatites A, B e C, entre outros. Agora era só esperar e conter a ansiedade.

Elsa chegou para a reunião da cooperativa um pouco mais cedo, pois queria conversar com Lia. Ainda conseguiu ver Ângelo indo embora. Ficou preocupada e subiu correndo para o primeiro andar.

— Lia, posso entrar?

— Claro. Você sempre pode entrar.

— Tudo bem com você?

— Tudo. E com você?

— Comigo está tudo ótimo.

— E as crianças?

— Estão lá embaixo. Você não as viu lá embaixo? Elas não estão lá? Meu Deus!

— Calma, calma, mulher. Elas estão com a Ana. Eu vi o Ângelo beijar as criança e ir embora, todo arrumado e com uma sacola. Aconteceu alguma coisa?

— Como assim?

— Ele num vai voltar mais? Vocês brigaru, é?

— Não. Ele arrumou um trabalho no fim de semana e só volta no domingo. É isso.

— Ah, bom. Melhor assim.

— É bem melhor assim.

— Mas eu queria mesmo é contar uma novidade pra você.

— Que novidade?

— Eu e o Sandro. Nós mudou pruma casa maior.

— Ah, é?

— Nóis decidiu que num ia compra os movi não. Ia procura uma casa maior pra trazê os minino nos fim de semana. Se nóis se intendê, ai nóis compra os movi.

— Se os filhos dele e os seus se entenderem, porque vocês dois já se entenderam e muito bem. E faz é tempo, não é Dona Elsa? Pensa que eu sou besta?

— Você já percebeu? Nóis tá disfarçando tão bem!

— Estão mesmo, parecem personagens de novela. Fica um olhando pro outro e babando. Ninguém percebe. Só quem olha.

— É... Tá sendo tão bom, Lia. Eu nem imaginava que existia homi assim, carinhoso, gentil, sabe? Me trata bem, como gente.

— É, Elsa, depois de arrumar aquele bicho, vê se escolhe alguém que preste dessa vez. Exige respeito logo no começo, se impõe, senão depois não dá certo. Toma cuidado pra não sofrer de novo. Mas não deixa a amargura tomar conta de você. Eu torço muito pra dar certo.

— Brigada, Lia. Eu quero o mesmo para você, que você seja muito feliz. Quem diria, né Lia, que nóis ia tá assim agora? Eu nem acreditava mais, lembra? Nóis ia naquela reunião, mas só ia, nem achava que ia dar certo. Hoje, você e o Ângelo aqui, neste casarão, vivendo bem. Agora tá tudo bem, né?

— Tá. Tá tudo bem. Quer café?

— Café? Eu quero. Sabe Lia, as pessoa na Febem tá me tratando tão bem. Parece que nem é eu que vou lá.

— Também, é claro, Elsa, você cortou os cabelos, ajeitou-se. Arrumou os dentes, não anda mais suja, nem descalça, tem documentos. Quem vê pensa que você nem bebe mais.

— Depois que você me levou naquela reunião dos arcólico, num bebo mais. Todo dia eu penso assim: se eu num bebê hoje, eu venci de novo.

— Parabéns! Só falta aprender a ler e a escrever.

— Que história é essa? Eu, aprendendo a ler? Vou virar dotora?

— Se você vai virar doutora, não sei. Alice arrumou um esquema para trazer uma professora da Prefeitura para alfabetizar quem precisa, mas nós vamos discutir isso na reunião. Toma seu café, senão esfria.

CAPÍTULO XLIV

Lia iniciou a reunião dizendo:

— Hoje temos duas questões importantes para resolver. A primeira é a possibilidade de termos mais cooperados, pois há pessoas querendo se cadastrar. Sugiro que se resolva essa questão primeiro. Depois passemos à segunda.

— Dona Lia...

— Com a palavra, Dona Maria.

— Eu tenho três pessoas pra convidar. São gente boa, que nem nóis. Não bebe, não usa droga. Tão precisando de ajuda. Posso convidar?

— Lia, existe um número limite pra fechar o grupo?

— Ah, Seu Dito. Eu acho que se nóis precisa é só chegar e participar. Se não fizer nada de errado, fica.

— Alguém tem alguma objeção? Então, Dona Maria, convide-os para a próxima reunião e vamos ver. Enquanto precisarmos estaremos abertos a novos membros. É consenso, pessoal?

— Valeu, pessoal.

O aplauso havia sido estabelecido como forma de consenso no grupo.

— Agora. Passo a palavra para a Alice, que tem uma proposta para o grupo. Por favor, Alice, a palavra é sua. Boa sorte.

— Obrigada, Lia. Eu não sei dirigir uma reunião tão bem como você, mas serei o mais breve possível. Fui até a Secretaria de Educação do município para me informar sobre a alfabetização de jovens e adultos. Eles me disseram que nós temos um grupo grande aqui na cooperativa, porém o lugar de reunião fica longe de qualquer escola. Perguntei se eles podem enviar um professor e formar uma turma, ao invés de cada um ser enviado a uma escola diferente. Isso fortaleceria o sentimento de grupo. Ficaram de nos fazer uma visita e observar as condições do local para viabilizar a ideia.

— Como seria essa aula, Alice?

— Bem, senhor Dito, a Prefeitura precisa de um local com espaço para a turma. O professor é contratado pela Prefeitura. Se houver vinte pessoas interessadas, poderá ser montada a turma, desde que o local seja apropriado.

— Quanto ao local, você acha que aqui seria possível?

— Sem dúvida, Lia. O espaço é suficiente. Seria necessário utilizar as mesas da sopa. Só isso.

— Se alguém que não é catador quiser estudar também pode?

— Alguém quem? Você, Caio?

— É, Leo, eu mesmo. Algum problema?

— A Prefeitura não exige vínculo algum. Para ser aluno é necessário apenas fazer a matrícula.

— Então, Alice, pode por meu nome, por favor.

— Mesmo que a Prefeitura exigisse um vínculo, o Caio poderia ser matriculado como membro da cooperativa responsável pelo cultivo da horta. De maneira voluntária, ele também faz parte da cooperativa.

— Bem lembrado, Lia. Esta cooperativa tem os catadores e os voluntários.

— E os patrocinadores, Dito.

Alguns começaram a falar ao mesmo tempo e Alice perdeu o comando da reunião. Ninguém ouvia mais nada. Lia precisou intervir:

— Boa noite, pessoal. Agora é preciso decidir se Alice pode continuar os contatos com a Secretaria de Educação, se há interesse em participar. Vamos votar? Alice pode representar a cooperativa junto à Secretaria de Educação e continuar esse contato?

O aplauso foi veemente. Lia encerrou a reunião e todos foram ao café.

Eram cinco horas da manhã quando Ângelo estava na estrada voltando de mais uma excursão. Estava com saudades do casarão, das crianças, de Lia. Queria chegar logo e revê-las. Havia algo na estrada. Alguém parecia pedir socorro.

O coração de Ângelo acelerou, a boca ficou seca, a respiração ficou difícil. Ele tinha medo de um dia ser assaltado. Olhou na escuridão e viu apenas um homem, que parecia pedir carona ainda longe. Ele resolveu não parar. Mas, de repente, o homem se jogou diante do ônibus e Ângelo teve que frear e jogar o ônibus para o acostamento. Parou o ônibus e desceu. Pensava ter matado o homem. Será que ele estava gravemente ferido?

O homem, porém, levantou-se, agarrou-se nele e foi empurrando-o até o ônibus novamente. Ele estava sozinho. Não havia outros. Não era um assalto.

Ângelo tentava iniciar um diálogo, mas o homem não dava chance nenhuma a ele.

— Pelo amor de Deus. Vamos embora agora. Toca esse ônibus. Sai daqui. Ângelo deu partida no ônibus e saiu logo daquele lugar.

— Aonde você vai?

— Me deixa numa delegacia de polícia de qualquer cidade aqui perto.

— Aqui perto? Tem certeza?

— Qualquer cidade. Você me deixa numa delegacia de polícia e vai dar tudo certo pra você e pra mim. Agora vai, anda.

Ângelo dirigia muito tenso, ninguém no ônibus ousava perguntar nada ou se meter na história.

— Não se preocupe, rapaz. Eu estou bem agora. Agora eu estou muito bem. Toca esse ônibus.

— Tem certeza de que você tá bem, né?

— Eu estou bem. Como é o seu nome?

— Ângelo. Ângelo de Alencar.

— Valeu, cara. Você salvou a minha vida. O meu é Heitor da Costa Rica.

Depois de rodar um pouco, Ângelo entrou numa cidade próxima e deixou aquele homem maluco na rua. Agradeceu a Deus por não ter sido assaltado, machucado ou morto.

CAPÍTULO XLV

Duas semanas depois, chegaram ao casarão, às dezoito horas, Alice, Lissandra, a supervisora responsável da Secretaria de Educação, e o professor Celso. Era a primeira visita que faziam para observar o local como espaço pedagógico.

Lissandra, a supervisora, aprovou o local. Ficou impressionada com a higiene. Observou o banheiro usado por todos e também aprovou.

— O local em si não é ruim e também é bem conservado quanto à higiene. Podemos providenciar os materiais e as matrículas poderão ser feitas amanhã. As aulas podem começar as dezoito e trinta, todos os dias. De segunda a quinta, pois na sexta-feira o professor tem reunião de formação.

— Pois é, Lissandra. O pessoal aqui trabalha com lixo reciclado. Eles vêm aqui todos os dias para tomar um banho, tomar um prato de sopa cujos ingredientes eles mesmos cultivam e só depois é que estariam prontos para as aulas. Não seria possível iniciar as aulas após as dezenove horas?

— A Secretaria de Educação tem um horário de trabalho para o professor e exige que esse horário seja cumprido, Alice. Você dirige uma creche e sabe disso.

Alice decidiu não discutir naquele momento e convidou a supervisora Lissandra e o professor Celso para subirem ao primeiro andar e tomarem um café.

— Lia, com licença. Podemos entrar?

— Sempre, Alice. Esta casa é nossa.

— Lissandra, supervisora da Secretaria de Educação, e o professor Celso. Esta é Lia. Uma das responsáveis pela cooperativa.

— Muito prazer. Mas que crianças lindas. Muito lindas. São suas?

— São. São minhas. Na verdade, são nossas, porque elas passam o dia com Alice, na creche. Ela é quem fica mais com as duas e cuida muito bem delas.

— Eu e minha equipe. Elas são lindas mesmo.

— Vocês aceitam um café?

— Lia, eu os convidei para um café. Desculpe-me se tomei a iniciativa sem conversarmos antes.

— A casa é nossa, Alice. Sem cerimônia.

— Lia. É esse seu nome?

— Sim.

— Quantos alunos você supõe que teremos?

— Aproximadamente uns trinta. Pelo menos são os pré-inscritos.

— Vocês fizeram uma pré-inscrição?

— Sim. E providenciamos as cópias dos documentos necessários, para que ninguém ficasse de fora por falta de documentação ou de verba para xerox ou foto.

— Vocês são muito organizados.

— Quais as idades deles?

— Temos de dezoito anos até sessenta e três. Será uma turma bem heterogênea, professor, prepare-se.

— Estou ansioso.

— Não se preocupe. Daqui a pouco todos estarão aqui. Termine o seu café.

Lia olhou pela janela e disse que a maioria já estava lá.

— Podemos descer.

Lá embaixo, a ansiedade abafava as vozes, que quase sussurravam.

— Pessoal, boa noite. Hoje, como combinamos, não haverá reunião da cooperativa para tratar de assuntos financeiros. Trataremos de outro assunto: educação. Atendendo a um pedido de vocês, estão aqui Lissandra, supervisora da Secretaria Municipal da Educação, e Celso, futuro professor de vocês, neste mesmo espaço. Senhores, em nome da Cooperativa de Catadores "Barão de Mauá", sejam bem-vindos. E fiquem à vontade para usarem a palavra.

— Boa noite a todos. Como Lia já disse, meu nome é Lissandra. Sou supervisora da Secretaria Municipal da Educação e esse é o professor Celso. Nós viemos aqui para observar o local que nos foi apresentado para ser um polo de alfabetização de jovens e adultos e ficamos bem impressionados com as condições do local. O local está aprovado. Chegando aqui soubemos que o serviço está bem adiantado. Vocês já têm uma pré-matrícula e as cópias dos documentos já foram providenciadas. Faremos as matrículas na semana que vem enquanto providenciamos lousa, apagador e o material necessário para fazer deste local tão bom uma sala de aula.

— Boa noite.

— Boa noite, Dito.

— Me permite, Lia?

— Na verdade, Dito, a palavra está com a senhora Lissandra.

— Por favor...

— Trouxemos a lousa como doação da marmoraria para a cooperativa. Aqui tem material escolar básico para cada um que se matricular. Professor, seu apagador. Queira recebê-lo como prova de boas-vindas.

— Obrigado. Adorei este apagador com a logo da cooperativa. Muito obrigado. Estaremos juntos daqui pra frente.

— Como já disse a Lia, seja bem-vindo.

— Obrigado mais uma vez.

— Já que nosso serviço está adiantado podemos então, professor, fazer o preenchimento das fichas de matrículas hoje mesmo, assim as aulas poderão começar na segunda.

— Esta é a pasta com as cópias dos documentos e as fotos de cada um que se manifestou previamente. Tem mais alguém que gostaria de fazer matrícula além de quem já entregou os documentos?

— Lia, nós trouxe hoje.

— Pois bem, Rubens. Você e quem mais?

— Eu e minha esposa, Elaine, Joaquim e Sonia, e Roberto e João, que moram lá na pensão comigo.

— Vocês também trouxeram os documentos?

— Sim, senhora, Dona Sandra.

— É Lissandra. Sem senhora, por favor. Então, professor, pode iniciar seu trabalho. Fique à vontade.

O professor, a supervisora, Alice e Lia iniciaram o preenchimento das fichas de matrícula, chamando as pessoas pelo nome dos documentos. Alguns usavam o polegar molhado como assinatura. Alguns sabiam desenhar o nome e faziam assim.

Enquanto isso, o pessoal do Dito escolhia e fixava a lousa na parede da sala, bem ao centro, para que todos pudessem enxergar. Mário era quem orientava a colocação da lousa.

— Como os alunos não têm condições de chegar antes das dezoito e precisam se banhar e se alimentar, podemos iniciar as aulas às dezenove e trinta. O professor Celso chegará as dezoito e poderá usar esse tempo para atendimento individual ou para observar os cadernos de cada aluno atendido. As aulas terminam às dez da noite.

— Os nosso caderno pudia ficar aqui no casarão, porque senão nóis pode perder ou sujar eles tudo trabaiando na rua.

— É, Elsa. Podemos usar aquele armário ali pra guardar eles tudo.

— Vai ficar legal.

— Pessoal, foi muito bom conhecer vocês. Acho que seremos bons amigos. Boa noite. Eu estarei sempre por aqui.

— Gente. Boa noite. Até segunda-feira.

— Boa noite, professor.

COLIBRI

Foram seis meses de interrogatórios e investigações. A inocência acendia a chama da esperança no coração de Colibri.

De todos os acusados, Colibri era o único inocente e insistia nessa tese.

O advogado não conseguiu convencer o juiz da inocência de Colibri e ele foi condenado a seis anos e quatro meses de prisão.

Colibri foi condenado porque, na hora do assalto, segurava a blusa de um dos ladrões e isso foi dito por Sonia por diversas vezes no depoimento que havia dado. Sonia disse também:

— Eu o conheço muito bem. Ele vem sempre à agência onde trabalho. Ele tem até uma conta aqui, a qual deposita regularmente pequenas quantias. Quando vem ao banco, costuma ficar bastante tempo e faz muitas perguntas, mas naquele dia, ele entrou e saiu em seguida e depois voltou com um dos comparsas, o que lhe entregou a blusa. Ao receber a blusa do comparsa, ele parecia esconder uma arma por baixo dela.

— A senhora confirma a existência da arma?

— Eu não disse que a arma existia. Eu disse que parecia que havia uma arma. Parecia. Só isso.

— A senhora tem certeza de que não tem outra explicação para a blusa? Que, como ele disse, estava segurando a blusa para outro cliente que ele nem conhecia?

— Eu não seguraria uma blusa para quem eu não conhecesse. E eu tenho certeza de que eles entraram juntos na agência.

Depois do julgamento, Colibri foi transferido para uma penitenciária e Lúcia ia visitá-lo sempre que podia.

— Vamos combinar assim, Lúcia: primeiro você para de chorar, que agora a coisa já foi. Segundo, o Vitor. Ele não pode saber que eu estou preso.

— Como assim?

— Eu não quero que ele saiba que tem um pai preso. Ele não entenderia que, sendo inocente, fui condenado. Entendeu?

— E o que eu vou dizer pra ele?

— Diz que eu estou viajando. Fui fazer uma viagem e vou demorar pra voltar. Não leva ele para me visitar. Eu não quero que ele me veja lá e se acostume com o lugar. Não quero vê-lo lá.

— Como vai ser agora?

— Eu me viro. Continua usando o dinheiro do doutor Dácio quando precisar. Eu sei que se você não precisar não vai usar tudo. Só não deixa o Vitor passar necessidade.

— Ele vai perguntar por você.

— Quando eu puder, a gente combina e eu ligo pra ele no orelhão perto da sua casa. Falo com ele e ele espera. Ele é um bom menino. Vai esperar. Confio em você.

— Obrigada, mas eu não sei. Eu tenho medo.

— Medo do quê? O pior já aconteceu.

— O advogado disse que se Sonia mudar o depoimento...

— Vamos pôr o pé no chão. Não vamos sonhar que não dá certo. Sonia está muito decepcionada. Ela acha mesmo que eu sou culpado e não fará nada por mim.

— Decepcionada com você?

— Ela não esperava que eu fosse um bandido e agora, na cabeça dela, eu sou. É o que ela acha que eu sou.

— Mas você não é.

— Isso agora não faz muita diferença mesmo. Ser inocente ou não ser. O pessoal costuma dizer que na cadeia todo mundo é inocente mesmo. Deixa pra lá. Cuida do Vitor, por favor.

— Eu vou fazer o melhor que puder. Te amo muito.

— Eu também. Cuida do Vitor.

Enquanto o carro da polícia reconduzia Colibri ao presídio, Lúcia tentava acompanhar o carro, até que foi barrada por um policial. Ela sentou-se no chão e chorou por muito tempo.

Quando a tarde caiu e a noite já se aproximava, ela se recompôs e voltou para casa.

CAPÍTULO XLVI

Lia decidiu que acharia os donos do casarão. Saber a quem o casarão pertencia e, principalmente, descobrir se ele poderia se tornar propriedade da Cooperativa de Catadores "Barão de Mauá" se tornou seu novo objetivo.

Foi até a Prefeitura procurar notícias do IPTU, ao Cartório de Bens Imóveis procurar a escritura do prédio e outras fontes óbvias, mas as informações não ficam disponíveis e é necessário esperar e voltar outro dia.

Achava que seria mais ou menos fácil descobrir o dono do casarão e ficava indignada com a burocracia. O que a intrigava era saber que alguém construíra um imóvel daquele e depois o abandonara. Estaria o proprietário ou seus herdeiros interessados em doá-lo à cooperativa? Vendê-lo? Talvez. Um financiamento em longo prazo?

Ângelo chegou ao casarão com um jornal nas mãos e pediu que Lia lesse uma das manchetes no canto da página. A manchete exultava a coragem de um empresário que fora sequestrado e conseguira fugir do cativeiro sozinho.

Lia leu e não conseguiu perceber o que aquela notícia poderia ser de seu interesse.

— Legal, mas e daí, por que você me pediu para eu ler isso?

— Esse empresário disse que foi sequestrado e conseguiu fugir.

— Tá, você sabe ler, eu já sei disso.

— Presta atenção na história. Ele recebeu ajuda de um motorista de ônibus, que lhe deu uma carona e gostaria de lhe agradecer por isso. Está escrito aqui.

— Que generoso. Que lindo. Estou tocada. E daí?

— Às vezes você me irrita com esse teu cinismo. Não dá pra perceber?

— Espera aí. O motorista do ônibus é você?

— É isso. Fui eu quem o ajudou aquela madrugada, mas eu não sabia que ele estava fugindo de um sequestro.

— Quando você vai procurá-lo?

— Você acha que eu devo ir?

— Por que não? Não foi você quem o ajudou? Se ele diz que quer te agradecer procura ele, antes que um espertinho faça isso e ele agradeça ao cara errado.

— Acho que não, porque na noite da fuga ele me perguntou meu nome e no jornal ele não diz isso.

— Ele fez isso porque ele quer você e não outro.

— Mesmo que eu quisesse procurá-lo, não sei como fazer isso.

— Entra em contato com o jornal que eles devem saber como fazer. Ele deve ter deixado recado com eles, caso você procurasse.

— Você acha mesmo que eu devo ligar para eles e procurar?

— É assim mesmo. Ao menos que você saiba enviar sinal de fumaça.

— Sem graça. Hei, você não faz isso pra mim não? Eu fico meio sem jeito pra falar no telefone.

— Tá certo, eu faço isso pra você lá da marmoraria, amanhã.

Lia entrou em contato com o jornal e o jornal lhe passou o telefone da empresa de Heitor, que havia deixado o contato caso Ângelo ligasse. Lia marcou uma visita na empresa para o dia seguinte.

A noite demorou a passar para Ângelo, ele quase não conseguiu dormir. Quando finalmente deu a hora de levantar, Ângelo colocou sua melhor roupa, barbeou-se muito bem, tomou café e foi até o endereço dado pelo jornal. E foi autorizado a subir no último andar. Antes lhe colocaram um crachá onde estava escrito "visitante". Precisou deixar um documento de identidade e tirou uma foto.

A secretária de Heitor já o aguardava e pediu que esperasse, pois seu chefe estava em reunião.

Enquanto esperava ansioso, Ângelo pensava: "Tanto cuidado, tanta segurança, e ainda assim o homem foi sequestrado. Então pra que serve tudo isso?".

Lia também acordou cedo e foi procurar a Prefeitura a fim de descobrir algo sobre o dono do casarão. Ficou sabendo que há doze anos o setor de dívida ativa da Prefeitura desistira de enviar impostos e taxas ao casarão, pois não havia quem os recebesse e quitasse as dívidas. Depois de anos sem receber respostas, a Prefeitura abandonou a ideia de enviar o IPTU e demais contas para o endereço porque não havia residente para recebê-los.

Lia já estava indo embora quando uma senhora idosa, bem idosa, aproximou-se dela sorrateiramente, quase sussurrando:

— Moça, bom dia.

— Bom dia.

— Posso lhe falar um minutinho.

— Eu já estou indo. Tenho que trabalhar.

— É sobre o casarão que você procura informações? Aquele casarão perdido no meio da mata há uns dez quilômetros daqui? Na Avenida Barão de Mauá, não é?

— A senhora ouviu minha conversa com ela? Que coisa feia.

— É, eu sei que é uma coisa muito feia, mas você é parente dos donos do casarão?

— Não. Não sou. Tenho outros interesses com relação a ele.

— Você quer comprar aquela casa?

— Talvez.

— Você não é maluca, não?

— Por quê?

— Se você quiser, eu lhe digo, lhe conto tudo. Talvez você mude logo de ideia.

— O que a senhora tem para me contar me interessaria tanto assim?

— Você tem um minuto para tomarmos um cafezinho?

— Eu não tenho muito tempo, mas se a senhora me contar eu escuto com bastante atenção.

— Então vamos até a lanchonete porque esse serviço aqui eu termino depois.

Lia e a senhora desceram ao térreo onde funcionava a lanchonete. Pediram dois cafés e se sentaram para conversar.

— Obrigada, moça, por ter me pago o café. Mas eu queria saber o que você sabe sobre o casarão.

— Eu? O que eu sei? Eu pensei que a senhora fosse me contar alguma coisa, porque eu não sei de nada. Estou procurando quem sabe.

— De nada mesmo?

— Não. Nada.

— E por que você procurou a Prefeitura?

— Justamente para saber. Mas me diga uma coisa, por que a senhora se interessa tanto pelo assunto?

— Porque há vinte e cinco anos eu trabalho nesta Prefeitura.

— Parabéns, já vai se aposentar!

— Na verdade, eu já sou aposentada e continuo trabalhando. Sabe, salário de aposentada não dá para sustentar os sobrinhos todos.

Lia havia percebido que a conversa ia longe e para descobrir algo precisaria de muita paciência. E ela nem imaginava quanta paciência teria que ter. Depois de muita conversa a senhora finalmente voltou ao assunto do casarão.

Aquele casarão é um lugar amaldiçoado, ninguém pode morar ali. Se você conseguir entrar na mata ao redor da casa, notará um pomar maravilhoso com inúmeras árvores frutíferas e um belo jardim de dar inveja a Burle Marx, que Deus o tenha. Mas ninguém pode morar ali depois de tanto sofrimento, depois do que aconteceu. Você quer comprar a chácara, moça?

— Talvez. Eu tenho certo interesse, no local, na casa.

— A casa deve estar toda destruída. Se é que ainda não desabou. Aquela casa era tão linda. Foi construída com tanto carinho, com tanto amor.

— Há quanto tempo ela está fechada?

— Há mais de cinquenta anos.

— Por que ele está abandonado?

— Ele não está abandonado, moça. Ele está esperando um dono, coisa que ele não tem.

— O casarão não tem dono?

— Quem quer ser o dono dele? Ninguém quer morar ali, a menos que não seja muito normal.

— Está certo.

Lia procurava não intervir no relatório da senhora para diminuir o tempo da conversa, mas resolveu perguntar:

— A senhora conheceu os donos do casarão? Conhece a história dele? Da sua construção?

— Eu tenho tanta saudade...

Nesse momento a senhora se emocionou, chegando às lagrimas. Lia ofereceu-lhe um lenço de papel que trazia com ela. A senhora enxugou as lágrimas, recompondo-se, e continuou a história.

— Eu me emociono sempre que conto essa história para alguém. Não consigo entender o que aconteceu.

Lia resolveu pedir mais um cafezinho. A senhora continuou a falar.

— Eles eram tão jovens e tão bonitos. Chegaram à cidade e viveram aqui por quinze anos com uma filha linda, diziam não ter parente algum. Eram estrangeiros. Vinham da Alemanha. Nunca receberam uma visita. Nenhum parente. Compraram aquelas terras. O marido era médico, se estabeleceu na cidade e era muito querido por todos. Ela vivia para cuidar da filha e da casa. Eles eram muito felizes. Recebiam muitas visitas e gostavam muito de festas. Sempre festejavam o aniversário da filha, ocasião em que recebiam muitos convidados em sua casa. Eram dias muito felizes aqueles.

— A senhora ia às festas?

— Ah, sim, eu ia. Heidi era minha amiga. Sempre me convidava e eu nunca deixei de ir. Eram festas muito animadas, com comida alemã, cucas, bolos, tortas maravilhosas. E o chocolate que eles faziam era muito bom, muito gostoso. A gente tomava e sempre queria mais. Depois da missa aos domingos, a gente ia a casa deles comer doces que ela fazia.

— Tudo isso acontecia no casarão ou no pomar?

— Não. Isso acontecia na casa do Dr. Friedrich.

— Quem era o Dr. Friedrich?

— O pai de Heidi.

— E quem era Heidi?

— E não era a filha do médico que eu falei?

— O Dr. Friedrich era o dono do casarão?

— Não, moça, claro que não. Ele era o pai de Heidi.

Lia já estava ficando ansiosa, mas precisava se controlar para não perder a paciência com a senhora. Por isso deixou que ela continuasse. Afinal, não saberia de nada se não ouvisse.

Dr. Friedrich era um homem alto, loiro, de olhos azuis. Devia ter uns sessenta anos. Era muito gentil com as pessoas, principalmente com as crianças. Ele andava sempre de terno e gravata e era muito simpático. Eu gostava tanto dele e de Heidi. Como alguém pode ter feito aquilo? Ninguém até agora sabe o motivo.

— O que foi que aconteceu?

— Com Heidi.

— É, com ela mesma.

— Ela arrumou um namorado. Um médico que veio de longe para trabalhar no primeiro posto de saúde da cidade com o pai dela. Ele era sério, sisudo, mas era educado. Um excelente médico. Ficou muito amigo da família e costumava frequentar as festas na casa de Heidi.

— Eles começaram a namorar logo?

— Não. Eles se conheceram durante dois anos, depois ele pediu ela em namoro.

— E ela aceitou?

— Logo assim não. Ela demorou uns seis meses até aceitar.

— Então eles compraram o casarão.

— Não. Eles não compraram o casarão. Eles namoraram muito tempo. Ficaram noivos, tudo direitinho.

— Então eles se casaram e foram morar no casarão.

— Como eles iam morar lá se o casarão nem existia? Calma, moça, que eu já chego lá.

Com a resposta da senhora, Lia percebeu que estava ansiosa e já demonstrara isso, então pediu licença para usar o banheiro na tentativa de acalmar-se.

No banheiro, enquanto passava água no rosto, que já estava vermelho de tanta ansiedade, Lia pensava: "E se essa senhora estiver me enrolando? Se ela não souber de nada, se essa história que ela diz conhecer for fantasia da cabeça dela? E se eu estiver perdendo tempo com ela?".

Mas Lia queria descobrir algo e não iria desistir. Voltou lá e resolveu pedir um lanche e um suco para ela, já que a senhora não aceitou acompanhá-la. A senhora queria continuar falando.

— Heidi queria ser como a mãe. Viver para a casa, o marido e os filhos. Ela não gostava de estudar. Queria ser dona de casa. Adorava fazer doces. Sabia fazer cada cuca. Eles namoraram três anos até que resolveram comprar o terreno para fazer a casa com que sonhavam. Heidi queria uma casa grande, com bastante espaço, queria ter muitos filhos e eles iriam precisar de espaço. Você não acha que ela estava certa?

— Claro, claro que sim. Ela estava certa.

— Pois é, mas ele queria casar logo. Você sabe que eles quase brigaram por causa disso? O namoro quase acabou?

— É mesmo? Mas por quê?

— Porque ele queria casar logo. Heidi era moça séria. Você compreende o que eu quero dizer, não compreende?

— Claro que sim e concordo com ela. Ela tinha toda razão.

— Que bom. Eu também sempre achei que ela tinha razão. E sempre disse isso pra ela.

A essa altura Lia estava confusa. Não sabia se aquela senhora queria lhe contar a história do casarão ou fazer fofoca da amiga.

— Heidi era uma moça muito detalhista e adorava desenhar. Ela desenhou cada detalhe da casa nova que queria construir. Depois que o desenho estava pronto, eles contrataram um engenheiro para fazer a planta certinha com os cálculos certos. Enquanto a casa era construída, Heidi plantava o pomar ao redor da casa. Cada árvore foi escolhida por ela e plantada no lugar certo, tudo calculadinho.

— Foram eles que construíram o casarão.

— Foram eles. Ela queria tudo como havia imaginado, queria a casa toda branca, toda cercada de verde, mas bem arejada e com bastante luz do sol. Eu adorava aquela casa.

— Você foi muito lá, quando eles moravam lá?

— Eles nunca moraram lá.

E a senhora se emocionou novamente e novamente foi às lágrimas, mas continuou.

— Heidi precisava fazer o enxoval e viajou para comprar as peças necessárias. Comprou muita coisa, muita coisa que era até demais. Quando ela voltou, marcou o noivado e deram uma festa linda. O casamento foi marcado para o ano seguinte, na mesma data. Dia quinze de março. E eles escolheram os padrinhos. Eu e meu irmão éramos os padrinhos dela. Ficamos tão felizes que eu quase não acreditei. Minha melhor amiga ia se casar. Eu era sua madrinha. Isso não é um motivo muito bom de felicidade para alguém? Você não ficaria feliz no meu lugar?

— Eu seria a pessoa mais feliz do mundo. Não tenho dúvidas disso. E o casamento foi bonito?

— Que casamento?

— O casamento de sua amiga Heidi.

— Heidi nunca se casou.

— Por quê?

— Ninguém nunca soube. Ninguém nunca entendeu o que se passou. Mas Heidi nunca se casou, nunca morou naquela bela casa, nunca teve os filhos que desejava, nunca foi feliz. O amor de Heidi e João ficou na promessa de uma vida feliz. Só isso.

— Por quê? Eles brigaram? Por que o noivado acabou?

— Eles nunca brigaram. O noivado nunca acabou. O que aconteceu foi muito pior. Por isso ninguém entendeu. Quando Heidi foi comprar o enxoval ela conheceu um moço chamado Marcelo. Ele dizia que era advogado. Ele se interessou por Heidi e ela se apaixonou por ele.

— Heidi fugiu com ele?

— Antes ela tivesse feito isso. Mas ela gostava muito dos pais e voltou para terminar o noivado com João. Contou para seus pais que terminaria o noivado com João. Os pais dela foram até a casa nova para ver se faltava alguma coisa, supondo que ela mudaria de ideia. Assim como João que esperava que Heidi mudasse de ideia e se casasse com ele ainda na data marcada.

— Sua amiga Heidi deve ter ficado muito confusa. Ela precisava de ajuda.

— E não é? Nós tentamos ajudá-la a pensar melhor. Ela estava resolvida. Não ia casar-se com João. Descobriu que amava Marcelo e ia se casar com ele custasse o que custasse. Ela tinha marcado um encontro com Marcelo na sua casa nova e quando João chegou encontrou os dois abraçados. Ficou desesperado. Voltou para casa e procurou se acalmar para conversar com ela depois. Foi o que ele me contou quando nos encontramos no caminho de volta à sua casa.

— Você conversava muito com ele?

— Ele ia muito à minha casa e nesse dia ele foi e ficou lá até a noite. No dia seguinte ele passou na casa de Dr. Friedrich e levou ele e sua mulher até a casa nova, onde os pais encontraram Heidi esperando por Marcelo.

— Eles haviam passado a noite juntos?

— Foi o que foi falado depois.

— O que aconteceu?

— Eu vi João puxar a arma e acertar Dr. Friedrich na cabeça. Depois atirar na cabeça da esposa dele. E disse para Heidi que ela nunca se casaria com ninguém, nem ele. Então ele se virou e atirou nela. E antes que eu pudesse fazer qualquer coisa, ele atirou no próprio rosto. Eu passei mais de duas horas em choque até que Marcelo chegou e chamou a polícia. Então eu contei tudo ao delegado. Marcelo foi embora depois do enterro. Antes ele me contou que se João tivesse esperado ele lhe contaria que era casado e que não pretendia casar-se com Heidi. Estava apenas se divertindo com ela. Não tinha o menor interesse nela. Gostava de sua esposa e ia continuar com ela. Eu tive vontade de matá-lo.

— Eu o mataria.

— Essa é a história daquele lugar. Ninguém nunca mais entrou ali. Eu fechei aquela casa quando a tragédia completou um mês e nunca mais voltei lá. Ninguém mais entrou lá.

— É mesmo? Aquele lugar deve ser sinistro então.

— É o pior lugar do mundo. Deve ser amaldiçoado. Se você tem dinheiro para investir numa casa procure outra. Aquela você não vai conseguir comprar porque não tem dono. Mas aqui por perto tem outros lugares com história mais felizes.

— Eu adorei aquele lugar.

— Esqueça, ele não lhe trará sorte.

— A senhora não voltou nunca mais lá?

— Não. Nunca mais.

— Não sabe como está lá agora?

— Não. Mas deve estar horrível. Diziam até que uns drogados foram presos por lá há algum tempo. Usavam o casarão para se destruir. Eu sei que aquele lugar é amaldiçoado. Só destrói a vida de quem vai lá.

— A senhora iria lá comigo algum dia desses? Só para olhar? Podia ser de longe.

— Eu não sei se conseguiria.

— Eu posso vir aqui buscá-la. Quem sabe a senhora não gostaria de rever o lugar. Talvez não esteja assim tão horrível. Ou, quem sabe, até esteja pior do que pensa.

— Quando você vai voltar aqui?

— Talvez o mês que vem ou no outro.

— Quando você voltar, venha me ver. Adorei conversar com você.

— Combinado. Eu venho sim. Por enquanto, obrigada. Qual é o seu nome, por favor. O meu é Lia. Muito prazer.

— O meu é Emília. Você é um encanto. Parece que não existem mais moças como você. Espero ter colaborado.

—A senhora me ajudou muito. Muito mais do que pensa. Eu preciso ir agora. Muito obrigada.

Lia se afastou e estava saindo da Prefeitura, quando um guarda lhe chamou para perguntar:

— Ela lhe contou a história do casarão?

— Contou.

— Quem era o assassino desta vez? Ela, o amante ou o noivo?

— O noivo. Por quê?

— É que cada vez que ela conta a história, o assassino é mudado. Ela é meio maluca. Tadinha, está caduca.

— Bom dia.

CAPÍTULO XLVII

Ângelo já estava desistindo de ser atendido por Heitor. Já o esperava desde as nove da manhã. Às quinze horas, Heitor saiu do escritório e, ao passar na antessala, observou-o em pé, olhando pela janela. Lembrou-se que prometera recebê-lo.

— Rapaz, você ainda está aqui?

— O senhor pediu que eu esperasse.

— Por favor, entre. Está tudo bem com você?

— Sim, senhor. E como estão as coisas do seu lado?

— Graças a Deus, estou bem. Viu que situação eu me encontrava aquele dia em que você me ajudou meio na marra?

— É, eu não fazia ideia, nunca iria imaginar.

— Pois é, sequestro mesmo.

— O senhor fugiu do cativeiro?

— Foi. Fugi. Eles saíram um momento. Me soltei e fugi.

— O senhor estava amarrado?

— Amarrado numa cama, com um cara me vigiando, mas ele dormiu um dia e se esqueceu de me amarrar com força. Estava meio drogado e eu facilitei o nó. Já estava acostumado comigo. Eu nunca lhe dei trabalho, nem tentei fugir antes. Então facilitou. Eu aproveitei. Fugi. Depois corri feito louco para achar a estrada e pegar uma carona. Ninguém parava, ninguém. Ninguém ajudava. É nessas horas que você sabe o que é precisar das pessoas.

— Desculpe, mas eu fiquei assustado.

— Mas parou e me ajudou.

— O senhor se jogou na frente do ônibus. Achei que havia lhe atropelado.

— Pelo menos você não tentou me agredir quando desceu do ônibus. Teve motorista que desceu só pra me agredir. Mas vamos mudar de assunto. Você veio ver se eu estou bem?

— É, eu li a notícia no jornal e fiquei curioso. Queria ver como o senhor estava.

— E ficou aí esperando até agora?

— Pois é.

— Olha, rapaz eu quero lhe agradecer, mas não sei como. O que é que eu posso fazer por você? Uma coisa que você esteja precisando. Se eu puder ajudar...

— Não se preocupe com isso. Não é necessário. Eu só queria ver se estava tudo bem mesmo.

— Dinheiro. Você precisa de dinheiro?

— Eu e o resto do planeta. Não, obrigado.

— Um presente. Alguma coisa que você queira muito.

— Obrigado.

— Então eu não sei. Assim você não me ajuda. Quantos anos você tem?

— Trinta e dois.

— Tem filhos, esposa?

— Tenho um filho. Esposa eu não tenho não.

— Você trabalha de motorista, é claro.

— Não, na verdade eu só trabalho de motorista aos finais de semana. É um biscate. Eu estou desempregado. Eu sou motorista profissional, mas estou desempregado no momento.

— Você não era o motorista oficial daquela empresa?

— Não. Eu fui contratado para aquela excursão. Só faço viagens de fim de semana.

— Você gostaria de trabalhar para mim, ser meu motorista particular?

— Eu?

— É, você?

— O senhor já deve ter outra pessoa. Eu não quero tirar o emprego de ninguém não.

— Assim fica difícil lhe agradecer. Eu estava querendo arrumar um motorista para minha esposa, mas você é novinho, boa pinta. Faz o seguinte: eu coloco meu atual motorista a serviço dela e você passa a trabalhar comigo. Combinado?

— O senhor está me oferecendo um emprego?

— Acho que sim. Você está precisando, não está? Não disse que está desempregado?

— Puxa vida... Eu nem sei como lhe agradecer. Muito obrigado.

— Doutor Heitor. Pode me chamar assim.

— Claro, doutor Heitor.

— Fale com minha secretária. Ela lhe dirá o que fazer.

— Muito obrigado.

— Agradecido estou eu. Você salvou minha vida aquela noite. Até logo, rapaz.

Ângelo falou com a secretária, que lhe encaminhou até o RH da empresa. Ângelo desceu as escadas até o segundo andar pulando a cada dois degraus. Não cabia em si de felicidade. Ele tinha ido procurar Heitor para ver se ainda o reconheceria, sem muita pretensão, e tinha realizado um sonho. Havia algum tempo ele desejava voltar a trabalhar no que ele mais gostava. Dirigir um automóvel. Ser motorista particular. Chegou ao DRH da empresa. Seu nome já havia sido informado. Recebeu uma pasta com seu nome como candidato à vaga de motorista de diretoria. Só faltavam algumas formalidades: documentos, fichas, fotos e uma papelada para os exames médicos. Ele checou os papéis e pareceu entristecer. Saiu daquela sala já sem o brilho nos olhos que tinha quando entrou lá. Dirigiu-se à porta da rua e voltou ao casarão.

CAPÍTULO XLVIII

Quando Ângelo chegou ao casarão era hora da aula. Procurou entrar sem ser notado. Subiu ao primeiro andar e encontrou Lia fazendo contas. Ainda trabalhando. Taciturno, foi ao banheiro para tomar um banho. O barulho da água caindo fez com que Lia lhe notasse a presença. Ao perceber as roupas de Ângelo no chão, Lia resolveu colocá-las no tanque, pois estavam sujas. Notou, próxima às roupas, a pasta com a proposta de trabalho para ele. Notou, entre os papéis, o pedido de exames de outro laboratório. Pôs a pasta com os papéis em cima da cama.

Ângelo esquentou a sopa da cooperativa. Era a única comida disponível. Comeu sem reclamar. Continuou calado, mas Lia quebrou o silêncio.

— Sabe da última?

— Não.

— O casarão não tem dono.

— Você não desiste dessa história mesmo. Por que está pensando assim agora?

— Porque descobri um "quase dono".

— Como que é? Quase dono?

— Ele não tem dono. Mas tem uma dívida imensa com a Prefeitura.

— Você foi procurar na Prefeitura?

— Fui.

— Descobriu o dono?

— Descobri que não tem dono.

— Ninguém comprou ou construiu o casarão?

— Comprou o terreno, construiu o casarão, mas não deixou herdeiro algum.

— Como é? É sério?

— Segundo Dona Emília é?

— Quem é Dona Emília?

— Uma velha que trabalha na Prefeitura e sabe tudo sobre isso aqui. Ou acha que sabe?

— E daí?

— E daí o quê?

— Mesmo que não tenha dono, ainda assim não é nosso. Qual é o motivo da alegria?

— Enquanto cooperativa podemos pleitear uma doação ou coisa semelhante.

— Sabia.

— Sabia o quê? Tem algum mal nisso? Em querer melhorar de vida?

— Não, se não incluir ficar com o que não nos pertence.

— Está bem, eu não vou discutir com você. Ainda preciso tirar essa história a limpo.

— Por quê?

— Porque eu fiquei horas ouvindo pacientemente a história.

— Pacientemente? Você? Tá, conta outra.

— E depois de horas já estava indo embora, quando o guarda da Prefeitura me disse que a velha era maluca, estava caduca.

— Vai ver que era mesmo. Tão maluca quanto você. Onde já se viu passar horas procurando o dono de uma casa na única esperança de não encontrar dono algum. Só você mesmo. E ainda acreditar na primeira história que escuta só porque ela vai ao encontro de seus interesses.

— Você nem ouviu a história.

— Pra falar a verdade nem pretendo. De gente maluca já me basta você.

— Mas eu vou procurar as fontes.

— Já sei que isso vai longe...

— Que papéis são aqueles no seu bolso. São pedidos de exames?

— São.

— Mas você não já fez aquela bateria de exames?

— É, eu fiz, mas os resultados ainda não saíram, lembra? Não saíram.

— Onde você arrumou aqueles?

— Foi o cara do jornal?

— Você foi lá?

— Fui.

— E aí?

— E aí que era ele mesmo. Me reconheceu, me atendeu, confirmou a história de jornal e queria me agradecer.

— Agradecer como?

— Queria me dar um agrado, uma recompensa.

— E então?

— Me ofereceu dinheiro.

— Quanto?

— Não aceitei. Me ofereceu outra coisa.

— O que?

— Qualquer coisa.

— E você?

— Não aceitei. Só queria ver se ele estava bem. Ter certeza de que era ele mesmo.

— Certo. É a sua cara.

— Ele me ofereceu um emprego.

— Para fazer o quê?

— Motorista particular.

— Você aceitou?

— Aceitei. Disse que estava desempregado, que sou profissional, que tenho experiência.

— Sei.

— Mas então ele me mandou ao DRH e lá eles me apresentaram esta pasta aí, pedindo documentos.

— Que você já tem.

— É, mas mandaram fazer exames e acabou tudo.

— Acabou o quê?

— O sonho do emprego. Você sabe que quando ele me ofereceu o emprego, eu pensei que ele ia me admitir sem exame nenhum? Lia, eu fui a pessoa mais feliz do mundo por alguns minutos.

— Você não está querendo me dizer que não vai lutar por esse emprego, né? Não está dizendo isso não.

— Como eu vou passar nos exames? Se eu estiver doente?

— E se não estiver? Nós não conseguimos ainda pegar o resultado daqueles exames por causa da greve do posto, que não termina mais.

— E se der positivo? Eu não vou ser admitido mesmo.

— E se der negativo? Você vai ter o que mais quer. Seu emprego de motorista de volta.

— Às vezes chego a pensar que você vive flutuando.

— Quem sabe com esses exames você recebe o resultado logo e volta a ter uma vida de verdade. Vai fazer tudo direitinho. Vai lá, faz os exames. É outro pedido. Outro laboratório. Tenta, cara. Sai dessa angústia, que eu não aguento mais ver você sofrer assim.

— E se der...

— Você não vai perder nada porque você não tem o emprego ainda. Então não vai perdê-lo. Tenta. Tenta por mim.

— Você vai comigo de novo?

— Quando está marcado?

— Eu não marquei.

— Eu marco amanhã por telefone.

— Mas se der positivo, eu vou embora sozinho.

— Se é assim que você quer, eu vou respeitar sua vontade. Tá combinado assim. Se você estiver doente, vai embora da minha vida e vai ficar sozinho.

Ângelo sabia que nada estava combinado. Lia não ia deixá-lo sozinho. Fingiu que acreditava nela e ficava contente por ela nunca cumprir o que combinava com ele.

CAPÍTULO XLIX

Ângelo parecia uma criança que ganha um brinquedo novo quando recebeu o seu uniforme novo e as chaves do carro que seria sua ferramenta de trabalho diário.

Sua rotina era simples. Consistia em chegar cedo à casa de Heitor, conduzi-lo até a sede da empresa e aguardar ordens. No fim do dia trazê-lo de volta para casa. Era sua função também cuidar da manutenção do veículo

Ângelo agora saía bem cedo do casarão e só retornava no fim do dia. Chegava cansado, mas muito feliz. Adormecia cedo e conseguia se esquivar das investidas de Lia, que agora não via mais motivos para eles não se tornarem um casal de verdade.

Aos finais de semana continuava a rotina de excursões. Essa era uma daquelas em que as pessoas vão curtir a natureza. Uma excursão para uma reserva ecológica. Nenhum assento desocupado. A guia era a mesma. O público bem heterogêneo. Havia famílias com crianças e adolescentes, jovens ecologistas e esportistas que praticam esportes de aventura. Muita gente boa e bonita também.

Com Ângelo viajando, Lia ficava sozinha no casarão com Aninha e as crianças. Não por muito tempo, pois logo Dito aparecia.

Lia já estava bem saturada com a situação de ficar só aos fins de semana e dividir o casarão com Dito, que nunca a abandonara desde o ocorrido com Leo. Ele era um amigo e tanto e fazia questão de mostrar-lhe isso. Não demorou muito para ela ouvir o motor do carro de Dito se aproximando. Depois, ele chegando ao casarão, cumprimentando os presentes e subindo as escadas do primeiro andar. Bateu à porta e chamou seu nome:

— Lia, boa noite. Posso entrar?

— Boa noite, Dito. Fique à vontade. Você não precisava vir aqui. Nós estamos bem, não se preocupe mais.

— Se eu não viesse ia ficar preocupado. Não ia conseguir dormir. Então é melhor vir, não acha?

— Se é assim, seja bem-vindo. Me dê cá um abraço, meu amigo querido. Posso lhe oferecer um chá?

— Ai, meu Deus... Um chá outra vez...

— Esse é novo. Não é muito comum. É muitíssimo bom. Tem um sabor levemente ácido. Você vai gostar.

— Tá vendo, moça? Eu nunca gostei de chá. Agora cada dia que passa eu provo um sabor diferente. Vou acabar viciado. Velho e viciado em chá. A que ponto se chega nesta vida!

— Não precisa beber se não quiser.

— De jeito nenhum. Faço questão de bebê-lo todinho, Lia. Se não bebo como vou discutir o sabor dele com você?

— Pois então vamos os três ao chá.

— Vocês dois vão ao chá, porque eu vou dormir. Eu tô muito cansada e amanhã é domingo. Graças a Deus! Boa noite, Dito. Boa noite, Lia.

— Até amanhã, Aninha.

— Até amanhã, moça. Eu tomo esse chá por nós dois. Vou pro sacrifício.

— Adoça com mel que fica muito bom.

— Você gosta muito de chá.

— Chá é muito especial. É quente e doce.

— Se é quente e doce é uma bebida para se tomar acompanhada, nunca só.

— É verdade. Chá é aconchegante, exige companhia.

— Mesmo que a companhia seja a que se pode ter.

— Não entendi.

— Entendeu, sim. Você queria tomar esse chá com ele, mas serve eu mesmo. Aonde ele foi?

— O Ângelo?

— É, eu acho que é ele.

— Foi para uma excursão barra pesada.

— Por que barra pesada?

— Reserva ecológica. Meio natureba. Ecológica.

— Deve ser interessante. Matagal mesmo?

— Matagal, cachoeira, picada de mosquito, coceira.

— É, você é mesmo prática.

— Um bando de gente no meio do mato, dormindo em barraca, com mosquito picando por todos os lados. Comendo sanduíche, com um sujeito que acha que sabe tocar violão destruindo seus tímpanos. Isso é uma excursão ecológica.

— Por que você não foi com ele?

— Me poupe disso, por favor.

— Com ele ao seu lado talvez o cara tocasse bem.

— Quem?

— O tal que destruiu o seu tímpano. O do violão. Talvez soubesse tocar.

— Ele sabe tocar.

— Sabe mesmo? Toca bem?

— É um artista quando toca. Pena que não quer tocar mais.

— Mas sabe tocar. Já tocou antes e bem.

— É, Seu Dito. Sabe tocar e já tocou muito bem antes.

— Para alguém saber tocar também é importante que o instrumento queira ser tocado. Tem que haver uma harmonia. É o que dizem.

— Eu estava falando do violão.

— E eu estou falando de você. Você que não merece estar só no sábado à noite tomando chá.

— Tomando chá com meu melhor amigo. Há algo de errado em estar aqui? Há algo de errado com meu chá? Há algo de errado com meu melhor amigo?

— Não. Nem com seu chá que, afinal, tenho que admitir, é maravilhoso, e muito menos com seu melhor amigo.

— Onde você gostaria que eu estivesse?

— Com quem você deveria estar? Esta é a pergunta.

— Está bem, Dito, pode perguntar.

— Ele não arrumou um emprego? Não tem um salário fixo, carteira assinada, cesta básica, convênio? Tudo que queria?

— Arrumou.

— Pra que fazer excursão se já está ganhando mais?

— Não é o suficiente. O dinheiro que Ângelo ganha na excursão ajuda muito. Não dá pra dispensar ainda.

— Como é? Dispensar? Há algum tempo vocês comiam marmita da marmoraria. E agora diz você que não dá pra dispensar? Vai dar pra dispensar algum dia?

— Não sei.

— O que aconteceu com aquela ideia de ir embora? Fiquei feliz por você ter esquecido. Não é você que tem que ir embora.

— Eu não esqueci.

— E por que não foi?

— Porque preciso de um tempo para resolver algumas coisas por aqui.

— Ele te pediu pra ficar.

— Na verdade, pediu.

— E fez o que você queria?

— Não. Ainda não.

— Era só o que eu queria saber. Acho que vou dormir, Lia. Obrigado pelo chá. É mesmo delicioso. Sua companhia continua sendo a melhor coisa desta minha vida, desta cooperativa, deste casarão, mas agora me dá licença que eu vou dormir ali no chão da cozinha. Boa noite.

— Eu te decepcionei hoje, não foi?

— Não. Apenas me confundiu. Às vezes, eu não reconheço você em você.

— Nem eu, Dito. Nem eu. Às vezes, eu só preciso de um abraço. Só isso.

— Mas esse abraço, quem precisa se tocar e lhe dar não está aqui. Está numa excursão ecológica sendo comido por mosquitos. Cada um curte o que gosta mais. Boa noite, querida.

Dito não conseguiu dormir pensando na situação deles todos. Da marmoraria. Da amiga que ele já não sabia se era mesmo só amizade o que sentia por ela. Como ele tinha raiva do Ângelo. Como muitas vezes sentia um desejo absurdo de lhe dar uma surra. Será que ele era doido? Será que era bobo ou tinha algum problema? Que homem não ia querer aquela mulher linda, inteligente, forte, corajosa, delicada, meiga? Ah, o cara devia ser doido! Doido? Será que ele era viado? Não, viado ele não era. Se fosse já tinha dado pinta. Ele era mesmo um forte candidato a corno. Isso é o que ele era.

Lia, em sua cama, também não pregou o olho. Ficou pensando nas coisas que Dito dissera, do abraço forte dele que não recebeu. Analisando suas atitudes percebeu o quanto mudara nesses tempos difíceis. Aproveitou a insônia para analisar suas atitudes desde que conhecera Ângelo até seus momentos atuais. O que a havia feito mudar tanto? Por que havia feito aquelas estranhas escolhas? Quem era ela antes e quem era naquele momento? Onde estivera e onde se encontrava? E, principalmente, com quem convivia antes e com quem convivia então? Não ficou muito satisfeita com as respostas do agora. Mas não sentia nenhuma saudade do antes, nem pretendia estar em outro lugar com outras pessoas. Não com as que ela conhecia antes de chegar ao casarão.

CAPÍTULO L

Quando Lia saiu do Cartório de Imóveis, já sabia que o casarão havia sido registrado por um tal Friedrich Von Hölder, alemão, médico, residente na cidade. O contrato de compra e venda do terreno datava de vinte e cinco de maio de mil novecentos e setenta e cinco. Essa parte da história Dona Emília não inventara. Havia uma boa chance de o resto ser verdade. Dirigiu-se à Prefeitura para encontrá-la e conversar com ela mais uma vez.

Entrando na Prefeitura, o guarda a chamou num canto e pediu que fosse até a lanchonete, mas que fosse discreta e ouvisse a história que Dona Emília contava.

Lia fez como o guarda lhe disse. Foi à lanchonete, sentou-se próxima à porta de modo que Dona Emília não a visse. Ele contava a mesma história para uma moça que também estava interessada no casarão. Lia não conhecia a jovem, nem sabia o motivo do seu interesse. Ouviu a história ser contada como já conhecia. Infelizmente, porém, o guarda tinha razão. O assassino mudara e desta vez era o próprio doutor Friedrich, pai de Heidi, ao saber que o noivado seria desfeito. Lia levantou-se da cadeira da lanchonete e saiu sem ser notada pela senhora contadora de histórias.

O fato é que Dona Emília não mentira. O casarão pertencera mesmo ao Dr. Friedrich e sua filha Heidi, e desde então não pertencera a mais ninguém.

Lia e Dito estavam cada vez mais próximos e Leo não parava com suas investidas. Ele já não parecia mais tão perigoso. Estava se adaptando muito bem à vida fora da cadeia. Ultimamente, ficava até mais tarde na marmoraria.

Certa noite, Dito vinha da casa de Lia e, ao passar em frente à marmoraria, viu Leo e um amigo no escritório. Aproximou-se quando reconheceu o amigo. Escondeu-se porque sabia que dali não podia sair boa coisa.

— Quanto?

— Aí, Leozinho, pra um brother como você faço trezentos e vinte.

— É muito.

— Aí, cara, é o preço.

— Dou trezentos e só.

— É trezentos e vinte. Se não quer, me diz que eu passo pra outro. Eu vim porque você me disse que tinha pressa.

— Eu só tenho trezentos e ainda em duas vezes.

— Como assim, brother? Vocês são sócios aqui. Qué isso, meu amigo?

— Essa porcaria só dá trabalho. A gente se fode e não consegue grana aqui não. Grana mesmo nada.

— Que foi, cara? Desistiu do serviço? A garota não vale a pena não?

— Pior que vale. Ela é muito gostosa. Mas tá caro. É trezentos conto em duas vez. Cento e cinquenta conto hoje e o resto depois.

— Tu é duro na queda. Posso pensá?

— Tem tempo.

— Rapaz, eu tomei um susto cum você. Pensei que tu tinha virado, saído do negócio. Tava quieto, né irmão?

— Sou lá homem de fiasco, sô? Lá homem de ficá ganhando miséria?

— Não, Leozinho. Claro que não.

— Então é cento e cinquenta e cento e cinquenta?

— É, fazer o quê? Fica com ela e cuida bem da princesa. É uma magnum semiautomática, calibre doze. Coisa fina.

— Valeu, irmão.

Dito ficou quieto, escondido, esperando Leo ir embora. Sabia bem quem era o "irmão" e o que ele vendia. Só não sabia quem seria a vítima. Saber, sabia, mas não queria acreditar. Não diria nada, mas evitaria aquilo de qualquer jeito.

Ao voltar de mais uma viagem de fim de semana, Ângelo já tinha tudo traçado em sua cabeça. Descobriu, conversando com o pessoal da excursão, que o que eles faziam na cooperativa tinha um nome. Era ecocidadania. Os estudantes de Biologia lhe contaram sobre o concurso de projetos para premiar iniciativas da sociedade civil com perfil social. Era assim que chamavam a cooperativa.

— E você acha que isso é sério, né?

— O que temos a perder?

— Sem contar com horas de sono fazendo relatórios, catalogando o trabalho, escolhendo as fotos, revendo o texto, além de despesas de correio e registro de falas do pessoal envolvido? Nada.

— E ainda tem um prêmio de sessenta mil reais.

— Isso você não havia me falado.

— Era a sobremesa.

— Qual é o prazo pra inscrição?

— Está interessada agora?

— Muitíssimo.

— Além do mais, da forma que você registra tudo o que acontece aqui dentro, não vai ser muito difícil fazer o relatório. É só fazê-lo a partir das atas das reuniões.

— Você tem o endereço para tirar dúvidas?

— É este aqui.

— O que fariam os cooperados com a grana do prêmio?

— Sei lá, mas a discussão seria boa. Eles nunca viram tanta grana, nem em sonho.

— Nem eu.

— Quem está promovendo o concurso é algum órgão do governo?

— Parece que é um organismo internacional.

— Amanhã eu entro em contato. Sei lá, parece que eles precisam nos conhecer.

— Com você a coisa é sempre assim, né?

— Assim como?

— Dinheiro. Falou em dinheiro, você se anima.

— Tem muita coisa que eu sou capaz de fazer sem pensar em dinheiro e que é muito bom.

— Talvez um dia dê pra aceitar. Hoje não.

— Já melhorou. Antes era nunca mais. Mas você me parece bem interessado nessa aventura do concurso.

— Acho melhor que aquela de tentar achar o não dono do casarão só pra tomar posse dele.

— Essa não é aventura, querido, é questão de tempo.

— Isso vai longe.

Dessa vez Ângelo nem tentou se esquivar do beijo de Lia. Aceitou e também a beijou com muita ternura. Depois foi ao banheiro se recompor. Ao voltar, dormiram abraçados. Mas foi só isso.

COLIBRI

A cadeia era mesmo o pior lugar do mundo para um sujeito, viver. Colibri sempre pensou assim e nos últimos anos tinha mais certeza disso e dizia:

— Eu prefiro morrer do que voltar pra cá quando de cá sair.

Um dia de domingo. Horário de visita. O calor era insuportável. Colibri saiu da cela sem camisa, correndo para encontrar com Lúcia, que tinha ido visitá-lo. Esqueceu-se das regras.

Recebeu a visita da irmã, viu o filho pelas fotos recentes, comentou sobre seu crescimento. Comeu as coisas que Lúcia havia levado e beijou-a quando acabou a visita.

Colibri voltava à sua cela quando percebeu o movimento dos presos fazendo uma roda a sua volta. Continuou andando, até que foi impedido de continuar andando por um preso, que se pôs à sua frente.

Sem entender direito o que acontecia, recebeu o primeiro golpe na boca do estômago e caiu. Foi chutado por diversas vezes. Sentiu quebrarem seu braço e uma das costelas se partir. Sangrava muito e quando acordou estava no hospital da cadeia.

Fazia quarenta e duas horas que Colibri dormia naquela enfermaria. Estava sedado. Acordou, mas preferia continuar dormindo. Dormindo não sentiria as dores que sentia então. Gritava de dor quando um preso entrou e perguntou o que era.

— Estou sentindo muita dor.

— Onde?

— Na cabeça, na perna, no braço, nas costas e no pé.

— Ah, bom. É só onde quebrou. Vai doer bastante e não tem remédio pra dor aqui. Tu vai ter que aguentar. Sacou, esperto?

— Só me diz uma coisa o que foi que eu fiz pra merecer isso. Me diz?

— Seguinte, vacilão. Tu é otário mesmo. Tu saiu sem camisa. Não pode sair sem camisa na hora da visita. Entendeu agora?

A cadeia tinha muitas regras e Colibri aprendeu rápido. Ficou o maior tempo que pôde na enfermaria. Depois virou voluntário por lá. Só para não precisar voltar pra cela e conviver com os demais o dia todo.

Colibri aprendeu a enxergar sem ver, ouvir sem escutar e falar só com gestos, e, se fosse impossível, não se manifestar, aprendeu fingir-se de morto.

CAPÍTULO LI

Lia voltou à Prefeitura para conversar com Dona Emília. Ela contava a história para outra pessoa e desta vez o assassino era Marcelo, o suposto amante de Heidi. Só o que não mudava era a recomendação:

— Se você tem dinheiro para investir, procure outro lugar para comprar. Aquela casa é amaldiçoada. Ninguém pode ser feliz ali.

Lia não se intimidou com a presença da pessoa com quem ela conversava:

— Bom dia, Dona Emília. Posso falar com a senhora um minutinho só?

— Oi, Lia! Quanto tempo!

— Pois é. Estou eu aqui de volta. Quero lhe fazer um pedido.

— Essa moça aqui também tem interesse em comprar o casarão.

— Você já conhece lá?

— Não. Eu tenho interesse nas terras. Nem sabia que lá havia um casarão.

— Não é um casarão. É uma casa velha em ruínas. E as terras também não são muito boas. Nem água tem por perto. Já desisti de comprar. Aqui por perto tem muita coisa melhor.

— E você já encontrou o que queria, Lia? Já comprou alguma coisa?

— Na verdade, Dona Emília, eu tenho interesse é na história do casarão, ou melhor, das ruínas dele. Eu preciso que a senhora grave um depoimento sobre o casarão. A senhora faria isso para participar de um concurso? Talvez as ruínas e seu entorno possam ser tombadas.

— Com licença. Muito bom dia.

— Bom dia, moça. Seja feliz e procure outro lugar para comprar.

— Comprar algo que pode ser tombado não é de meu interesse mesmo. Bom dia.

— Venha, querida, me conte. O que você deseja? Concurso literário? Você é escritora, Lia?

— Na verdade, não. Eu só disse aquilo pra moça desistir das terras. Quem sabe assim. Vim só lhe ver.

— Ai, que gentil... Veio me ver. Perde seu tempo com alguém da minha idade. Não se fazem mais moças como você, meu anjo.

— Aceita um café?

— Com você será um prazer.

— A senhora não tem fotos da construção do casarão, tem?

— Tenho algumas, mas faz tanto tempo que eu não as vejo. Não sei se ainda servem para alguma coisa.

— Eu gostei muito da história que a senhora me contou. É muito linda.

— É muito triste também. Mas se eu achar as fotos eu deixo aqui. Quando você voltar eu lhe mostro.

— Sério mesmo? Obrigada. É sempre bom conversar com a senhora. Mas agora eu preciso ir embora. Vou trabalhar.

— Que bom revê-la. Volte sempre!

Na reunião da cooperativa, o ponto de pauta foi o concurso de projetos sociais. Lia colocou a questão, mas antes pediu a presença de Renata, Denise e Alice.

— Eu penso que podemos entrar nesse concurso e entrar pra ganhar.

— Lia...

— Por favor, Alice.

— Seria bom que não entrássemos nesse concurso como invasores do casarão. Pode parecer estranho invadir um casarão para fazer um trabalho social. Fica um pouco desconfortável para explicar.

— É, Alice, mas o casarão é a nossa sede e como explicaremos nossa existência como cooperativa sem ele?

— Podemos contar a história dele como argumento. Reza a lenda que há uma trágica história de amor envolvendo estas paredes.

— É, Renata. E a história é linda. Dona Emília sabe dela toda.

— Você também já ouviu a história dela?

— Já.

— E quem era o assassino?

— Isso não importa muito. Eu já ouvi três finais diferentes, mas Dona Emília é um arquivo vivo dessa história.

— Pena que não temos nenhuma foto do casarão antes da reforma.

— Triste mesmo, Denise. É história que se perdeu.

— Não podemos nos esquecer de registrar os cursos de artesanato que realizamos, a exposição nas ruas para venda, os catálogos, as vendas de porta em porta.

— É, Alice, se ganharmos podemos comprar o casarão ou, quem sabe, quitar os impostos?

— Comprar o casarão?

— Não lhe parece uma boa ideia, Lia?

— Boa ideia? Desculpe-me, Denise, mas não me parece mesmo uma boa ideia. Por que comprar algo que já é nosso? Nem pensar. Esse dinheiro deve ter causa mais nobre. Mas isso nós vamos pensar depois. Agora é fotografar, escrever e montar esse relatório e ficar na torcida pela Cooperativa de Catadores Barão de Mauá, se todos aqui estiverem de acordo com a participação no concurso. Tem alguém que é contra? Não? Então obrigada mais uma vez pela presença. Está encerrada a reunião. Denise, Alice e Renata, precisamos marcar uma reunião só nossa para traçarmos o plano de ação para confecção do relatório.

CAPÍTULO LII

Ângelo já estava cansado de esperar e pensava: "Leo está disposto a me fazer esperar mais do que queria. Estava me fazendo de palhaço. Por que demora tanto, se marcou o encontro ali na marmoraria? O que aquele imbecil quer, afinal?".

Quando Caio chegou ao casarão, Lia e Dito se aproximaram:

— Caio, você viu o Ângelo por aí?

— Não, não vi.

— Desculpa me meter, Lia, mas o Ângelo foi lá pra marmoraria. Ele chegou na hora que vocês foram na creche. Ele recebeu um recado pra ir na marmoraria.

— Quem deu o recado, Elsa?

— Fui eu. Eu dei o recado, porque o Leo pediu pra eu falá cum ele pra ele ir lá. O Leo queria cunversá cumele.

— Eu não estou gostando nada disso.

— Por que, Dito? Qual o problema?

— Nenhum, moça, mas eu vou lá.

— Vou com você.

— Não, não vai não.

— Por quê?

— Pode ser pior. Essa pode ser uma conversa de homem e você junto só vai piorar a situação.

— Conversa de homem entre o Ângelo e o Leo?

— Piorar que situação, Dito?

— Não sei, Caio. Espero estar errado, mas vou lá.

— Eu vou com você.

— Vem, Caio. E você, Lia, fica aqui, por favor. Fica aqui.

Foram Caio e Dito até a marmoraria. De longe avistaram Ângelo encostado na parede do escritório. Dito notou a silhueta de Leo se aproximando de Ângelo por trás. Arma em punho, bem próximo.

Dito pegou embaixo do banco do seu carro um revólver trinta e oito, de que ele nunca se separou. Velho, mas funcionava. Engatilhou e sem parar para pensar atirou para o alto.

Ângelo, assustado, correu e abrigou-se atrás de uma pedra. Caio procurou proteger-se. Leo virou-se. Olhou Dito armado. Virou-se novamente à procura de Ângelo e atirou na pedra. Atirou novamente. Dito e Caio tentavam em vão gritar para que ele parasse de atirar.

Leo caçava Ângelo atrás das pedras. Ângelo se escondia como podia, tentando fugir dos tiros.

Dito tentava conversar com Leo. Gritava pedindo que parasse, que não tinha motivo algum para matar Ângelo. Ele não ouvia mais. Estava fora de si.

— Sai daí, seu covarde. Morre como um homem. Que eu vou ficar com tua mulher, seu otário. Vou cumê aquela gostosa.

— Para com isso, Leo. Sai dessa. Deixa ele em paz.

Leo achou a pedra em que Ângelo se escondera, já ferido. Mirou, atirou. Atirou novamente. Acertou de novo.

Dito, desesperado, atirou em Leo pelas costas. Ele já caiu morto. Caiu perto de Ângelo. Pararam os tiros.

Dito e Caio tiraram Ângelo do meio das pedras. Ele se escondera entre duas grandes pedras polidas. Estava muito ferido. Colocaram-no no carro e o levaram até o hospital. Ele ainda estava vivo. Dito ficou detido para averiguações. Contou tudo à polícia e foi preso em flagrante. Caio desceu do carro antes de chegar ao hospital.

Quando Caio chegou ao casarão, a polícia já estava saindo com Lia na viatura. Ela não entendeu direito quem havia sido morto, quem havia sido preso e quem estava ferido.

Quando viu que o ferido era Ângelo ficou aliviada e chorou muito. Soube que ele estava bem, que não corria risco de morte, mas dormia. Estava sedado. Pediu para conversar com Dito. Foi até a delegacia.

— Dito, por quê?

— Ele mataria seu marido. Você ia sofrer. Eu não poderia concordar em ver você sofrer mais ainda por causa daquele sonso.

— Por que o Leo fez isso?

— Eu sabia que ele tinha comprado uma arma e esperei. Sabia que era o Ângelo que ele queria matar.

— Obrigada por ter salvado a vida dele.

— Eu matei o meu amigo por causa daquele desgraçado. Eu odeio ele.

— Você fez isso por mim.

— Eu fiz isso por você. O Leo fez isso por você. O Ângelo levou os tiros por você. Outra vez. Espero que você seja feliz pra valer a pena.

— Eu não vou deixar você sozinho nessa. Nós te devemos isso.

— Não se iluda, moça. Não sou primário. Dessa vez vou ficar muito tempo guardado. Vai demorar. Promete que você vai ser feliz. Mesmo que seja com aquela criatura do seu lado.

— Você vai me ver feliz, quando eu for te ver.

CAPÍTULO LIII

A imprensa tomou conta do crime na marmoraria. Virou notícia no mesmo dia. Os jornais do fim da tarde na TV não tinham outro assunto. O crime da marmoraria logo virou o crime da cooperativa e se espalhou por toda a cidade. Virou assunto nacional. Era um crime passional. A tentativa de morte do marido da líder da cooperativa de catadores e o assassinato de um ex-presidiário em condicional por outro ex-presidiário em condicional.

Em minutos, Lia estava com sua imagem exposta no telejornal noturno e no do dia seguinte. A TV não tinha outro assunto.

Na Prefeitura também não se falava de outra coisa:

— Vocês viram que horror? Aquela moça que veio aqui procurar Dona Emília.

— Aquela que queria saber do casarão?

— É, ela mesma. A moça do casarão.

— Cadê Dona Emília? Chama ela aqui. Será que ela já sabe?

— Eu já vi. É ela mesma. Eu preciso ir até lá.

Saiu Dona Emília com seu terninho cor de rosa e sua bolsa também cor de rosa. Foi até o casarão.

Em outra cidade próxima, uma família descobria uma parte de si mesma. Não entendendo nada, Lúcia recebia notícias de seu irmão querido e único, pai de seu sobrinho, que ela criava como filho. Ela nunca esperou que fosse saber dele pelo noticiário da televisão.

— Tia Lúcia, corre aqui. É ele, não é? Achamos. É o meu pai.

— Meu Deus, ele está ferido de novo! Eu vou até o hospital. Qual é o hospital?

— Não sei, tia. Não ouvi.

— Liga pra emissora. Liga pro jornal.

— Vamos lá, tia. Vamos ver meu pai.

— Meu Deus do céu! É ele mesmo! E aquela ali é a Letícia. Desgraçada.

— Eu vou lá. Valter, você vai?

— Estou indo, Lúcia. Vamos.

No hospital, o encontro de Ângelo não seria só com seu filho e sua irmã. Ele precisava explicar. A polícia queria saber mais. Tinha mais gente querendo saber mais.

Depois de beijá-lo ainda dormindo, Lúcia ia todos os dias ao hospital para tentar falar com ele.

A equipe o mantinha sedado para que ele ficasse confortável. Lúcia passou dias tentando falar com ele. Beijava-o no rosto, nas mãos. Finalmente, o encontrara. Acabara a angústia. Ele estava vivo. Agora era só esperar ele se recuperar e voltar para casa.

Lia se refugiara na casa de Alice para fugir do assédio da imprensa. Ela não tinha paciência para conversar com curiosos e fofoqueiros. A cooperativa era dirigida da casa de Alice. A marmoraria ficou sob ordens de Mário. Dito estava sendo representado por Luís Eduardo, pelo escritório dele, pois ele mesmo já não se dedicava ao criminal havia anos.

CAPÍTULO LIV

Da casa de Alice, Lia só saía para ir ao hospital para ver Ângelo. Quando chegou ao hospital, no fim da tarde, foi direto falar com o médico:

— Ele já está acordado, pode receber visita. Só não deve se esforçar muito. Agora ele já está bem. Logo estará de alta.

— Devo procurar ser breve na visita?

— Não há necessidade. Ele já está com visitas agora.

— Deve ser alguém da cooperativa ou o pessoal da marmoraria. Ele é muito querido por todos. Obrigada por me receber. Vou vê-lo.

— Fique à vontade.

Ao se aproximar do quarto ocupado por Ângelo, Lia sentiu um calafrio. Ouvia vozes no quarto. Não era de ninguém da marmoraria, nem da cooperativa, mas eram vozes bem conhecidas. Vozes que ela queria esquecer para sempre.

— Como meus documentos sumiram naquela tarde, rapaz? É melhor você explicar bem explicado.

— Seus documentos? Do que você está falando, Jorge?

— Dos documentos que eu achei que tivesse perdido, numa certa tarde, após receber a visita de seu irmão, Lúcia. Mas deixe ele explicar.

— Você está dizendo que meu irmão roubou seus documentos?

— Lúcia, talvez seu irmão tenha aprendido mais do que devia naquela unidade da Febem.

— Meu irmão nunca esteve preso na Febem. Ele foi abandonado. Não tinha pais, só isso. Ele nunca esteve na unidade de infratores.

— Então deixa que ele explique. Vamos lá rapaz, explica. Cadê meus documentos?

— Eu assumo, doutor Jorge. Fui eu mesmo. Furtei seus documentos aquela tarde em que fui pedir que fosse ver sua esposa que estava internada havia meses e o senhor nem quis me ouvir.

— Depois de roubar meus documentos, sequestrou minha mulher e sumiu com ela. Mas você não fica muito tempo longe de uma encrenca, não é rapaz?

— Desde que ele se envolveu com sua mulher é assim.

Lia ouvia tudo do lado de fora do quarto, mas não ouvia sozinha.

— Que história bonita. A sequestrada é você?

— E se for?

— Esse rapaz sempre me pareceu bem sonso. Quando ele esteve preso em minha delegacia, eu nunca confiei muito nele.

— Ele é uma pessoa linda. Eu vou embora.

— Vai nada. Vai ficar aqui e ouvir tudo. Está tão interessante.

— O senhor vai ficar segurando o meu braço, delegado?

— Vai que você quer ir embora antes do final. Não ia ter graça perder o final. Só aí já tem dois crimes. Furto de documentos e sequestro. Seu amigo está encrencado dessa vez.

Dentro do quarto a conversa era bem quente:

— Explica, rapaz. Cadê Letícia?

— Essa explicação é o senhor que deve pra sua filha e pra seu filho. Explica pra eles porque o senhor deixou Letícia internada naquele lugar. Aquele fim de mundo. Não foi vê-la por meses. Explica também como é que ela estava internada havia cinco meses e quando eu consegui chegar lá e a tirei de lá ela estava grávida de três meses. Explica, doutor. O senhor foi visitá-la? O médico fez o serviço bem feito? A equipe de enfermagem? Quem é o responsável?

— Eu não estou entendendo nada. Nada mesmo.

— Isso talvez seja mais difícil de explicar do que um furto de documentos.

— Eu não sei do que você está falando, rapaz. O que eu sei é que quando fui visitá-la havia alguns meses que ela fora tirada de lá por mim mesmo. E eu sei que não fiz isso. Fui ver a assinatura na ficha cadastral e não era a minha. Pensei logo em você.

— E durante esse tempo todo, entre a saída dela e a sua visita matrimonial, o senhor continuou pagando a clínica feito um otário?

— Eles devolveram o dinheiro depositado e me mostraram os documentos que você havia apresentado. Logo percebi que era você. Não podia ser outra pessoa.

— Veja bem, Antônio. Quando nós soubemos que você havia sumido e levado a Letícia da clínica, pensamos logo no furto dos documentos do Jorge. Sua irmã nunca aceitou as evidências e continuou procurando você desesperadamente até agora. Foi por ela que nós não te denunciamos por sequestro.

— Vocês estão doidos? Meu irmão não é sequestrador.

— Ele levou a Letícia do hospital e não se pode provar se ela decidiu por si mesma. Ele assumiu a responsabilidade por ela.

— Eu sei. Quando eu fiz isso, Valter, eu só queria tirar ela dali. Ela estava mal. Eu nem sabia da gravidez ainda. Só soube bem depois. Mas eu estou pronto pra assumir qualquer responsabilidade se for necessário.

Lia ouvia tudo isso estonteada. Ela chegou a passar mal e o delegado a amparou, achando mesmo que ela ia desmaiar. Pediu um copo de água e logo lhe foi medida a pressão. Ela estava bem e resolveu entrar no quarto.

— Jorge. Pai. Mãe.

— Letícia.

— É, sou eu. Jorge, você fez uma ocorrência do meu desaparecimento? Da possibilidade de sequestro? Você fez a denúncia à polícia na época?

— Não, Letícia, não fiz.

— E você, mamãezinha querida, fez o quê?

— Eu não fiz nada. Eu já imaginava que vocês estivessem juntos. Os documentos do hospital eram evidentes com a foto dele e tudo.

— E você, papai?

— Também não fiz nada, porque Lúcia não quis comprometer o irmão dela. Foi isso.

— Então você, sua vagabunda, é irmã do Ângelo?

— Sou, sua louca. Sou irmã dele. Sou a irmã dele.

— Então, se não teve denúncia, não teve B.O., não teve crime. Não é, delegado? Tudo isso que vocês falaram é conversa fiada. Só isso.

— Ao menos que haja uma denúncia agora.

— Denunciar o que, delegado? Eu posso provar que não fui sequestrada. Que estou bem. Muito bem, longe de todos vocês. Vocês estão muito bem sem mim e poderão continuar felizes e me deixarem em paz. A gente nunca foi uma família feliz e nem vai ser. Cada um cuida de si e todo mundo fica bem.

— E você vai ficar longe dele também. Meu irmão já sofreu muito do seu lado.

— Escuta aqui, sua vagabunda, o Ângelo vai sair desse hospital e vai para casa, ou vai para onde ele quiser. Ele não está amarrado em mim, não deu para perceber, sua puta?

— Deu pra perceber que ele está bem. Veja só como ele está bem neste hospital, com dois tiros que quase o mataram.

— Tá bem, Lúcia, sua quenga. Seu irmão já está bem crescidinho pra decidir a vida dele, pra saber o que quer da vida. Eu vim saber dele e vejo que está bem. Quando tiver alta ele decide a vida.

— E vai ser bem longe de você.

— Se você quer mesmo saber, nós nem estamos juntos de verdade. Eu quero vê-lo bem, mas não sei se quero continuar do jeito que estava. Ficar juntos sem estarmos juntos. Eu não sei se quero mais.

Enquanto as duas discutiam em altíssimo nível, Ângelo aproveitava para abraçar o filho que não via há anos e estava cada vez mais parecido com ele. Já era quase um homem. Tinha quatorze anos e Ângelo se lembrou de quando ele nasceu. Ângelo era um moleque de dezesseis anos, quase um menino ainda, e quem cuidou de seu filho durante todos esses anos tinha sido Lúcia, sua irmã.

Lia olhou os dois e sentiu uma imensa vontade de chorar. Lembrou-se se seus filhos, que nunca mais vira:

— Jorge, como vão as crianças?

— Rebeca já é uma mocinha. Jorginho está bem, mas sente muito a sua falta. Ele sente muito mais que ela.

— Tem algo de bom nisso tudo. Eu posso vê-los agora. Posso estar com eles outra vez.

— Alguém pretende fazer a denúncia? O pai? O marido? O amante? A mãe? A irmã? A sequestrada? Não? Ninguém mesmo? Então, rapaz, descanse um pouco e trate de se cuidar, porque quando tiver alta nós vamos conversar um pouco mais. Antes, só vou tomar seu depoimento por causa da tentativa de assassinato que sofreu. Se os senhores não se importam, quem vai fazer as perguntas para ele agora sou eu.

O delegado restringiu o depoimento de Ângelo aos tiros dados por Leo e a participação de Dito no episódio. Depois, ele saiu.

Com a saída do delegado, o médico pediu que deixassem Ângelo descansar. A visita estava encerrada. Ângelo pediu para Lia ficar um pouco mais.

— Você está bem? Onde você está?

— Estou bem. As crianças estão bem e está tudo bem. Descansa. Amanhã eu volto.

— Hei, onde você está? Está sozinha no casarão?

— Não. Estou com as crianças na casa de Alice. Ela nos hospedou por um tempo. Elsa e Sandro estão no casarão com Aninha.

— Alice, sempre ela. Mande-lhe um beijo meu.

— Farei isso. Mas direi que é um beijo no rosto.

— Está bem. Os outros eu guardo pra você.

Ele a beijou com carinho. Afagou seu cabelo e disse que a amava.

Ela saiu do quarto e, ao sair do hospital, não havia mais nenhum dos seus parentes. Agradeceu por isso. Estava no ponto de ônibus quando o delegado passou e lhe ofereceu carona. Ela relutou, mas aceitou.

Ao chegar à casa de Alice, onde a deixou, disse:

— Eu sinto uma inveja danada do amor que esse rapaz tem por você. Eu não teria tanta coragem. Talvez por que não conheça você o suficiente.

— Pode crer, delegado, o senhor não está perdendo nada.

CAPÍTULO LV

A força dos últimos acontecimentos afastou Lia da busca pelos proprietários do casarão, mas não afastou a ideia de sua cabeça. Quando a vida voltou à rotina, as coisas haviam se acalmado. Voltando ao ritmo normal, ela se preparava para rever os filhos que tivera com Jorge e podia cuidar novamente de seus assuntos prediletos: ter a posse do casarão e viver novamente uma vida com Ângelo em sua plenitude.

Ela sabia que o casarão era algo que dependia mais dela e em sua lista de prioridades havia um nome a ser procurado: Dona Emília.

Antes que Lia lhe dissesse boa tarde, Dona Emília lhe antecipou o cumprimento com um desaforo:

— Você não é nada honesta, moça. Disse que não sabia como estava o casarão só para obter as informações que precisava de mim.

— Eu também ficaria chateada se fosse a senhora.

— Não estou chateada nem surpresa. Só não quero perder meu tempo com você. Boa tarde.

— Boa tarde, Dona Emília. A senhora foi até o casarão e viu nosso trabalho. Viu tudo que construímos e reformamos.

— Moça, quando eu disse boa tarde não era um cumprimento. Era uma despedida. Por favor, vá embora.

— Não vou não. Só vou quando terminar meu assunto com a senhora. Com licença, vou me sentar. Sente-se a senhora primeiro, por favor.

— Nós não temos assunto algum, moça.

— Temos, sim, e a senhora sabe qual é. É o casarão.

— Vocês se apossaram da casa de Heidi. Você, aquele rapaz que levou os tiros, aquela moça com um filho e um bando de gente esquisita. Muito fácil invadir a casa dos outros e ainda usá-la para explorar mendigos. Isso só pode ser coisa de gente ladina como você. Ladina e danada você parece ser mesmo.

— A senhora tem toda razão. Nós invadimos o casarão. Estamos morando lá e estamos mesmo oferecendo trabalho e dignidade para alguns mendigos da cidade, sim.

— Mas além de ladina, você é muito abusada moça.

— E pode acrescentar nessa sua lista: ladina, abusada, desaforada, persistente, corajosa e disposta, muito disposta.

— Disposta a quê?

— Disposta a contribuir para ver a casa da sua amiga Heidi ter uma história mais feliz. Queimar aquela aura de tragédia e ver nascer das cinzas dela uma história nova, construída por novos atores e atrizes.

— Que atores, moça? Uma espertinha? Um bando de mendigos? Um assassino? E umas mulheres que não se sabe bem o caráter?

— E uma senhora idosa que trabalha numa Prefeitura, que, sabendo quem é o atual proprietário do imóvel, poderia ajudar a mudar a história dessas pessoas e dar outro rumo ao sonho de felicidade que Heidi construiu tijolo por tijolo em sua breve vida, que teve um fim tão horrível.

— Você quer me envolver nessa loucura? Quer que eu participe disso tudo? Por que eu vou entrar nessa? Olha, moça, você entrou na casa da minha amiga, tomou posse dela, encheu de gente maluca igual a você sem saber quem viveu ali e como foi a vida dela.

— É, Dona Emília. A senhora sabe da vida de quem construiu o casarão décadas passadas. E também sabe bem como foram infelizes. Eu sei da vida de cada habitante do casarão e dos sócios da cooperativa, e também a vida deles não foi muito feliz até agora. Alegria e felicidade não são palavras muito comuns naquela casa.

— Quando você veio até a Prefeitura pela primeira vez, eu lhe disse que aquela casa era amaldiçoada, que era melhor você escolher outra para comprar, que ninguém vai ser feliz naquele lugar nunca.

— Mas a senhora já concluiu, por causa dos acontecimentos, que eu não quero e nem posso comprar o casarão, porque eu não tenho como comprar nada, dadas as condições e possibilidades de minha existência, e nem a cooperativa tem caixa para tanto.

— Depois que eu estive lá e depois do que vi na TV, eu achei que você nunca mais fosse me procurar de novo.

— Minha vida deu um giro muito rápido nas últimas semanas, mas eu sou muito teimosa e não desisto fácil dos meus objetivos. Dona Emília, eu sou membro daquela cooperativa que a senhora viu na TV. Eu sei que a senhora esteve lá e viu a reforma que fizemos procurando respeitar o estilo, porque ele é muito bonito e rico em detalhes. Existem alguns detalhes que a TV não mostrou. Eu penso que pessoas como a senhora merecem e precisam saber mais. Vim aqui hoje para convidá-la a, realmente, conhecer a casa de Heidi. Esse é o nome do local desde que conheci a história do casarão. Sinta-se à vontade para nos visitar qualquer dia. Se preferir, venho buscá-la.

— Quem sabe, moça.

— Eu e os demais cooperados esperamos a senhora lá. Agora eu preciso ir.

— Boa tarde, moça.

— Boa tarde, Dona Emília. Sinceramente, gosto muito da senhora.

À noite, quando voltou para casa, Lia encontrou Ângelo terminando de fazer o jantar. Ele já estava bem. Ainda não voltara a trabalhar. Estava se recuperando. Era testemunha de defesa de Dito.

Quando foram dormir, Lia contou-lhe a visita que havia feito a Dona Emília:

— Eu não acredito. Você é mesmo sem noção. Agora seu trunfo é chamar o casarão de "casa de Heidi"?

— Foi o que eu disse para ela.

— E ela acreditou?

— Não sei, mas espero que esse argumento tenha ficado na cabeça dela, afinal, seria uma bela homenagem à amiga dela.

— Mas é muita cara de pau. Você nunca discutiu essa questão na cooperativa. A maioria dos cooperados nem conhece a história do casarão, nunca ouviu falar de Heidi nenhuma.

— Claro que não. Eu tive essa ideia hoje, lá na hora. Como é que eu ia dizer isso para os outros da cooperativa antes?

— Então, isso não é argumento. Isso se chama chantagem emocional. Esse é o nome. Chantagem emocional. Você está usando do sentimento de Dona Emília e nem se dá conta. Você mesma não se dá conta do que faz porque nem para pra pensar que é uma atitude totalmente antiética.

— Chegamos à palavra. Ética. Ética. Ética. É a sua preferida. Seu dicionário começa com É e termina com ética.

— Deve ser pra compensar que no seu ela não existe. Onde já se viu chantagear uma senhora idosa, saudosa de uma amiga do passado por quem ela sofreu tanto ao perder?

— Ah, dá um tempo, Ângelo. Dona Emília já teve tempo suficiente para se recuperar dessa perda. E é bom que tenha conseguido, porque o tempo dela está acabando.

— Eu não preciso ouvir isso. O bom disso é que até você já percebeu que a casa é de outro dono. Até você já percebeu com o nome que deu. "A casa de Heidi".

— Mas não é mesmo. A casa é da cooperativa e esse singelo nome é só para adoçar a boca de Dona Emília de maneira que ela resolva abri-la. Espero que funcione.

— Eu estou com sono e cansado. Ainda sinto dor.

— Quer um analgésico?

— Não. Já tomei. E os seus remédios. Tomou?

— Já tomei. Boa noite.

COLIBRI

Lúcia ia visitar Colibri sempre que podia e, numa visita, soube de um ônibus fretado que saía próximo de seu trabalho. Melhor assim, não precisava explicar para o Vitor as coisas que levava para o irmão. Era só fazer as compras, deixar no serviço e depois pegar o ônibus e ir até o presídio visitar o irmão.

A rotina não era muito ruim. Levava fotos e cartas do Vitor, que ela dizia que ia colocar no correio.

Colibri respondia pelo correio mesmo. A carta era trazida pelo correio e Vitor ficava muito feliz quando seu pai escrevia para ele.

Lúcia fazia o trajeto naquele ônibus fretado, barulhento, com aquele barulho insuportável de criança chorando. Ela nunca entendeu pa que as mães levavam os filhos para uma cadeia. Por que elas queriam que seus filhos vissem seus pais ali dentro? Será que ver o pai numa cadeia era bom para crianças e adolescentes tão jovens? Será que estar com o pai uma vez por semana, mas saber que ele não poderia ir embora junto com eles, era bom para aquelas crianças? O Vitor ela não levaria nunca. Nem Colibri queria vê-lo ali. Nunca. Isso ela só pensava, porque falar ali dentro, nem pensar.

— Colibri, quero te dizer uma coisa.

— Então diz.

— Eu arrumei um namorado e ele me convidou para morar com ele.

— E você aceitou?

— O que você acha? Devo aceitar?

— Eu não sei. Ele te ama? Você gosta dele?

— A resposta é sim. Acho que ele me ama, sim. Eu também acho que o amo.

— Então segue seu coração e faz o que ele mandar.

— Ele está mandando eu ir.

— Então obedece seu coração. Só ele.

— Eu te amo.

— Como vai ficar o Vitor?

— Ele vai comigo, é claro. Valter quer o Vitor morando junto comigo. Ele vai arrumar uma casa pra gente. Acho que vai ser bom. Vai ser bom, sim. Você nunca viveu com ninguém. É uma experiência nova e se é pra ser feliz, que seja agora.

Colibri não gostava de cobrar nada de ninguém e não seria de Lúcia que ele ia cobrar.

Lúcia não lia as cartas que Colibri e Vitor trocavam. Se lesse, saberia que Vitor contava pro pai tudo o que acontecia, principalmente, já havia contado há seis meses que ele e a tia haviam se mudado pra um apartamento do outro lado da cidade, num bairro em que Lúcia jamais poderia bancar sozinha. E que Valter era um cara legal e Vitor frequentava uma escola muito boa, particular. Sabendo disso tudo, mas sem dizer nada a irmã, Colibri se despediu dela com um beijo e um:

— Muito obrigado por tudo.

CAPÍTULO LVI

Quando Ângelo chegou ao casarão, encontrou Lia deitada. Eram quase quatro horas da tarde e ela nesse horário costumava estar na marmoraria. Estranhou.

— Hei, você está bem?

— Estou.

— Tem certeza disso? Faz tempo que você não dorme assim. Parece que você não está bem não.

— Eu estou bem.

— Eu posso confiar nessa resposta?

— Não, não pode.

— É? Então me conta o que houve.

— Fiz uma besteira. Causei um prejuízo à marmoraria. Esqueci de fazer um pagamento na data certa e o valor da multa é uma extorsão. O lucro da rapaziada foi pro ralo este mês. Eu não tenho como pagar pra eles.

— Eles já sabem?

— Já. Já sabem. Só não falei ainda pro Dito. Vou vê-lo esta semana e vou contar.

— Como eles reagiram?

— Tentaram me animar, se mostraram tranquilos, mas eu sei que eles não gostaram. Foram compreensivos porque não tinham mais o que fazer. Eles não devem ter grana guardada para se virar até a próxima entrada.

— É, eles estão compreensivos porque já ganharam muito com você resolvendo a vida deles. Eu já ouvi o Caio dizer que nunca viu tanta grana regularmente.

— O Leo não pensava assim. Vivia reclamando do que recebia. Vivia dizendo pro Dito que não valia a pena trabalhar.

— É. Esse não vai te incomodar nunca mais. Nem reclamar da vida. Na verdade, eu penso que é muita coisa ao mesmo tempo na sua cabeça. Você precisa tratar de uma por vez. Precisa se respeitar um pouco mais.

— Agora que as coisas estão um pouco mais calmas, que você já está cada dia melhor, dá pra ver as coisas menos tristes. Foi ao médico?

— Fui.

— E daí?

— Na próxima talvez eu esteja de alta. Ele vai me dar alta.

— Você vai voltar a trabalhar com o Dr. Heitor?

— Essa é outra história. Passei lá no DRH depois do médico. Fui ver minha situação. O pessoal aproveitou para me zoar. Riram muito da minha cara. Perguntei como estava minha situação. Eles disseram que eu estou de licença médica.

— E é isso mesmo.

— Você passou lá e deixou os papéis de minha internação e eles me deram licença médica.

— Estão corretos.

— Eu só não sei se quando voltar ao trabalho ainda vou ter um emprego.

— Se não tiver, arruma outro. Agora você já tem documento e experiência. E sabe que não está doente. Só acidentado. Mas vai à luta.

— Você tem tomado seus remédios regularmente?

— E você me deixa esquecer?

— Quando eu não estava aqui você tomou?

— Tomei.

— Certinho? Direito?

— Teve dia que esqueci, mas depois retomei e tomei direitinho, doutor. Mesmo na casa da Alice eu tomei.

— Alice tem vindo quase todo dia aqui e entrevista as pessoas da cooperativa. Renata e Denise tiram fotos de todos. O que elas estão fazendo?

— É para o concurso, lembra?

— Qual?

— Aquele dos projetos sociais, que você trouxe a proposta depois daquela excursão ecológica. O concurso sobre ecocidadania. Eu perdi o tempo, não sei em que pé que anda. Isso me deixa ansiosa, quando eu não sei como as coisas estão acontecendo.

— Fica calma que tudo dá certo. Vem cá. Deixa eu te abraçar um pouco. Fica aqui no meu colo e descansa. E se a cooperativa não ganhar o prêmio, não tem problema algum. Ninguém vai morrer por isso.

— Você acha que o Dito será absolvido?

— Acho que não. Mas ainda assim vai ficar tudo bem. Ele se vira bem por lá. Vai dar tudo certo.

CAPÍTULO LVII

Quando Lúcia aproximou-se do casarão seu peito arfava, seu sangue circulava com a velocidade de um jato, não conseguia respirar direito. Ela só tinha um irmão, era Ângelo. Se tivesse outro igual a ele não estaria mais viva. Ele era uma pessoa linda, muito boa, cheia de amor no coração, mas nunca conseguia viver em paz. Estava sempre envolvido em muita confusão. Ela nem sempre conseguia ajudá-lo.

Chegaram ao casarão, Lúcia, Valter, seu marido, e a ex-esposa dele, a mãe de Letícia, Estela. Encontraram Aninha preparando a sopa e algumas mulheres fazendo artesanato. Havia também uma oficina de camisetas bordadas. Elas todas trabalhavam bem animadas.

— Boa tarde.

— Boa tarde, moça.

— Eu gostaria de saber se a Letícia está.

Todas se olharam meio confusas e não responderam a contento. Chamaram Aninha.

— Boa tarde, moça. Eu gostaria de saber se a Letícia está? É aqui que ela mora, não é?

— Letícia? Gente, vocês conhecem alguma Letícia?

— Não.

— E o Antônio? Quer dizer, Ângelo?

— O Ângelo está lá em cima. Ele deve está dormindo. Ele está meio doente.

— Desculpa, moça, eu nem me apresentei. Meu nome é Lúcia. Eu sou a irmã do Ângelo. É assim que vocês o chamam? Ângelo?

— É assim mesmo. Eu nunca gostei do meu nome, mas agora resolvi assumi-lo. Seja bem-vinda. Entre. Suba aqui. Ou melhor, deixa que eu vou te buscar aí embaixo.

Ângelo estava acordado, brincando com as crianças, que ele não levara à creche aquele dia. Lúcia quando chegou e foi logo beijá-lo e abraçá-lo. Não se conteve e chorou muito. Ora o beijava, ora o espancava, dando-lhes tapinhas no rosto.

— Se você continuar batendo assim, daqui a umas três horas começará a doer.

— Seu infeliz. Por que não me procurou quando saiu do hospital? Será que eu vou precisar passar a minha vida toda correndo atrás de você?

— Não precisa se preocupar comigo, maninha. Eu já sou homem feito faz tempo.

— É aqui que você mora?

— Por enquanto.

— Por que não foi lá pra casa quando teve alta do hospital? Eu queria cuidar de você. Faria bem melhor que isso.

— Eu sei, mas você não conhece o tamanho da encrenca em que eu me meti dessa vez. Como vai você, Valter? Senta. A senhora também, Dona Estela, por favor.

— Vocês moram aqui faz tempo, Ângelo? É estranho lhe chamar de Ângelo. Sempre o conheci como Antônio.

— Então deixe eu me apresentar direito. A senhora merece. Meu nome é Ângelo Antônio de Alencar.

— Lindo seu nome. É lindo mesmo.

— Obrigado. Nós chegamos aqui faz três anos aproximadamente. Estamos nesta casa há isso.

— Cadê minha filha?

— Sua filha é uma mulher muito ocupada. Acho que deve estar na marmoraria agora.

— Na marmoraria onde houve o assassinato?

— É lá mesmo. Ela trabalha lá também. E aqui e num supermercado e numa farmácia e onde mais aparecer gente que monta negócio e não sabe fazer contabilidade. Ela visita os clientes, coloca os papéis em dia e continua cuidando da vida financeira deles.

— Essas crianças são filhas dela?

— É, são nossas.

— Qual que é a personagem da história da clínica que você contou no hospital? Aquilo é verdade mesmo?

— É essa moça linda aqui. Diz oi pra vovó, diz. E tudo que eu disse no hospital é verdade. O bom é que com ela aqui nós não teremos problema algum para nos defender num tribunal. É o fruto lindo e inocente daquela história sórdida.

— Que loucura. O que Letícia foi capaz de fazer com ela mesma? E vocês estão juntos desde então.

— É. Estamos.

— E essa outra moça aqui, Ângelo. É mais nova que a outra?

— Essa história é muito triste, eu conto outro dia. Ela é linda como a irmã.

— Tem coisa pior para contar?

— É. Eu não sei se é pior, porque não tem parâmetro, mas é barra pesada também.

Lúcia ouviu a voz de Lia lá embaixo conversando com as mulheres que trabalhavam na cooperativa.

— Cheguei em casa. Chega de trabalho. Estou exausta e de saco cheio. Nunca estive tão cansada.

— Oi, Lia.

— Oi, Aninha. Você sabe se o Ângelo foi buscar as crianças na creche?

— Hoje ele nem levou as criança. Elas estão lá em cima. E vocês têm visita de gente bem arrumada.

— Visita é? Quem é?

— Disse que era irmã dele.

— Essa não. Tô subindo.

Levou um tempo para todos lá em cima voltarem a respirar. Foi quando Lia abriu a porta.

— O que está acontecendo aqui?

— Calma, Lia. Tá tudo bem.

— Tudo bem nada. O que esse cara está fazendo aqui em casa, Ângelo? E essa vagabunda? Sai daqui agora. O que ele faz com minha filha no colo? Ângelo, faz alguma coisa.

— Calma, Lia. Tá tudo bem. Já conversamos. Eles nos encontraram. Foi só isso. Vamos lá fora conversar um pouco.

— Tira minhas filhas daqui.

— Crianças, vamos lá para o quarto nós quatro. Vamos lá.

— Calma, Lia. Agora te acalma. Nós temos que provar pra eles que você está bem. Presta atenção. Não surta. Fica em ti.

Ângelo a abraçou com força e Lia não aguentou e chorou muito, ficando com o rosto inchado e com dor de cabeça. Voltaram para a sala e deixaram as crianças no quarto, com a TV ligada num desenho e a porta aberta, de modo que eles as vissem e pudessem intervir se necessário.

— Letícia, eu tenho te procurado desde que você saiu do hospital. Nós não tivemos mais paz desde que você sumiu.

— Que lindo, mamãezinha querida. Pra quê?

— Letícia, nós precisamos saber o que aconteceu. Por que você assumiu seu apelido de infância como nome. Por que vocês moram aqui?

— Vamos lá... É isso que vocês querem. Eu nunca fui de fugir de briga, muito menos com vocês.

— Letícia, nós não viemos aqui para brigar. Queremos conversar apenas. O que foi que houve com você? O Ângelo disse que vocês estão juntos nesta casa há três anos.

— Pra falar a verdade eu não entendi essa história de você trazer meu irmão pra morar aqui. Você não merece mesmo meu irmão!

— Calma, gente. Vamos manter o nível. Esse rumo não está bom. Vamos começar de novo.

— É, não é hora de brigar, mesmo. Desculpa, mano.

— Cala a boca! Cala a boca! Eu odeio você! Sai da minha casa!

— Calma, gente. Vamos sentar. Lia, se acalma.

— Eu não posso olhar pra ele, Ângelo. Não quero me lembrar dele com minha filha no colo. Não quero e não posso.

— Calma, Lia. Senta. Me dá tua mão. Fica pertinho de mim. Assim. Senta.

— Lia. Você destruiu a vida do meu irmão.

— Por favor, Lúcia, depois.

— Com ela por perto, você sempre deixa pra depois. Olha só aonde vocês chegaram.

— Cala a boca, sua vagabunda! Você pensa que é quem? Tá casada com esse cara e do lado da minha mãe! Dando uma de irmãzinha preocupada. O que ele te disse? Que eu sou doida? Que eu invento coisas? Que eu viajo? Que eu minto? É isso que ele te disse?

— Ele não me disse nada. Eu vi você atirar no Ângelo. Para mim isso já é o suficiente.

— Eu atirei nele porque pensei que ele era seu amante, sua vagabunda. Pra quem tava chifrando a minha mãe, não custava nada chifrar meu pai também.

— E sair atirando nas pessoas é modo de descobrir as coisas?

— Não é não. E eu me arrependo muito disso, porque feri seu irmão, mas adoraria ter acertado você, assim não olharia mais na sua cara. Nem na de seu marido. Nem na sua, mamãezinha querida. Como é que você consegue vir aqui com eles dois? Ela e o marido dela, que era seu marido.

— Letícia, as coisas mudaram muito desde que vocês sumiram.

— Parece que não. Quando eu cheguei aqui, ele estava com minhas filhas no colo, igualzinho fazia comigo. Me punha no colo e me explorava. Sabia disso, sua vagabunda?

— É isso? Do mesmo jeito que fazia com suas irmãs? Que passaram anos em terapia sem nenhum sintoma de que isso fosse verdade?

— Você está sabendo então? Ele mesmo te contou?

— Ele não. Sua mãe, suas irmãs, suas tias, a família toda. Que nunca comprovou nada disso.

— Procuraram saber?

— Suas irmãs me contaram tudo.

— Aquelas moscas mortas? Contaram o que, a Songa e a Monga?

— Contaram do síndico do prédio, do zelador da escola e do pipoqueiro; do professor de Educação Física e do seu colega de turma.

— Ficou maluca, sua vagabunda?

— Não, Letícia. Estou falando de todos os amantes imaginários que você criou. Dos seus delírios de abusos e estupros. Todos eles.

— Gente, calma. É preciso que a gente se entenda.

— Ângelo, pra isso acontecer ela precisa viver a realidade. E eu não tenho mais paciência. Ela quase acabou com meu casamento. Acabou com o casamento da mãe dela. Destruiu sua vida, tentou te matar. Eu estou te procurando feito uma desesperada, pensei até que você tivesse morrido. Ela quase acabou com a minha vida e a dos filhos dela. E a do seu filho também. Isso não vai ficar assim.

— Mana, eu adoro você, mas...

— Que coisa linda... A família reunida.

— Dá um tempo, Lia.

— Mana, pega leve. Não dá pra resolver nada agora. Dessa forma a gente não vai conseguir se entender. É melhor todo mundo aqui se acalmar.

— Ângelo, você precisa decidir se livrar dessa louca, voltar para sua vida e começar de novo.

— Eu não consigo viver outra vida, Lúcia. A Lia faz parte da minha vida. Eu te peço, por favor, que você entenda isso.

— Mesmo depois do tiro?

— Desculpa, mana, mas isso foi só o começo. Nós vivemos outras situações horríveis depois disso. Muita coisa mudou. Nós temos duas filhas, minha vida agora são elas. As três.

— Suas filhas, tudo bem.

— Minhas filhas e da Lia.

— Lúcia, meu bem, vamos embora. Outro dia a gente volta aqui e recomeça essa conversa. Você já viu seu irmão. Ele está bem e já tomou sua decisão. Vamos embora.

— Eu acompanho vocês até o carro.

— Letícia, se cuida, querida.

— Obrigada, mamãezinha querida. Vou me cuidar por você. Papaizinho do meu coração, vou me cuidar por você também. Querida madrasta, vou me cuidar por você também. E todos seremos felizes.

— Por favor, Ângelo, meu irmão, vamos lá que aqui o ar está irrespirável.

— Voltem para casa tranquilos. Eu estou bem. Lia também. Apesar de não parecer muito hoje, ela está se cuidando muito.

— Ângelo. Eu preciso que você acredite em mim. Nada demais aconteceu que não fosse o normal entre um pai e uma filha. Eu sempre soube respeitar minhas filhas. Todas elas. A Letícia sempre teve esses problemas.

— Pra mim, se houve ou não houve nada, Valter, é indiferente. Eu não quero saber de passado de ninguém. Eu só quero que a Lia esteja bem agora. E falando nisso, eu vou entrar,; porque ela deve estar precisando de mim. Não se preocupem comigo. Beijos. Vão em paz.

CAPÍTULO LVIII

Luís Eduardo foi a até o casarão e disse que tinha novidades sobre o caso de Dito. O advogado que cuidava do caso era outro, mas ele podia ir dar as notícias. Afinal, era amigo deles todos.

— Boa noite, moça bonita.

— Boa noite, doutor advogado.

— Devo chamá-la de Lia ou de Letícia? Tem um terceiro nome?

— Tem, na verdade tem. É Letícia Regina. Mas pra você é Lia. Meu nome de verdade agora.

— Está bem. O delegado me procurou para saber se eu seria o seu advogado num processo, se houvesse denúncia. Ele tá doido para pegar alguma irregularidade na marmoraria. Ele não acredita na regeneração do pessoal de lá. Disse que tinha um especial interesse nesse caso. Posso te perguntar uma coisa?

— Pode.

— É íntima!

— Pode.

— Ele te cantou? Aquele safado? Estou perguntando isso porque sempre que nos encontramos, e nos encontramos quase todo dia, ele vem puxar conversa e dá um jeito de tocar no seu nome.

— Uns dias depois da morte de Leo, ele me deu uma carona e insinuou que queria me conhecer melhor, mas foi só isso.

— Tem alguma coisa que eu não saiba direito e que possa ajudar no caso do Dito?

— Acho que não. O que ele ouviu no hospital foram coisas do passado. Antes de conhecermos o Dito e tudo isso aqui começar. Coisas sobre minha vida e a vida do Ângelo. Coisas da minha família. Meu pai, minha mãe. Coisas assim.

— Se precisar, sabem que podem contar comigo.

— Tá certo. Obrigada.

— O que me trouxe aqui é o julgamento do Dito. Apresentaremos a tese de legítima defesa da vida de um terceiro. O Ângelo é nossa testemunha e Caio a testemunha ocular.

— Ele vai depor?

— Já disse que vai.

— Esse depoimento não o compromete também? Afinal, ele estava lá.

— Se o testemunho dele e do Ângelo não se contradizerem, não terá problema e ajudará muito o Dito.

— A Elsa também vai testemunhar?

— Ela, você. O pessoal todo da marmoraria e quem mais conheça o Dito. A gente quer que ele saia de lá conosco. Se não der, pelo menos que não fique muito tempo trancado.

— Você acha que ele tem alguma chance de sair livre?

— Tudo depende do testemunho de cada um que se apresentar. Já está contando a nosso favor o fato de ter muita gente querendo testemunhar espontaneamente.

— Dito é muito querido.

— O problema é que ele tem um passado comprometedor, cheio de passagens pela polícia. E a Justiça não é muito tolerante com essas pessoas.

— Espero que tudo dê certo. Nós vamos ficar juntos para fazer acontecer.

— Falando em fazer acontecer, a Alice não está por aí?

— Alice? Ela marcou com você?

— Marcou aqui. Disse que queria gravar um depoimento meu para um concurso. Eu vim mesmo para isso.

— Que legal, Luís! Eu estou meio por fora deste assunto do concurso, mas se ela marcou, ela vai chegar. Espera um pouco. Quer um chá?

— Aceito, se não for te incomodar.

— Está aqui. Veja se você gosta.

— Está divino. Agradecido.

— Então você vai ser gravado hoje?

— A Alice me convidou para falar sobre a cooperativa porque eu sou o advogado que assinou a ata de fundação.

— E auxilia gratuitamente toda a questão legal envolvendo a cooperativa.

— Não faço muito. Você não dá motivo. Está sempre tudo muito certinho e em dia.

— Boa noite. Posso entrar.

— Sempre, Alice.

— Desculpe-me a demora. Não queria deixá-lo esperando, mas tem umas mães que ninguém merece nessa creche.

— Oba, é comigo. Essa é comigo. O Ângelo não foi buscar as crianças na hora?

— Não é não. O Ângelo já passou lá faz tempo. Ele levou as crianças para tomar sorvete na praça. Passei lá e ofereci uma carona, mas elas não quiseram deixar o sorvete. Ele disse que vinha a pé depois, devagar, com elas.

— Fiquei com uma criança lá até agora. A mãe se esqueceu de ir buscá-la.

— Tem disso também? Mãe se esquecer de ir buscar filho na creche?

— Ah, o doutor está surpreso? Deixe eu lhe contar mais depois. Outro dia lhe faço um relatório.

— E vocês encaminham o caso ao Conselho Tutelar?

— Quando passa a ser corriqueiro, sim, sem dúvida. Nesse caso de hoje não precisa. Só dei uma bronca.

— Realiza doutor, Alice dando bronca. Com essa voz bem baixinha assim: "Por favor, mãe, a senhora precisa cuidar melhor de seu filho, dar mais amor pra ele, dar banho nele todos os dias".

— Ela me imita direitinho. Até o jeito do cabelo.

— É que eu já passei por isso. Eu chegava lá atrasada, certa de que iria ser esculhambada como fui em outras creches, e ela falava assim, bem baixinho, bem carinhosa comigo. Saía de lá aliviada.

— Não era melhor que ser esculhambada? Não ia resolver o problema mesmo.

— E se estivesse chovendo ainda recebia uma carona.

— Esse tratamento era só pra você.

— E as mamadeiras que ela manda escondidas na mochila da criança para a criança mamar de madrugada! E isso eu sei que não era só com as minhas.

— Você é muito especial, Alice. Eu já soube disso.

— Eu sou mesmo é sentimental, doutor. Trabalho com educação porque amo o que faço e não consigo não me envolver, por isso estou aqui para fazermos sua entrevista, mas parece que não sou só eu que me envolvo além do profissional por aqui.

— Gostaria de me envolver mais, mas o tempo de um advogado é muito restrito. Não dá nem tempo de namorar.

— Pra namorar tem que dá tempo, não é Alice? Tem que arrumar tempo de qualquer jeito.

— Tempo e a pessoa certa, Lia.

— Mas a pessoa certa a gente só acha entre as erradas. Tem que ir testando. Essa serve. Essa não. Essa também não. Volta pra primeira e assim vai.

— Até achar quem se procura.

— Muito bem, doutor. Quem procura, acha.

— Podemos ir à entrevista, doutor Luís Eduardo?

— Podemos sim, Alice, mas o doutor fica para o escritório, tá bem?

— Desculpe-me, doutor. Está bem.

Depois de gravar a entrevista com Luís Eduardo, Alice pede para conversar com Lia mais um pouco:

— Você já fez todas as entrevistas que queria?

— Já. A do Luís Eduardo era a última. Pelo menos as minhas. Renata e Denise ainda têm algumas.

— Eu estou bem chateada de não estar acompanhando esse projeto do concurso com vocês, mas não dava mesmo, minha cabeça está a mil. Se eu fosse tentar fazer mais isso poderia até atrapalhar.

— Sua vida se complicou bastante ultimamente, quer dizer, eu acho, porque não entendi muito bem nada do que se passou. E nem tenho muito o que querer entender.

— Alice, um dia quando a gente tiver bastante tempo, mas põe bastante tempo nisso, a gente senta e eu te conto tudo, com detalhes.

— Quem sabe quando a gente se aposentar teremos bastante tempo!

— Será que a gente ainda vai poder escutar?

— O quê?

— Eu disse: será que a gente vai poder escutar?

— O quê? Eu não ouvi? Como é? Eu não ouvi.

— Essa foi boa. Eu cai direitinho. Valeu.

— Mas o que eu tenho para te contar não é tão engraçado. Aliás, não é nada engraçado. É muito triste.

— O que foi?

— Você tem ido a Prefeitura ver a situação do casarão?

— Tenho. Sempre passo lá, mas não consegui mais falar com Dona Emília.

— Esta semana você foi?

— Não, Alice. Esta semana eu estive bem ocupada e um pouco sonolenta demais. Teve tardes que eu passei dormindo mesmo.

— Lia, eu tenho amigos na Prefeitura.

— E daí?

— Ah, eu não sei como começar...

— Sabe, sim. Sabe como começar. Vai direto ao assunto.

— Está bem. Eu fui ontem à Prefeitura. As pessoas que eu conheço por lá estavam tristes porque Dona Emília morreu.

— E não me disse quem é o dono do casarão?

— Nossa, estou surpresa! Pensei que você ficaria triste.

— Mas eu estou triste. Como ela morreu?

— Ela morreu na Santa Casa. Pediu ajuda por telefone, foi à Santa Casa, foi internada e ficou uma semana. Até que alguém avisou a Prefeitura porque ela não tinha parente nenhum.

— Certa vez ela me falou de uns sobrinhos, que ela ajudava a sustentar com o salário da Prefeitura.

— Ela era voluntária. Não recebia salário. O único sobrinho que contataram é um padre de sessenta anos.

— Então não era só o final da história de Heidi que mudava sempre. Ela era uma contadora de histórias. E não me contou quem era o dono do casarão...

— O apartamento em que ela morava era alugado e o proprietário vai doar os móveis dela. Eu fiz um pedido em nome da cooperativa para ficarmos com o computador. Vou pedir para alguém da Prefeitura trazê-lo aqui esta semana mesmo. O computador, a impressora e a mesa. Será patrimônio da cooperativa. Nós poderemos digitalizar todos os cadastros. É mais trabalho pra você no começo, mas facilita sua vida depois. Mas tem uma notícia estranha. Eu não sei se é boa ou se é ruim...

— Manda. Eu estou preparada pras duas possibilidades.

— Eu fui à Prefeitura e passei nas rendas imobiliárias. Alguém pagou todos os impostos do casarão.

— Como assim?

— Lembra que você colocou na reunião uma vez que havia uma dívida estratosférica em impostos?

— Claro que lembro. Alguém pagou tudo aquilo de imposto?

— Não é estranho? Será que é uma boa notícia?

— Não sei, Alice... Por que alguém faria isso? Agora? Depois de todas as benfeitorias que fizemos aqui?

— Foi nisso que eu pensei. Tem vindo tanta gente aqui e depois do crime na marmoraria apareceu tanto na TV. Quem estaria interessado no casarão?

— A ponto de pagar uma fortuna em impostos? Será que ele negociou ou pagou em dinheiro? Podia ter feito outra coisa com o dinheiro. Eu teria negociado desconto e prazo.

— Você recebeu alguma resposta das cartas que enviou a Alemanha?

— Recebi as mesmas de volta. Estão aqui. O destinatário é desconhecido, não mora mais no local. Deve ter morrido. É gente muito velha.

— Espero não ter deixado você triste, nem preocupada. Não queria que fosse assim.

— Fica em paz, Alice. Eu estou bem.

— Então, Lia, boa noite.

— Boa noite? Por quê? Já está saindo?

— Oi, Ângelo. Eu estou indo mesmo. Boa noite pra todos. Não sei como você consegue carregar essas duas moças dormindo desse jeito.

— É a prática. Vou levá-las para a cama.

— Então, boa noite de novo. Boa noite, Lia.

— Obrigada, Alice.

CAPÍTULO LIX

Certa tarde Lúcia chegou ao casarão. Veio dirigindo em companhia de dois adolescentes. Um casal. Ela com treze anos e ele com onze, mas já se considerava um homem.

— Boa tarde. Por favor, a Lia está?

— Está lá em cima, trabalhando.

— Alguém poderia chamá-la?

— Depende de quem quer falar com ela.

— Ah, é a irmã do Ângelo, não é?

— E você é a mesma moça que me atendeu da outra vez. Prazer, meu nome é Lúcia.

— A senhora já se apresentou. Muito prazer, meu nome é Ana. Eu vou chamar a Lia. Desculpe a forma como as pessoas falam por aqui, mas é que nós já está cansado de perder tempo com gente curiosa depois do acontecido na marmoraria. Acabou que sobrou pra nóis tudo também. Espere aí que eu vou lá chamar.

— Lia...

— Oi, Ana.

— A irmã do Ângelo tá aí, com duas criança. Quer dizer, uma moça e um rapaz. Tá chamando você.

— Ana, como são essas crianças?

— Uma moça bem branquinha, loirinha, e um rapazinho bem bonitinho também.

— Deixa que eu vou descer. Obrigada.

Lia desceu as escadas do casarão. Segurava no corrimão como quem segurava a própria existência. Chegou ao térreo. Olhou. Eram eles: Rebecca e Valter. Seus filhos.

— Mãe, você está bem?

— Mãe!

Lia não conseguia falar. Não respirava. Seu coração vinha à boca. Ela só chorava. Eles também. Ninguém deu um passo sequer. As mulheres que trabalhavam no artesanato ficaram caladas, vendo Lia se dissolver em lágrimas.

— Vão lá. Abracem sua mãe. Não foi pra isso que vocês quiseram vir?

Sem responder, correram e obedeceram à ordem de Lúcia. Abraçaram, beijaram. Choraram e choraram.

— Venham aqui pra dentro. Venham conhecer onde eu estou morando agora.

— É verdade, sim. São duas mocinhas lindas.

— Cadê elas? Eu sempre quis ter uma irmã.

— Elas ainda não chegaram, estão na creche, mas daqui a pouco elas estarão aqui. Vamos entrar. Vamos subir.

— Mãe, eu tenho tanta saudade de você.

— Eu também, meu querido. De vocês dois. Dos dois. Lúcia, quer subir também?

— Meu irmão está?

— Não. Ele já voltou ao trabalho. Daqui a pouco ele chega.

— Eu posso ficar aqui olhando esse trabalho lindo de vocês?

— Claro! Se a senhora quiser nóis até ensina fazer.

— Será que eu aprendo?

— Aprende, sim. É só ter vontade.

— Então eu fico por aqui. Deixa vocês três se curtirem um pouco a sós. Talvez tenham muito para falar.

Ter a visita dos filhos era muita novidade. Dos dois, ainda por cima, era demais. Ela estava meio tonta com tanta emoção ultimamente que nem percebeu quando Ângelo se aproximou com Lúcia e as crianças.

— Olhem, moças, essa é sua irmã mais velha. Quer dizer, vocês têm um irmão mais velho, mas esse vocês conhecem depois.

— Elas são as meninas que a Lúcia falou?

— São elas mesmas. Não falei a verdade? Não são lindas?

— Oi, boneca. Meu nome é Rebecca.

— Oi. O meu é Valter e eu sou seu irmão também.

— Ângelo, eu trouxe um lanche pra nós. Deixei no carro. Me ajuda a trazer?

— Não precisava trazer lanche. Nós podemos arrumar alguma coisa pra comer por aqui mesmo. Daqui a pouco eu vou fazer a janta.

— A gente toma o lanche e conversa um pouco. O que vocês acham?

— Eu acho ótimo, porque eu estou morrendo de fome!

— Você vive morrendo de fome, moleque.

— Já que você está morrendo de fome e parece que tomou fermento, vamos ao carro buscar a comida toda. Nós dois que temos força para carregar. E deixa essa mulherada aí. É muita mulher.

— Demorou! Você está esperando o quê?

— Vocês ficam bem?

— Pode ir.

— Pode ir, maninho. Está tudo bem, agora.

— Mãe, nós trouxemos também uns brinquedos para elas. Umas roupas e chocolate.

— Hei, ainda não é Natal. Ou eu estou perdida no tempo?

— Quase compraram a loja toda. Queriam trazer de tudo. Agora você já pode botar um freio nesse consumismo todo. Principalmente dela.

— Mãe, eu não sou consumista não. Eu só queria trazer umas coisinhas pras meninas. Cada roupinha...

— Como você comprou roupinha sem saber o tamanho delas?

— A tia Lúcia sabia e a vovó também. Fomos as três comprar. Foi uma farra.

— Tia Lúcia... A que ponto se chega nessa vida...

Voltaram Ângelo e Valter com biscoitos, frutas e um bolo.

— Foi a Maria que fez e mandou pra você. Ela está muito feliz desde que soube que você está bem. Está pagando uma promessa daquelas.

— Maria... A única pessoa que me fazia falta naquela casa fora vocês dois.

— Então deve ser um bolo bem especial. Vamos comê-lo primeiro. Com café, suco ou refrigerante?

— Com chá, Ângelo. Eu preciso de um chá.

— Eu quero café, mano. Se você não se importa.

— Então. Água no fogo para café e para chá.

— Pra mim pode ser refrigerante.

— Que bom! Não dá trabalho. Que eu não vou ficar cozinhando pra marmanjo mesmo.

— Você continua folgado, hein, cara?

— E você continua com essa voz fininha.

— Mas vai engrossar.

— Um dia. Daqui a muito tempo.

— Você pensa que a sua é muito grossa?

— Ouça só.

— A minha vai engrossar mais que a sua, porque a do meu pai é mais grave que a sua e a do meu avô também.

— Quero ver. Vou esperar uma eternidade pra ouvir isso.

Enquanto Ângelo brincava com Valter e Rebecca brincava no chão com as crianças. Lia e Lúcia se olhavam e se enfrentavam com o olhar. Nenhuma das duas ousava dizer nada. Só se olhavam. Lucas acordou num berreiro e Lia foi até o quarto buscá-lo.

COLIBRI

Colibri contava os dias para sair daquele lugar. Queria voltar a viver com o filho e a irmã. Tudo, porém, parecia conspirar contra ele. Era uma rebelião atrás da outra. Brigas. Mortes. Cada dia uma situação pior que a anterior.

Os advogados que Lúcia arrumara para ele nunca apreciam por lá. Deixavam-no sem notícias e quando ela vinha visitá-lo sempre tinha uma notícia animadora, mas que nunca se concretizava.

Já era para ele ter saído havia seis meses, mas a condicional não saía, porque o Fórum ora estava em greve, ora estava abarrotado de processos, ou as duas coisas juntas. E a coisa não andava. A burocracia não deixava as coisas acontecerem. Era tudo muito complicado, lento.

Há cinco anos e seis meses e nada. Ele sairia, quando saísse sem condicional. Seria livre de vez. Colibri passou a acreditar que no fim das contas era melhor assim. Não teria satisfação a dar a juiz algum.

Durante o almoço, Colibri sentiu um frio na espinha. Ele sempre sentia esse frio quando havia algum perigo por perto. Era pura intuição. Maninho era o perigo, aproximou-se de Colibri e disse:

— Fica esperto. Vão te convidar pra trabalhar lá fora e tu vai aceitar. Eles vai te mandar fazer umas correria aí e tu vai dar as dica pra nóis. Entendeu?

— Vão me convidar pra quê?

— Trabalhar numa madeireira.

— Madeireira?

— Que é que tem? E se fosse num escritório? Qual é a diferença, passarinho?

— Tá. E daí?

— Daí o importante é tu ficar esperto, aceitar logo e depois ligar bem os ouvido e abrir o bico pros mano aqui. Entendeu, Piu-piu?

— E se eu preferir continuar costurando bola? Com essa atividade tem redução de pena.

— É mesmo? Quer redução de pena, beija-flor? Nóis te depena todinho, entendeu? Vacila e vai ficar aqui nessa gaiola pra sempre.

Trabalhar na madeireira não era tão ruim. Eram três dias de trabalho por um a menos na cadeia. Era o que prometiam. Sair todo dia para trabalhar ajudava muito a viver lá dentro. Mas quando voltava a noite, Colibri era sempre atormentado por Maninho.

— E aí, pombo-correio, algum recado?

— Nada. Nenhum.

— Fica esperto, Colibri.

— Eu estou ligado, pode deixar.

Não demorou muito para Colibri descobrir qual era o recado que Maninho estava esperando. Os cúmplices iam enviar armas e munição para uma nova rebelião. Dessa vez era para soltar um traficante conhecido como João do Pó.

Naquela noite ele voltou à prisão levando um bilhete e rezando desesperadamente para passar despercebido.

Ao entrar na carceragem ia tirando a roupa quando o carcereiro que toda noite o revistava falou:

— E aí, Colibri. Vamos entrar? Tudo bem, cara, pode entrar.

— Eu?

— É, você mesmo. Eu te revisto lá dentro. Aqui tá muito frio. Eu tô meio gripado pra ficar aqui.

— Quer que eu reviste ele, chefe?

— Não, Mário, pode deixar. Eu faço isso. Vai tomar seu café.

Colibri foi conduzido até a cela da revista e se esforçou muito para não deixar ninguém perceber o bilhete que levava. Tirou a roupa. Bateu no ar. Os sapatos. Tudo. O coração acelerava a cada peça. A respiração faltava e ele suava. Estava ficando pálido, quando o carcereiro perguntou:

— Tá tudo bem, Colibri?

— Tá tudo bem. Boa noite.

Pronto. Ele estava de volta à cela com o bilhete e Maninho esperava. Ele entregou a encomenda e foi dormir. Sem fazer perguntas e sem abrir o bico.

Toda semana a coisa se repetia. Alguém aparecia na madeireira na hora do almoço para entregar a encomenda. Era sempre um diferente. Colibri tinha que passar pela carceragem sem deixar que percebessem nada. Era uma tortura. Ele ficava apavorado, mas não via escolha. Era isso ou a morte. Faria tudo até o final.

Era uma quinta-feira. O dia da encomenda semanal. Dessa vez eram mapas. Com os planos de fuga e da rebelião preparada para daí a duas semanas.

Colibri já estava desesperado e ainda eram nove horas da manhã. À hora do almoço, chegou um estranho. Entrou, olhou e fez algumas perguntas ao gerente. Foi embora sem comprar nada. Era um cliente fazendo pesquisa de preço. Entrou outro cliente. Outro. Outro e mais outro. Colibri foi almoçar e nada.

Quando Colibri voltou do almoço havia um pacote com seu nome, esperando para ser entregue para ele. Era a encomenda de Maninho.

Era a quinta vez que Colibri entrava com as tais encomendas, mas dessa vez o pacote era muito grande. Como ia passar pela carceragem com aquele pacote? Eles abririam e ele estaria ferrado. De qualquer forma, ou ele morria ou pegaria outra pena. Pensou em ligar para Vitor e se despedir. Desistiu. Não queria assustar o filho. Ele já estava sofrendo demais. Que sofresse só. Nem Lúcia nem Vitor precisavam sofrer também.

Quando entrou na carceragem, no fim do dia, só havia o Mário por lá.

Colibri esperou um pouco. O chefe ainda não chegou e ele deu ordens para não deixar você entrar sem ele por aqui. Senta aí e espera. Parece que você andou aprontando. O chefe tá uma fera e mandou você esperar.

Colibri esperou. Esperou e esperou, olhando para os guardas com suas armas. Sempre prontos para matar alguém. Sempre prontos para fazer algo de ruim.

— Boa noite.

— Boa noite, chefe. Acabou meu horário.

— Pode ir, Mário. Com esse converso eu.

— Desce, Colibri.

Foram, Colibri e o chefe, até o local onde ele era revistado regularmente. Uma cela aberta onde ele tirava a roupa, levantava os braços com as mãos apoiadas por trás da cabeça e, nu, acocorava-se e levantava por três vezes, forçando a respiração. Depois repetia tudo de novo de costas para o carcereiro.

— Abre o pacote.

— O quê?

— Abre o pacote.

Colibri ficou pálido. Desesperado. Tentou abrir o pacote, mas tremia tanto que seus gestos não obedeciam às ordens dadas.

— Algum problema, passarinho?

— Não. Nenhum.

— Então abre logo a porra desse pacote que eu não tenho a noite toda, palhaço.

O chefe tomou o pacote das mãos de Colibri. Abriu. Havia só uma porção de folhas em branco. No meio delas havia outras que não estavam em branco. Colibri percebeu. O chefe não.

— Pode ir.

— Obrigado.

Tinha passado mais uma vez. Por essa noite estava salvo.

A rebelião estava marcada para o horário de visitas no domingo. Seria no final da visita. Os parentes dos presos seriam pegos como reféns e com as armas que já haviam chegado ao presídio eles tomariam três pavilhões. Enquanto em outro pavilhão, onde não haveria movimento algum, João do Pó seria libertado sem que ninguém percebesse, sem levantar suspeitas porque as atenções estariam todas voltadas à rebelião.

Cada dia que passava a tensão crescia. A situação se complicava. Ninguém podia falar. Todos ouviam o que ninguém queria ouvir. Seria difícil sobreviver até o domingo.

Na quarta-feira, na hora do almoço, Colibri resolveu ligar pra Lúcia e pedir para que ela não fosse visitá-lo no domingo. Ligou para casa dela e Vitor atendeu. Conversou com o filho, mas não pôde avisar sua irmã. Não tinha jeito de falar isso com Vitor. Ligaria no dia seguinte até conseguir falar com ela. Deixou um recado com Vitor para ela estar em casa na hora do almoço no dia seguinte.

Na quinta-feira, quando ligou, outra vez Vitor atendeu e disse que a tia não podia faltar ao trabalho. Mas deixou o telefone do trabalho para ele ligar para lá.

Colibri anotou o telefone do trabalho de Lúcia e sem perder tempo ligou logo para lá.

— Pronto?

— A Lúcia que trabalha aí está?

— Não. Como?

— A Lúcia. A moça que trabalha aí está?

— Lúcia? Ah, desculpa, mas aqui tem uma festa e não dá pra falar com ela agora. Ela está no salão. Liga a noite que ela hoje fica até mais tarde. Tchau.

— Ei, espera! Moça! Espera!

O desespero tomou conta de Colibri. E ele pensava alto: "Ligar a noite? É, quem sabe. Eu falo assim: 'Ô doutor, deixa eu ligar pra minha irmã e avisar ela da rebelião que vai ter domingo?'". Caralho. Assim não dá. Que vida do cão, essa minha! O que vai ser da Lúcia lá dentro?

Tentou durante toda a tarde falar em vão com a irmã até que o telefone só dava sinal de ocupado e ele desistiu.

Na sexta-feira à noite, às duas da manhã, o carcereiro foi até a cela de Colibri.

— Pega suas coisas e vem comigo.

Enquanto era levado à carceragem, Colibri ia suando e pensava: "Descobriram tudo. Sabem de tudo. A rebelião não vai acontecer. Agora eles vão me matar de porrada. Será que eles vão dizer pros manos que eu abri o bico? Mas eu não abri. Se alguém abriu vai sobrar pra mim".

Deixaram Colibri na carceragem até às cinco da manhã, sem dizer uma só palavra para ele. O chefe da carceragem chamou Colibri às sete da manhã e disse:

— Terminou, rapaz. Vai embora. Seu advogado conseguiu livrar a tua cara. Saiu o seu alvará de soltura. Assina aqui, beija-flor.

— Espera aí. Esse alvará de soltura diz que era pra eu ter saído há dois meses.

— E daí? Tua condicional era pra ter saído há quatro anos. Tá reclamando do que, passarinho? Quer ficar mais um pouco? Quer ficar até domingo? Hei, cara, tu quer ficar com a gente até domingo?

— Não.

— Então, vacilão. Assina e some. Ninguém aqui quer mais te ver. Agradece a Deus por tá saindo, pica-pau.

O sabor da injustiça fazia a boca e o peito de Colibri se encher de uma amargura que ele tinha medo de sentir.

— Posso dizer uma coisa?

— O cara quer falar? Passarinho quer piar? Então pia, passarinho.

— Deixa essas coisas aqui com o Marcelo do X12.

— Tá legal. Marcelo do X12.

Colibri deixou os seus objetos pessoais e de higiene, suas roupas e tudo o que lhe pertencia para um colega de cela. Passou por todos os portões do presídio. Em cada portão ouvia um assobio. Um adeus. Um até breve provocativo. Chamavam-no de beija-flor, tico-tico, pica-pau.

O último guarda que o cumprimentou era um homem sério. Apenas disse:

— Adeus, Colibri. Cria juízo, rapaz.

— Adeus, Colibri?

— Não é esse seu nome?

— Quer saber, Severino. Esse apelido era bom, fazia sentido, sabe? Mas pássaro preso canta de dor e morre. Colibri morreu. Agora é vida nova. A partir de hoje eu não sou mais Colibri. Nem beija-flor. Vou usar meu nome verdadeiro, que é bem bonito.

— E qual é ele? Urubu?

— Não, José. Não é urubu, não. Meu nome é Ângelo. Ângelo Antônio de Alencar.

— Então, passarinho. Vê se voa para longe daqui, Ângelo.

— Valeu.

CAPÍTULO LX

O julgamento de Dito não demoraria a acontecer. Ele estava muito ansioso. Lia ia visitá-lo constantemente e na cadeia diziam que ela era sua amante. Ele sabia que não era. Mas não se incomodava de passar esse recibo

— Oi, moça bonita. Veio me ver outra vez.

— Vim e lhe trouxe uns saquinhos de chá. Daqueles que você gosta.

— E tem algum que eu gosto?

— Mas é mal-agradecido mesmo. Fui até o centro da cidade comprar este saquinho de chá só pra te trazer aqui.

— Foi a pé?

— Não. Fui no seu carro.

— Que sacrifício! Estou comovido. Tomarei ele todinho só porque lhe custou horas dirigindo um automóvel.

— Não foram horas. Foram só poucos minutos.

— Então tomarei ele de joelhos.

— Seu humor está ótimo. E você?

— Ótimo eu não diria, mas estou bem. A gente se vira como pode. Aqui ninguém quer ficar, mas não tem outro jeito. A sua visita me deixa bem melhor.

— Eu virei sempre e trarei chá para você. Trouxe cigarros também. O Ângelo disse que serve de moeda aqui dentro.

— Pois é. Que bom que você veio. Se não trouxesse nada não teria problema algum. Basta vir. Como vai seu marido? Já se recuperou?

— Já. Ele já voltou a trabalhar.

— Ainda tinha o emprego?

— Esse era um receio forte dele.

— Você me falou da outra vez que veio aqui.

— Mas o tal doutor Heitor disse que ele começava de novo. Não tinha problema. Ele apenas esteve doente e isso acontece.

— Cara, legal. Será que é porque ele deve a própria vida ao seu marido?

— Acho que isso pesou um pouco. Mas como diz o Ângelo, melhor não abusar.

— E você, como vai?

— Tenho uma notícia chata para te dar.

— Mais uma? O que foi?

— Dei um prejuízo à marmoraria. Esqueci de pagar um imposto e a multa deixou o pessoal sem pagamento este mês, inclusive você.

— É por isso essa carinha de triste?

— Não é só a cara não. Estou triste também, mas estou é decepcionada. Como é que eu pude bobear assim?

— Talvez porque você é humana. Não se preocupa com prejuízos que isso faz parte. Se não fosse você, aquele negócio já tinha feito água faz tempo. Ninguém ali é bobo. Todo mundo sabe que não saberia tocar aquilo sem você.

— Eles foram bem compreensivos. Tentaram me animar, mas não tem como. Foi um erro grave. E não tinha como recorrer. Nem eu podia assumir o prejuízo. Não tenho como pagar.

— Que assumir prejuízo que nada. Não tem nada que pagar. A gente sabe que prejuízo faz parte. Eu já falei pro Mário pra ele segurar as pontas do pessoal e usar uma poupança que o grupo tem. Sabe aqueles dez por cento que eu te falei pra abrir a conta?

— Sei.

— É pra isso. Porque errar todo mundo erra. Era pra acertar o do pessoal num caso de acontecer alguma coisa. Ou mesmo de ter um mês que não se vendesse nada. Porque isso também pode um dia acontecer.

— Mas o Mário não me pediu nada. Ele tem a senha da conta?

— Não. Ele me disse que não ia mexer. Ia se virar com o que ele tinha mesmo. O da conta passava então como uma parte maior pra ele.

— Então foi isso que aconteceu. Eles nem me cobraram nada. Ninguém falou nada. Ninguém se mostrou muito aborrecido. Todos continuaram me tratando bem. Eu ia te propor fazer isso. Mexer naquele fundo de investimento, pois estamos investindo num fundo. Perderíamos os juros, mas o pessoal recebia alguma coisa pra passar o mês.

— Não se preocupe que já se deu um jeito. A rapaziada já tem o seu na mão. Quer dizer, a essa altura já gastaram tudo. Estou te achando muito pra baixo. Você está com uma cara de cansada. Tem algum problema com você? Que eu possa saber, é claro.

— Sabe aquela história que eu te contei um dia, lá no casarão.

— A da Letícia Regina e mais um monte de sobrenome?

— Essa mesma.

— Sei. Que é que tem?

— Veio à tona com a morte do Leo.

— Não entendi. A morte do Leo foi na marmoraria.

— A imprensa tomou conta do caso. Investigaram. Para chegar até mim não foi difícil.

— Menina, que barra!

— Minha família me achou. A irmã do Ângelo apareceu lá em casa com meu pai e minha mãe. Depois vieram meus filhos. Essa é a parte boa, pude revê-los. E agora eles estão sempre por lá.

— É muita emoção pra pouco tempo, não é não?

— Por isso que eu estou meio cansada, cara. Você sabe bem que eu não tenho muito com quem falar sobre isso.

— Então o Ângelo tem uma irmã? Ela é gostosa?

— Pois isso é que é o pior. Eu não te falei que meu pai tinha uma amante que estava chifrando ele com o Ângelo?

— Foi por isso que você atirou nele na época, não foi?

— Pois é. A tal amante era ela. É a irmã dele. A amante do meu pai é a irmã do Ângelo. Por isso ele estava na casa dela aquele dia de manhã. Por isso ele desceu para comprar pão.

— Então ele sabia o tempo todo que você queria matar a irmã dele?

— Pois é. E ficou comigo assim mesmo. Mesmo depois que eu atirei nele.

— Ele tem alguma coisa contra a irmã dele?

— Não, na verdade eles se gostam de verdade. Ela estava procurando por ele até agora. Quando o encontrou comigo ficou furiosa.

— Agora estou triste, muito triste de estar preso aqui.

— Por quê?

— Porque perdi tudo isso. Podia ter visto isso de perto.

— Sem graça.

— Sem graça nada! Teria me divertido como nunca. Eu queria ver a sua cara quando se deu conta de que eles eram irmãos. Deve ter sido engraçado.

— Engraçado não foi, porque na hora eu nem entendi direito. Também não entendi direito outra coisa.

— O que é agora? Seu pai não traía sua mãe? Ela não é sua mãe? Seu pai não é seu pai? O Ângelo não é o Ângelo? Eu. Eu não sou eu?

— Para! Eu não vou te dizer mais nada.

— Vai sim. Sabe por quê? Você não tem mais ninguém para contar mesmo.

— Você acha que é por isso que eu venho aqui?

— Lá vem você de novo. Claro que não. Vir me visitar não tem nada a ver com isso. Você vem aqui porque é a pessoa mais generosa que eu conheço. A minha única e melhor amiga. Não tenho outra pessoa que seja tão importante pra mim como você.

— É verdade. Eu tenho alguns amigos especiais, mas nenhum que eu possa falar sobre isso. É estranho, não é não?

— "Não é não" é meu.

— Como assim?

— Quem diz "não é não" sou eu. Você costuma dizer assim: "Na verdade".

— É mesmo. Eu costumo mesmo dizer isso.

— E seu marido diz assim: "É". Tudo o que ele vai dizer ele começa com um "É". Mesmo quando ele vai dizer algo que não "É".

— É verdade. É assim mesmo.

— Já está melhor.

— O quê?

— Esse sorriso lindo. Você fica bem melhor com ele assim. Mas estávamos falando de outra novidade. Qual é?

— É verdade.

— Vamos falar.

— Na verdade, Dito, a minha filha, a mais velha das duas crianças, é minha filha, não é do Ângelo, mas é minha filha.

— Sei. E daí?

— Eu sempre pensei que ela fosse filha do marido da Elsa.

— O tal que te estuprava?

— Esse mesmo.

— E não é?

— Quando eu fui visitar o Ângelo no hospital, ele estava contando uma história para meu ex-marido, meu pai, minha mãe e a irmã dele. Na verdade, ele estava cobrando deles. Estava cobrando que me internaram e não me visitavam. E que eu saí da clínica grávida de três meses. Ele disse isso pra eles lá no hospital.

— Então sua filha não é filha daquele estuprador e, sim, de outro. Mas se você estava dopada, foi estupro do mesmo jeito. Só basta saber quem foi.

— Pois é. Mas eu não me lembro disso, não me lembro da clínica, não me lembro de ninguém de lá. Nem me lembro de ter saído grávida.

— Quando vocês chegaram ao casarão, vocês já tinham as crianças e você ainda estava bem confusa, segundo seu marido.

— Pois é. Eu não me lembro mesmo. Isso está te deixando confusa.

— Cobra dele. Chega no Ângelo e cobra. Pergunta pra ele. Ele te deve essa explicação. Esse tempo todo ele já devia ter te contado. Como devia ter te contado da irmã. Esse cara merece mesmo uma surra. Que filho da puta!

— Hei, Dito! O Ângelo é a pessoa que mais me ama na face da Terra.

— Não ama mais que eu não. Só chegou primeiro, o sonso.

— Está bem. Ele deve ter motivos para não ter me contado.

— Mas pergunta assim mesmo. Talvez a criatura esteja esperando você perguntar.

— É, talvez seja isso.

— Eu nunca vi alguém tão certinho na vida. Aquilo ali existe mesmo? Ou é um boneco?

— Para, Dito. Para com isso.

— Ele já fez o que te prometeu?

— Ainda não.

— E você continua morando ali no casarão? Com ele? Não ia embora se ele não fizesse?

— Eu prometi esperar. Dar um tempo.

— Com um mulherão lindo como você e o cara quer um tempo? Ninguém merece...

— Ele deve ter motivo pra isso.

— Ele deve ter motivo? Ele deve ser viado, não é não?

— Dito, por favor. Hei, espera aí! Como é que você sabe que é esse o assunto?

— Haveria outro assunto entre um homem e uma mulher? Menina, sou velho, mas não sou burro. Faz tempo que eu noto isso entre vocês. Espero que seja só eu. E a Alice, como vai?

— Fofoca. Ela está saindo com Luís Eduardo.

— Meu amigo é boa gente. Cabra macho. Vai resolver o problema dela antes daquela coisa que você chama de marido resolver o seu. Então ela esqueceu o sonso, parou de babar por ele. Também encontrou coisa muito melhor. Diga pra ela que eu torço muito pelos dois. Pra ele eu digo pessoalmente.

— Ele vem aqui te ver?

— Vem, sim. Tá sempre por aqui. E sempre manda me buscar lá na frente e bate um papinho comigo. É gente muito fina.

— Dito, estou indo embora. Me dá cá um abraço bem apertado que eu já vou.

— Esse abraço bem apertado é de amigo. Fala pra criatura resolver logo o seu problema.

— Eu não tenho problema nenhum agora.

— Te cuida, criança.

CAPÍTULO LXI

Mais sonolenta, Lia estava menos prepotente. Isso a aproximava mais de Ângelo. Eles brigavam menos. Tudo inversamente proporcional. Menos prepotência, mais diálogo. Menos briga, mais proximidade. Até Aninha, que nunca brigou com ela porque não tinha coragem de contrariá-la, ficou mais próxima, e essa proximidade era verdadeira. Virou amizade. Quem ganhou mais foi Aninha.

— Você não frequenta o curso da alfabetização da cooperativa. Por quê? Já sabe ler?

— Já. O que eles ensinam aqui eu já sei. Eu fui umas aulas, mas eu já sei ler.

— Em que série que você deixou a escola?

— Na quinta.

— Então você não tem que fazer esse curso. E Matemática? Você também sabe tudo o que eles ensinam por aqui?

— Eu sou meio ruim em Matemática, mas consigo fazer algumas coisas.

— Talvez fosse bom frequentar as aulas de Matemática para tirar as dúvidas. Tem vontade de continuar os estudos?

— Tenho, mas eu precisava ir pruma escola de ginásio pra mim continuar os estudo.

— Eu vou ver como isso pode ser feito. Depois eu te falo.

— Sério? Será que eu posso voltar a estudar?

— Vou esperar nada. Vou lá embaixo agora falar com o professor. Ele deve saber. Afinal, é professor. Você olha as crianças?

— Eles três tá dormindo.

— Então espera um pouco que eu já volto.

Lia chamou o professor Celso fora da sala e pediu as informações de que precisava.

— Se ela não tem os documentos da antiga escola, nós podemos matricular ela aqui e fazemos uma avaliação. Se ela passar, se matricula no segundo segmento do ensino fundamental.

— É assim que se chama agora? Segundo segmento do ensino fundamental?

— É, agora é assim que se chama.

— O antigo primeiro grau, da quinta à oitava série?

— Esse mesmo.

— Isso foi depois da Lei Darci Ribeiro?

— É isso mesmo. Depois dessa lei.

— Então deixa ver se eu entendi pra explicar pra ela depois. Ela faz a matrícula conosco aqui. Faz a prova. E pode se matricular numa escola e continuar os estudos normalmente?

— Isso mesmo. Fácil assim.

— Está menos burocrático. Se ela não passar, professor, reserve mais uma mesa e uma cadeira. Ela volta a estudar.

— Ela está querendo voltar?

— Ela é uma adolescente. Mora aqui no casarão. Está sob minha guarda informal. É melhor fazer o que é certo, o senhor não acha?

— Ela precisa querer vir.

— Não se preocupe, ela vai querer. Quando o senhor prepara uma prova pra ela?

— Pode ser amanhã? Hoje eu não tenho aqui nenhuma, mas amanhã eu trago.

— Então faça isso, por favor.

Lia voltou ao primeiro andar e Aninha perguntou:

— E daí?

— Aninha seus problemas estão resolvidos. Amanhã você faz a prova com o professor Celso. Se passar, vai para outra escola. Se não passar, frequenta as aulas aqui mesmo. Todas as noites. Por hoje, boa noite. Não sonhe com a prova.

— Boa noite, Lia. Só uma pergunta: se eu passar eu vou estudar onde? Em que horário? E o Lucas, fica como?

— Ainda bem que você disse uma pergunta e só me fez três. Comigo é assim. Um problema de cada vez. Primeiro você faz a prova e o resto se ajeita depois. Agora, boa noite. Eu vou me deitar.

A ida ao psicólogo fora suspensa porque ele se demitira. Era o quinto psicólogo que ela frequentava desde que chegara ao casarão. O posto estava sempre esperando outro chegar. Eles reclamavam do salário e iam embora.

— Eu não entendo isso. Esse pessoal não é concursado?

— Sim. Eles são concursados. Mas o salário deles nem sempre compensa.

— Quando eles prestam o concurso não tem um salário preestabelecido?

— Tem, sim. Todo concurso tem o salário base e as gratificações, quando há gratificações. Isso é publicado sim.

— Então não entendo. Na verdade, eles já sabem quanto vão ganhar, prestam concurso, assumem um cargo, reclamam do salário, fazem greve e depois pedem demissão?

— Sabe, Lia, eles encontram proposta melhor de emprego. Ou mesmo passam a atender num lugar mais perto, mais acessível para eles. Esse posto aqui é muito longe de tudo. Eles só ficam enquanto compensa. Falando nisso. Chegaram os exames do seu marido. Mas como o médico também se demitiu, nós não chamamos ele ainda porque não tem médico para abrir e conversar.

— Pode desprezar os exames. O Ângelo já fez outros. Já recebeu o resultado e já está bem tranquilo em relação a todas as suspeitas. Deu tudo negativo.

— Todos mesmo?

— Graças a Deus. Todos.

— Amém.

— Então é só isso. Psicólogo, agora, só quando aparecer outro por aqui, desesperado?

— Mais ou menos, é isso mesmo.

— Então tá. Depois quem precisa de psicólogo sou eu. Os caras aceitam o emprego só para depois se demitir. Acho loucura, mas a louca sou eu. Beijo.

— Beijo. Te cuida.

A noite chegou e Ana estava bem ansiosa.

— Fica tranquila, menina. Se você não passar, estuda aqui mesmo. É só isso.

— Eu sempre fico nervosa em prova. Aí eu se esqueço de tudo.

— Essa não precisa ficar nervosa. Eu preparei uma prova bem tranquila para você. Faça só o que sabe, está bem?

— Está bem, professor.

Depois de alguns minutos, Aninha entregou a prova ao professor.

— Eu vou corrigir depois.

— Então eu vou subir lá pra cima.

— Ok. Depois eu levo o resultado lá.

— Brigada.

— Boa noite, Lia. Posso entrar?

— Professor, Celso. Seja bem-vindo.

— Eu tenho o resultado da prova de Ana aqui comigo. Ela está?

— Está. Aninha, o professor! Vem cá um pouco.

— Já vou!

— Enquanto espera, tome um chá.

— Obrigada, mas a aula já vai começar.

— Diga, professor.

— Ana, você foi muito bem. Eu acho que você pode frequentar qualquer escola do segundo segmento. Só preciso da opinião da supervisora para te encaminhar para a escola mais próxima que tenha vaga disponível. Amanhã eu te dou a resposta. Pra isso, eu preciso fazer sua matrícula. Você tem os documentos aí?

— Tenho, sim. Eles tá ali na pasta. Eu vou pegar.

— Amanhã eu te digo qual é a escola em que você poderá fazer a matrícula. Você vai precisar de um responsável que assine por você. Tem alguém?

— Ninguém. Não tenho ideia de por onde anda minha família não, professor. Sumiu todo mundo. Uns morreu, outros sumiu. Não sei não.

— É, você vai precisar.

— Professor, um problema de cada vez. Veja com a supervisora se ela vai ao segundo segmento e veja a escola que ela poderá frequentar. Quanto ao responsável, ela tem, mas não sabe. Não vai deixar de estudar por falta de uma assinatura. Sendo sócia da cooperativa, alguém assinou por ela.

— Então boa noite, Lia. Eu vou continuar a aula.

— Obrigada pela agilidade com que o senhor realizou a avaliação.

— Não há de que. Boa noite.

— Lia, eu não entendi. Alguém assinou pra mim ser sócia da cooperativa? Quem foi? Não veio ninguém da minha família aqui pra fazer isso.

— Aninha, minha querida, família é um negócio complicado. Às vezes a que nós temos, nós não queremos e às vezes arrumamos uma sem querer.

— Não entendi.

— Não se preocupa, menina. Não precisa entender. Talvez um dia você entenda.

— Sabe que é a primeira vez que você em abraça assim, Lia? Você nunca me abraçou antes.

— Nem você me abraçou também.

— É mesmo.

— Por que que tinha que ser eu pra te abraçar? Você podia ter me abraçado também.

— Eu tinha medo de você.

— Medo de mim? Sou tão feia assim?

— Não! Você é linda. É que eu achava você muito mandona. Resolvia tudo votando. E dava tudo certo. Tudo que você dizia acontecia mesmo. Aí eu vim morar aqui aquela noite. Tive o Lucas e fiquei esperando. Sabe o que eu pensava no hospital?

— Não, Aninha, não faço ideia, querida. Não mesmo.

— Eu pensava assim: "Como é que eu vou fazer agora pra criar ele? Eu não tenho nem pronde ir quando eu sair daqui". Eu achei que... Eu achei... O Ângelo me deixou no hospital, lembra?

— Lembro, sim.

— Eu achei que ele nunca mais que ia voltar, que nunca mais eu ia ver vocês tudo de novo. Quando você foi me visitar no hospital, eu fiquei muito feliz. Depois veio o médico e disse que eu tava de alta, que já tinha ligado pra minha casa e já vinham me buscar.

— É verdade, o hospital ligou pra marmoraria. Fui eu que atendi e disse que iria te buscar.

— Eu fiquei lá esperando, torcendo pra demorar bastante, porque eu não sabia o que eu ia fazer. Não sabia quem ia me buscar. Eu pensei: "Eles ligaram pra casa errada. Ninguém vem me buscar". Mas não demorou nadinha, chegou você e o Ângelo e o Dito no carro dele.

— Foi mesmo. A gente foi te buscar no carro do Dito. Eu nem me lembrava mais desse detalhe.

— Quando eu vi vocês chegar e dizer que eu ia voltar pro casarão, quando eu cheguei aqui de volta com o Lucas e tinha berço e tudo pra ele e uma cama pra mim, e você tinha colocado o nome dele na porta do quarto junto com os das menina, eu nem acreditei. Lembra que eu não queria dormir?

— É mesmo, eu tinha me esquecido. Você não queria dormir aquela noite. Era emoção por causa da maternidade.

— Era nada. Era medo de tá sonhando e acordar na rua outra vez, agora com o Lucas no colo. Ele não merece viver na rua não.

— Nem você querida, nem você.

— Boa noite, moças. Tudo bem por aqui?

— Oi, Ângelo, está tudo bem sim. Sabia que essa moça vai frequentar uma escola para fazer a quinta série?

— É sério?

— Ela fez uma prova e o professor Celso disse que ela pode ir para o segundo segmento do ensino fundamental.

— É? E o que é que é isso?

— É assim que eles chamam agora da quinta até a oitava série.

— Aninha, que legal! Vai continuar os estudos! Boa moça. Parabéns! Mas isso não parece ter sido ideia sua. O que aconteceu? Lia, você perguntou se ela quer isso?

— É claro que eu quero sim. Vou voltar a estudar e vou passar de ano. Você vai ver.

— Isso eu sei moça, sei o quanto você é inteligente. Vai se esforçar. O que eu não entendi foi essa ideia sair assim, do nada. Já faz um tempinho que você está por aqui. E agora surge essa vontade?

— Na verdade, Ângelo, foi sua irmã que me deu um toque. Daquela vez que ela veio aqui, ela me falou da condição de Aninha nesta casa. Disse que lembrava muito ela mesma. Que ninguém havia percebido uma adolescente sem escola, sem perspectiva, portanto, eu acordei pro fato e corri atrás. Conversei com ela. O professor Celso agilizou. Amanhã ele vai dizer onde ela vai estudar. E nós vamos organizar as coisas para ela poder estudar.

— Parabéns! Agora deixa eu participar desse abraço também que eu já estou com inveja dele.

— Então vem você, também.

— Abraços e beijos.

— E cócegas.

— Cócegas não! Eu não aguento.

CAPÍTULO LXII

— Senhora Lia de Alencar.

— Pois não. Bom dia.

— Bom dia. Sou oficial de Justiça e preciso que a senhora assine o recebimento desta intimação. As informações que possam ser úteis estão no texto. Obrigado. Bom dia.

— Bom dia.

— Alguma encrenca, Lia?

— Não, Caio, é só uma intimação da Vara Cível. É para a cooperativa. Tudo bem.

— Tem alguma coisa a ver com o caso do Dito, Lia?

— Não, Mário. Nada a ver. É da Vara Cível. Tudo bem.

— Se precisar, conta cum nóis, Lia.

— Obrigada, rapazes, mas eu preciso agora é do doutor Luís Eduardo. Vou ligar já pra ele.

— Escritório. Dr. Luís Eduardo. Bom dia.

— Bom dia, doutor.

— Oi, moça bonita. Tudo certo?

— Na verdade, não sei. Recebi agora uma intimação da 3ª Vara Cível, com dia e horas marcados. O que eu faço?

— Compareça. A intimação está no seu nome?

— Está, mas é para a presidente da cooperativa Barão de Mauá.

— Então ela também precisa comparecer. Vão as duas. Você e ela. Avise-a.

— O senhor não prefere fazer isso?

— É uma ótima ideia. Já sacou, esperta?

— Na verdade, doutor, eu joguei verde.

— E me pegou bem madurinho. Eu ligo. Vou pro sacrifício.

— Pode deixar doutor, eu aviso.

— Não. Essa eu faço questão. Nos encontramos lá, então.

— Eu ia lhe pedir isso. Para você nos acompanhar.

— Estarei lá. Não se preocupe. Deve ser alguma coisa boa, porque suas contas estão todas em dia. Não há problema algum com a papelada da cooperativa.

— Obrigada.

Dito chegou para a sessão de julgamento bem cedo. Ele seria o segundo caso do dia. Sabia que seus amigos estariam todos lá. Se pudesse contar com a presença deles já seria muito bom.

O julgamento começou e ele foi chamado à sala de audiências. O que pesava contra ele era o fato de estar em condicional. Esse era o problema.

Em seguida da leitura dos autos, foram chamadas as testemunhas. Uma a uma. Todas unânimes em dar bons depoimentos sobre o caráter do réu. Um advogado representava Dito. Era do escritório de Luís Eduardo. Ele estava bem representado.

Passaram-se horas até que o júri decidisse sobre a sua absolvição. Mesmo não sendo réu primário, não foi difícil provar a tese da legítima defesa da vida de Ângelo. O que lhe somou alguns pontos foi o fato de ele ter atirado para o alto, tentado dissuadir Leo a mudar de ideia, o fato de Ângelo ter sido atraído para uma emboscada e o testemunho ocular de Caio.

Ao final do julgamento só restava esperar o alvará de soltura. Por ter sido absolvido, ele voltava a gozar do benefício da condicional. Mas o seu advogado avisou:

— O juiz vai assinar o alvará de soltura, mas quando ele tiver vontade. Então, meu amigo, espere. Seja paciente.

— Pois doutor, ter sido absolvido já foi uma vitória. Alguns meses eu posso esperar.

— Não serão meses. Apenas dias.

— Eu prefiro continuar esperando meses. Então, quando chegar, eu vou achar que chegou rápido, não é não?

— Vai ser bem rápido, amigo. Vai ser rápido.

— Moça bonita, que bom que você veio!

— Eu não deixaria de vir. Dá cá meu abraço.

— Oi, Dito.

— E aí, rapaz! Obrigado pelo depoimento.

— É. Eu fiz só minha obrigação. Você salvou minha vida aquele dia.

— Mas eu sabia que ia rolar. Deveria ter te avisado, mas bobeei. Você quase dançou nessa. Desculpe-me por não ter sido ligeiro. Acho que eu não acreditava que o Leo fosse fazer aquilo com você. Ele não me parecia um covarde. Achei que ele ia resolver com você na porrada, não acreditei na arma até aquele momento.

— É. Só não sei o que é que ele tinha para resolver comigo. Eu nunca fiz mal para ele, nunca falei mal dele, não entendi nada.

— Disputa de território, rapaz. Saber você sabe. Só se faz de sonso

— É. Eu não estou entendendo mesmo.

— Está entendendo muito bem. Se liga senão vai rodar, malandro, se liga. A disputa de território ainda não acabou. Resolve a sua vida ou canta pra subir, não é não?

— É. Pode ser.

Voltaram à marmoraria e o telefone tocou:

— Lia?

— Fala, doutor.

— Está feliz pelo seu amigo?

— Muito. Poucas vezes me senti tão feliz por alguém.

— Então anota essa. Sabe aquela intimação?

— A que eu recebi?

— Essa mesma.

— Trata-se da abertura de um testamento. Sabe de alguma coisa? Tem alguém em vista? Algum parente?

— Não. Ninguém.

— Então a gente se encontra lá.

— Boa tarde, doutor. É amanhã. Às nove.

— Boa tarde.

No dia seguinte, Lia chegou à 3ª Vara Cível com Luís Eduardo. Alice e Ângelo aguardavam na frente do prédio e conversam

— Que bom que você veio.

— Vim só dá uma força pra Lia. Acho que nem vou poder entrar, mas quero que ela me veja aqui.

— Claro, afinal, é preciso pensar nela sempre.

— Até porque não tem muita coisa mais para pensar além dela.

— Não tem é espaço para qualquer outro assunto nessa sua mente.

— É, talvez seja isso mesmo. O que será que vem por aí?

— Espero que seja coisa boa.

— Eu estou esperando uma ação de despejo. Alguém quer pôr a cooperativa na rua de vez.

— Olha lá, o Luís Eduardo e a Lia.

— Bom dia, Ângelo. Me dá um abraço.

— Todos que você desejar.

— Oi, Alice. Está pronta?

— Não.

— Preocupados? Vocês?

— Ah, doutor Eduardo... Só vou ficar tranquilo depois que voltarmos para o casarão. Se é que depois disso ainda vai sobrar algum casarão para irmos.

— Calma, rapaz. Você está sendo pessimista. E já sabe que não vai poder entrar.

— É. Já sei. Mas não é pessimismo não. É que quando a Justiça aparece na minha vida, ela está sempre do outro lado. E sempre sobra para mim. Parece que ela não gosta muito de me ver feliz. Só espero que dessa vez não sobre pra mais ninguém.

— Aqui, hoje, neste momento, nada pode sair errado. Acho que nada pode acontecer de ruim hoje. Vocês não acham?

— Por que, Luís? Por que está um sol bem forte e lindo?

— Eu adoro dias de sol. Muito sol. E vocês?

— Eu também. As pessoas tomam mais refrigerante e cerveja e a cooperativa fatura mais.

— Que coisa romântica, Lia, para se lembrar. Não acha, Ângelo?

— É, doutor, a Lia é prática.

— Vamos entrar. Está na nossa hora. Deixemos o sol em paz.

Enquanto Ângelo esperava sentado na escadaria do imponente prédio, dentro da sala de audiências o mistério se desfazia.

— Senhora Lia de Alencar.

— Sou eu.

— A senhora é a presidente da Cooperativa de Catadores e Recicladores Barão de Mauá?

— Não, senhor. Sou uma voluntária no projeto. A presidente é a senhora Maria Alice de Souza Santos.

— Então há um erro. A senhora Maria Alice de Souza Santos está presente?

— Sim, senhor.

— Senhora Maria Alice Souza e Santos, a senhora é a presidente da Cooperativa de Catadores e Recicladores Barão de Mauá?

— Sim, senhor. Aqui estão os documentos da cooperativa e a ata de eleição da diretoria na qual fui eleita.

— Posso analisá-los?

— Sim, senhor.

— Por favor. Aguardem lá fora alguns instantes. Lia aproveitou para ir ter com Ângelo.

— Já acabou?

— Não. O cara resolveu conferir os nossos documentos. Checar a documentação da cooperativa. Vai chamar daqui a pouco.

— Lia, vamos. Ele já chamou.

— Beijo.

— Boa sorte.

— Sentem-se, por favor. Pude constatar que os documentos, todos são válidos. Podemos continuar. Trouxeram um advogado?

— Sou o Dr. Luís Eduardo. Represento legalmente a cooperativa.

— Sendo assim, Dona Maria Alice, estamos aqui para abrir a carta testamento da Senhora Emília Brito Castro e Silva. Sendo a senhora Maria Alice de Souza Santos a representante legal da Cooperativa de Catadores e Recicladores "Barão de Mauá", passo à leitura da carta.

Abre aspas:

Querida Lia,

Espero que você esteja bem.

Sou uma mulher que conta hoje com oitenta e cinco anos de idade. Já conversei com você muitas vezes. Conheci o seu trabalho e o dos seus amigos num momento muito ruim. Quando cheguei ao casarão e o encontrei reformado e pintado, com tanta gente trabalhando, voltei no tempo. Revisitei minha mocidade e pude reviver a melhor, mais alegre e a mais importante fase da minha vida.

Conhecer você a essa altura da minha vida foi uma pena e também um presente.

Uma pena, eu digo, porque pude me reconhecer em você. Quando eu era jovenzinha, eu era como você. Cheia de esperança, muito trabalhadora, corajosa e também forte e criativa. Senti saudades de mim mesma.

E um presente porque eu pude ver que poderia viver minha vida de novo. Você fez tudo o que eu sempre sonhei em fazer, mas nunca tive coragem para agir. Nunca consegui colocar minhas ideias em ação, porque passei minha vida esperando a volta de um amor que nunca existiu.

Esta carta eu vou deixar para você porque eu tenho um compromisso muito grande com o meu passado. Quero, agora, realizar-me no seu futuro. Esse trabalho que você está desenvolvendo na casa da minha amiga Heidi era o meu sonho. Queria ter feito tudo isso, eu mesma. Mas não fui capaz.

Não fui capaz de superar a dor que senti com a morte da minha amiga, amiga quase irmã mesmo. Não fui capaz de trazer de volta ao Brasil o homem que amei a vida inteira e que foi meu primeiro e único homem, o dono do casarão.

Quando aconteceu toda a tragédia, o casarão voltou a pertencer ao pai de Heidi, pois ele comprara o terreno e construíra a casa do jeito que a filha sonhara.

Depois que Heidi morreu, Friedrich voltou à Alemanha, prometendo-me retornar para ficarmos juntos. Ele era meu namorado. Acreditei que ele voltaria logo. Depois passei a acreditar que ele voltaria um dia...

Mas essa volta nunca aconteceu e eu esperei em vão.

Um dia recebi a notícia de que ele morrera e deixara o casarão em meu nome. Hoje acredito que ele tentou, de certa forma, deixar-me uma compensação por eu ter lhe entregue minha inocência e juventude.

Hoje tenho o casarão como uma lembrança. Mas graças à minha covardia nunca tive coragem de voltar lá. Precisou você aparecer e me mostrar todo o potencial que ele tinha de construção de sonhos e de possibilidade de vida. Que bom que você veio.

É por esses motivos que eu desejo de livre e espontânea vontade, não tendo herdeiro algum, deixar o casarão, assim como toda a propriedade em seu entorno, na Avenida Barão de Mauá, número 2.000, para ser a "Casa de Heidi", e a partir desta data ser incorporado ao patrimônio da "Cooperativa de Catadores e Recicladores Barão de Mauá.

Na esperança de que sua vida seja mais feliz que a minha e que a casa de Heidi traga mais felicidade a quem dela se beneficiar, e que você consiga realizar seus sonhos porque deles depende a vida de outras pessoas, ou ao menos a oportunidade das mesmas.

Fica aqui minha lembrança, meu carinho e minha admiração. Sendo só.

Subscrevo-me.

Emília Brito Castro e Silva.

Fecha aspas. Senhora Maria Alice de Souza Santos, assine, por favor, reconhecendo a doação. Dr., Queira assinar, por favor. Senhora Lia de Alencar, a senhora está bem?

— Na verdade, eu não estou. Preciso ir ao tolete.

— À esquerda, por favor. Última porta.

— Me acompanha, Alice?

— Claro. Vamos lá.

— Ela reage sempre assim, dessa forma, descontrolada?

— Não, senhor. Só quando recebe uma doação milionária como essa para a cooperativa que ela fundou, dirige e ajuda como voluntária.

— Ah, que seja! Quando ela voltar, precisará assinar também.

— Podemos esperar?

— Esperemos.

Alice, sem entender muita coisa, estava felicíssima pela cooperativa.

— Lia, calma. O que você tem? Foi maravilhoso! Dona Emília esteve lá no casarão. Eu não sabia disso.

— Eu sabia.

— Sabia?

— Ela foi lá... Ela... Ela...

— Calma. Respira, se controla um pouco.

Instantes depois, Lia já recomposta:

— Alice, um dia eu te conto tudo isso também. A visita de Dona Emília na cooperativa e a minha conversa com ela.

— Eu sei, eu sei. Um dia, quando a gente tiver aposentada e tiver muito, muito tempo para conversar.

— E põe tempo nisso

— Sente-se melhor?

— Estou bem.

— Agora vamos voltar lá porque aquele senhor simpático e bem-humorado não gostou nada de ver você chorando dessa forma.

— Vamos antes que ele simpaticamente resolva anular o testamento.

— Isso acho que ele não pode fazer.

— Mas como diz o Ângelo: Melhor...

— Não abusar.

Voltaram as duas à sala de audiência.

— Por favor, senhora Lia de Alencar, assine aqui.

— Obrigada.

— Nada mais havendo a tratar, está encerrada a audiência. Aos herdeiros cabe providenciar os papéis necessários. Passo-lhe às mãos, senhora Maria Alice Souza e Silva, cópia e original da carta-testamento.

— Obrigada. Bom dia.

— Bom dia a todos, com licença.

Para Ângelo, que esperava no sol forte da manhã lá fora do prédio, restou tomar um refrigerante, já que cerveja ele não bebia nunca. Lia saiu do prédio aos berros, gritando:

— A casa de Heidi é nossa! A casa de Heidi é nossa!

Entrou no bar onde ele estava e o beijou na boca com uma voracidade que os presentes aplaudiram e começaram a gritar:

— UUUUUUUHHHHHHH!!!!!!

Ângelo não sabia onde se esconder, mas como Lia não o largava, continuou a beijá-la, até que percebeu Alice e Luís Eduardo entrando no bar atrás de Lia. Eles riam muito. Riam da cena e da cara dele.

— Tá bom. Tá bom. O que aconteceu? Por que esse escândalo todo? Doutor, o que foi isso?

— Olha, eu também estou com vontade de comemorar.

Virou-se para Alice e deu-lhe um beijo na boca, sem que ela esperasse. E os presentes no bar voltaram a gritar:

— UUUUUUUUUUUUUHHHHHHHHHHHHH!!!!!!!!!!!!!!!!!!!!!!

— Mas o que é isso?!

— Um beijo, Alice. Um beijo. Um beijo para a senhora também Dona Emília. Onde estiver, muito obrigada.

— É. Está bem, Lia. Eu posso saber o que aconteceu?

— A casa de Heidi é nossa, quer dizer, da Cooperativa de Catadores e Recicladores Barão de Mauá.

— Como é que é?

— É isso mesmo, Ângelo. Dona Emília, que Deus a tenha, deixou em testamento o casarão e todo seu entorno para a cooperativa. E ainda chamou o projeto de Casa de Heidi. Essa parte eu não entendi.

— Eu já entendi, Alice. Então aquela pobre senhora aceitou sua chantagem, Lia?

— Meu argumento, você quer dizer. E dos bons. E de pobre, a velha não tinha nada, graças a Deus.

— Casa de Heidi. Gostei! Nós podemos colocar esse nome no relato do projeto. Projeto "Casa de Heidi" para o concurso. Eu estava tentando achar um nome bem singelo, que não fosse pomposo. Esse é simples e belo.

— Alice, acho que nós precisamos consultar o grupo em assembleia para isso, não é, Ângelo?

— É, Lia. Seria interessante, pois eles são os cooperados. Os principais interessados. E também penso que eles precisam saber como surgiu esse singelo, simples e belo nome.

— Gente, a manhã está maravilhosa! Eu não disse, rapaz, que nada poderia dar errado hoje?

— É, doutor. Essa valeu!

— Eu volto ao trabalho daqui. Alguém quer carona?

— Doutor, o senhor pode me deixar no metrô?

— Claro que sim, rapaz.

— Então, moças. Até breve.

— Lia, voltemos ao casarão? Eu preciso ir à creche.

— E eu preciso ir à marmoraria.

CAPÍTULO LXIII

A reunião de sexta-feira à noite continuava trazendo novidades aos cooperados. Nesta, a novidade foi levada por Alice.

— Alguém quer incluir mais algum assunto na pauta da reunião de hoje?

— Lia, por favor.

— Pois não, Alice.

— Nós trouxemos o texto final e a pasta com as fotografias que achamos que deveriam fazer parte integrante do projeto "Casa de Heidi". Precisamos da aprovação da assembleia para enviar o projeto ao concurso.

— O tempo que temos é suficiente. Farei o balancete semanal e vamos ao projeto. A não ser que mais alguém queira apresentar mais alguma coisa.

— Sim, Dona Maria?

— Lia, você faz o balancete toda semana. A gente já sabe que tá tudo certo, porque você, menina, é demais. Mas nóis tá curioso pra vê as foto. Deixa as moça apresentá que dos lixo nóis confia mesmo em você.

— Obrigada, Dona Maria. Eu estou agradecida pela confiança, mas vocês não deviam confiar em ninguém assim.

— Quando você num for mais nossa presidente nóis num confia mais. Nois quer é ver as foto.

— Todos concordam com a Dona Maria?

Não teve quem não aplaudisse.

— Então, tá. Vamos ao projeto "Casa de Heidi"! Moças, a plateia é vossa!

— Obrigada, Lia.

— Boa noite, pessoal. Eu vou pedir para apagarem as luzes para ficar melhor para enxergar, porque nós fizemos em transparência.

— Obrigada, Caio.

— Demos ao projeto o nome "Casa de Heidi". Aqui apresentamos o casarão como era. Tentamos desenhá-lo o mais próximo do que ele estava quando vocês iniciaram os trabalhos...

A "Casa de Heidi". Era com esse nome que a Cooperativa dos Catadores de Materiais Recicláveis "Barão de Mauá" pretendia ser a entidade vencedora do prêmio para

Oscip (Organização da Sociedade Civil de Interesse Público), realizado por um organismo internacional.

Toda vez que Alice, Renata ou Denise apresentava uma fotografia, alguém gritava:

— É eu!

— Olha isso aí!

— Nois estudando!

— Nois catanu lixo!

— Bem, este é o projeto. O que precisamos...

Estavam todos tão alvoroçados que ninguém ouvia mais nada. Renata tentou falar:

— Pessoal!

Denise também:

— Pessoal! A gente precisa que vocês assinem...

— Boa noite, pessoal! Podemos fazer a pausa para o café? Depois a gente volta e continua? Aplaudiram como nunca.

— Ao café!

— Lia, como é que você consegue que eles te ouçam dessa forma? Quase perco a voz e você chega e diz boa noite e tá todo mundo te ouvindo?

— Neste momento eles ouviram foi o aviso do café.

— Pois é, eu pensei que o projeto fosse importante para eles também.

— É, Lia, afinal estamos falando de uma parte da vida deles.

— Não. Vocês não estão falando de uma parte da vida deles. Vocês estão falando é da parte boa e unicamente boa da vida deles. A única coisa boa que aconteceu até agora na vida desse povo. O sonho de alguns deles por anos. É por isso que está todo esse alvoroço. Essa muvuca.

— Quando eles voltarem vai ser melhor? Estarão mais atentos?

— O café, a conversa, a troca de ideias vai baixar a ansiedade. Eles voltam mais tranquilos. Parabéns pelo trabalho! Tá lindo.

— Ah! Você gostou?

— Eu estou muito impressionada. Está muito bem feito. Muito lindo. Tem fatos que eu não me lembrava mais. Tanta coisa se passou que não me lembrava mesmo.

— Isso é a nossa história, Lia.

— Sem dúvida. A história de cada um aqui, Mário

— Uma linda história de amor.

— É, não deixa de ser.

Após o intervalo para o café:

— Boa noite, pessoal. Agora, Alice, Denise e Renata precisam que nós escutemos o que elas têm a dizer para terminar o projeto e enviar ao concurso.

— Ainda tem mais coisa?

— Tem. Eu peço que nós escutemos com bastante atenção. Está bom? Pode ser? Qual de vocês quer explicar?

— Você!

— Como assim?

— Nós queremos que eles preencham essa autorização para usarmos o texto e as imagens deles no projeto.

— Então tá. Por que vocês não falam?

— Com você a coisa flui mais rápido.

— Tá bom então. Pessoal, é necessário que cada um aqui dê sua autorização para uso de imagem no projeto. Tem uma autorização para ser preenchida por cada um. Mas antes de preencher as autorizações é preciso saber se a participação no concurso foi aprovada. Se vocês querem que a Cooperativa de Catadores de Materiais Recicláveis "Barão De Mauá" participe do concurso de projetos com o texto intitulado "A casa de Heidi".

Ela mal terminou de falar e estavam todos aplaudindo.

— Tem alguém que é contra?

— Se tiver alguém, manda internar, Lia.

— Tá certo, Mário, farei isso. Mas falando sério. Alguém é contra? Não? Aprovada a participação?

— A participação nada. Nós vamos pra ganhar!

— Quanto entusiasmo! Quem te viu, Seu Mário! Agora precisamos preencher as autorizações. Cada um pega a sua e preenche o que souber. O que faltar é preenchido depois. E não se esqueçam de assinar. Ninguém saia daqui hoje sem assinar esse papel.

— Elsa, quer que eu te ajude?

— Brigada, Renata. Agora eu tô sabenu lê. Já sei escrevê meu nome todinho.

— Tá bem.

— Ei, Renata. O que é mesmo esse tal de RG?

— Deixa que eu te ajudo.

— Alice, sabe o que eu senti falta nas fotografias?

— Não. Tem algo errado, Lia?

— Por que vocês não colocaram nenhuma foto de Aninha? Ela é tão importante nesse projeto.

— Ela é menor de idade, Lia, e não tem responsável. Acho melhor não usar as fotos dela.

— Olha como ela está? Deve estar arrasada. Todo mundo se viu, menos ela. Ela tá quietinha, num canto.

— O que se faz, então?

— Vamos arriscar. Mostra uma ou duas fotos dela. Eu me viro depois. Diz que você esqueceu. Ela passou a tarde falando nesse projeto, porque ela viu vocês preparando ontem, escolhendo as fotos.

— Lia, é arriscar demais.

— Não é não, Alice. Pra ela isso é importante. Tem foto de todo mundo. Menos dela. Fica difícil pra entender.

— Pois é, mas e se nós perdermos o concurso por causa dela?

— Acho que não. Ela está estudando numa escola pública, frequentando a sexta série. É assídua. Tem bom aproveitamento. E nós, eu e o Ângelo, pedimos a guarda dela a semana passada porque Lúcia, a irmã do Ângelo, disse que era muito arriscado ficar com ela aqui no casarão sem nenhuma guarda. Nós entramos com o pedido. Talvez a guarda saia ainda na semana que vem. O Luís Eduardo está agilizando.

— Ele não me disse nada.

— Calma, moça. Isso é assunto profissional. Deixa o homem ter os segredos dele? E quanto a mim? Um dia, quando nós nos aposentarmos...

— E tivermos muito tempo...

— Mas bota tempo nisso! Eu te conto.

— Vocês pediram a guarda da Aninha?

— Mas ela já tem um filho.

— Mas ela é menor de idade, Renata. Eu me sinto muito mal por ela. Quer dizer, não me sentia, mas a Lúcia, irmã do Ângelo, me fez pensar e ver o que acontecia no casarão que eu não percebia.

— O que era que acontecia, Lia?

— Aninha mora aqui, trabalha aqui, é cooperada, fez tratamento contra drogas, pré-natal, tudo isso.

— E tudo isso é muito bom. Tudo isso é trabalho seu e do Ângelo, Lia, mas eu sei que essa parte é mais coisa sua.

— E tem alguma coisa errada, quer dizer, tinha, Lia? O que acontecia com ela?

— A Lúcia me fez perceber, Renata, que Aninha morava no casarão, na minha casa. É uma adolescente sem escola, sem responsável, numa situação totalmente irregular. Não estava frequentando nenhuma escola e ninguém notou isso, nem eu, nem o Ângelo. Ninguém.

— Nem eu me dei conta disso, meu Deus! Essa menina ficou anos sem estudar e eu não percebi, Lia!

— Pois é, Alice. Lúcia disse que em nossa sociedade é assim mesmo. Ninguém nota uma menina pelos cantos de uma casa de família lavando, limpando, cozinhando e cuidando de criança sem frequentar a escola. Ela disse que é como se isso fosse natural.

— Mas no caso dela não é assim. Ela não trabalha no casarão. Eu nunca a vi lavando, passando ou qualquer outra coisa para vocês.

— Assim como não me viu preocupada em colocá-la na escola. Se a Lúcia não fala... Sei que até agora ela não estudaria, Denise.

— Que sensibilidade dessa tal de Lúcia. Esse é o nome dela?

— É esse mesmo, Renata.

— Ela é irmã de quem mesmo, Lia?

— Você sabe, Alice. Do Ângelo.

— Ah, tá explicado a sensibilidade. Vamos arrumar umas fotos de Aninha também e seja o que Deus quiser. Afinal, se o Luís está agilizando a guarda, ela sairá logo.

— Meu Deus, quanta confiança no homem!

— Renata, você notou que não é mais "o doutor"?

— Que progresso, Denise. O amor é lindo.

— Alice, falando em fotos. Me lembrei...

— Lembrou-se do quê? Tem mais alguma coisa, Lia. O quê?

— As fotos do casarão, da construção do casarão. As fotos da Dona Emília. O álbum de fotos que ela nos deixou no dia da abertura do testamento. Eu não recebi uma caixa? Eram as fotos do casarão.

— Vai logo lá buscar.

— E quando eu fui visitar o Dito.

— Você foi ao presídio para visitar o Dito, Lia?

— Sempre que posso eu vou, Renata.

— O Ângelo não se incomoda? Ele não tem ciúmes?

— Não, Denise. O Ângelo é um homem inteligente. Mas quando eu fui visitar o Dito, contei pra ele do concurso. Ele me disse que na marmoraria tinha umas fotos da reforma do casarão que ele tirou. Estão lá em cima também. Vou buscar. Talvez tenha alguma em que aparece Aninha.

— Vai logo. O que você está esperando, mulher!

CAPÍTULO LXIV

Quando Dito chegou à marmoraria, todos pararam e olharam para ele. O tempo pareceu dar um tempo e parar de vez. Ninguém respirava.

— O que foi? Alguém morreu?

— Não, Dito. Ninguém morreu. Seja bem-vindo.

— Poxa vida! Que droga! O sujeito fica preso por um tempo e quando volta os seus camaradas, os seus sócios, ficam olhando pra ele como se não fosse pra ele voltar mais!

— Vai chorar agora ou depois? Entra que tem café e pão fresco. Rapaziada, hoje é festa depois do expediente! O patrão chegou!

— UUUUUUUUUUUUUUUUUhhhhh! Valeu!

— Cadê aquela moça bonita? Não veio hoje? Só tem esses mal acabado por aqui?

— A Lia? Seria ela?

— Não, não. A tua mãe, mesmo ela tando já muito veia! A tua irmã que não podia ser porque aquela lá nunca foi bonita.

— Você nem conhece minha irmã.

— Nem quero conhecer. Se ela tiver a tua cara deve ser o diabo de feia.

— A Lia está no casarão. A coisa está animada por lá.

— Por quê?

— A cooperativa está concorrendo a um prêmio e está na final. Tem chance mesmo de ganhar. E ela está cuidando disso.

— Cuidando da cooperativa, como sempre.

— Vou te mostrar uma coisa.

— O que é?

— Vê que beleza. Fizemos tudo com restos de pedra para parecer mosaico. Demos a ideia e nos arrependemos amargamente.

— Está lindo. Já sei por que se arrependeram. A Lia resolveu orientar a montagem, escolheu as pedras pessoalmente e vocês tiveram que correra trás.

— Do mesmo jeitinho da reforma do casarão.

— Ela é demais, não é não?

— É.

— Mas porque "Casa de Heidi". Como é que se lê? Heidi?

— É Raidi. Se lê Raidi.

— Por que esse nome? Não era Barão de Mauá?

Casa de Heidi é o nome do projeto da Cooperativa Barão de Mauá. Aquilo que a gente ajudou a fazer se chama hoje: Projeto Casa de Heidi. E tem uma história muito bonita por trás desse nome.

— A história de Dona Emília?

— É essa mesma.

— A Lia me contou. É linda mesmo. E como é que ela foi atrás dessa história e trouxe tudo pra gente? Não desanima, a danada!

— Nem do Ângelo. Ela não desanima dele, Dito.

— Eu sei, eu sei, Mário. Aquela história dela ser minha já esqueci. Vou me contentar em ser seu amigo. Adoro ela. Não faria ela sofrer nunca na vida. Vou ficar por perto pra cuidar dela porque se ela depender daquilo que ela chama de marido, coitadinha, tá perdida. Ela merece o melhor, mas ela pensa que o melhor pra ela é ele. Aquela coisa sonsa. Fazer o quê? Vamos lá no casarão que eu quero ver isso de perto.

Quando Dito se aproximou do casarão, Lia estava conversando com Alice sobre que roupa usaria na cerimônia de entrega do prêmio.

— Se a gente ganhar, você tem que estar bem bonita. Bem linda mesmo.

— Então vai você, que bonita aqui só você.

— Alice, você é tão bela... Uma mulher tão especial. É só achar a roupa certa e ficará uma fada.

— Fada negra? Onde já se viu?

— As fadas podem ser de qualquer cor e você tem cor de... de... de...

— Chocolate ao leite que é mais doce. Mais daqueles bem caros, porque é uma raridade.

— Dito! Você chegou. Eu queria tanto que você estivesse aqui para torcermos pelo prêmio juntos e você veio mesmo! Dá cá meu abraço! E esse eu quero bem apertado.

— Claro que vim, querida. Mas não vim torcer não.

— Como não, Seu Dito? Por que justo o senhor não vai torcer por nós?

— Me dê um abraço você também, minha fada de chocolate. E saiba que nós não precisamos de torcida. Torcida é pra quem está disputando o prêmio. Esse nós já ganhamos. Tá vendo essas lágrimas? São de vitória! Ela já está antecipando o choro da vitória, não é não, minha linda?

— Eu queria ter essa certeza.

— Queria ter certeza? Olha pra tudo isso aqui! Tudo o que você fez acontecer. Tudo o que você construiu. Tudo isso foi sem você ter certeza. Menina, avise quando você se meter em outra e tiver certeza. Meu Deus do céu, o que é que vai acontecer, então, não é não?

— É verdade, Lia. Nós vamos ganhar!

— E quem é que vai usar esse vestido azul aqui?

— Alice, Dito.

— É você, Alice, que vai representar a cooperativa?

— Sou eu. Serei eu mesma.

— Ela estará muito bem representada. Com muita dignidade, respeito, doçura e também beleza, porque você é bela sim. Afinal, meu amigo Luís Eduardo de bobo não tem nada.

— Obrigada, Dito. O Luís Eduardo vai comigo à cerimônia.

— Os cooperados já sabem disso?

— Não, não sabem. Lia achou melhor não dizer nada. Se nós ganharmos, todos estarão felizes e ela explica.

— Então tá. Mas me permita discordar. Não é assim que diz, Lia?

— É assim mesmo, Dito.

— Não é se ganharmos. É quando ganharmos. E pra isso falta pouco tempo. Falando em tempo, tem uma placa de pedra ali fora. Pra que que é?

— A placa está pronta?

— Pronta e linda. Muito bem feita mesmo.

— Você ajuda a colocá-la?

— Pra que você acha que eu vim aqui?

Vamos colocá-la no alto do casarão. Bem lá em cima. Fizemos uma biblioteca com os livros que achamos nas ruas. Reformamos o último andar do casarão do jeito que fizemos com o primeiro andar e o térreo. Cada pedaço de uma vez. Agora está pronto. Os livros recolhidos já estão lá em cima. Só faltam as prateleiras.

— Os livros estão organizados?

— Mais ou menos. Ainda não estão como poderiam estar. Tem chegado muita coisa. Doações. Têm chegado de todos os lugares. Alguns autores enviam exemplares seus. Nós escrevemos às editoras pedindo doações e elas enviaram muita coisa.

— Essa eu não conhecia. Você não me falou. Que ideia boa. Essa foi sua?

— Foi ideia do Ângelo. Aninha deu início e depois todos se envolveram. Alice realizou o projeto na creche.

— Como assim, Alice?

As crianças maiores escrevem as cartas e nós transcrevemos o que elas querem dizer numa carta padrão que acompanha a carta da criança. Para cada doação recebida a creche ganha metade dos livros recebidos e a outra metade fica para a cooperativa. Já recebemos muita coisa. E muita coisa boa.

— A cooperativa envia as cartas para as editoras por meio dos estudantes do curso de Educação de Jovens e Adultos e de Aninha, que entrega as cartas no correio, recebe e cataloga as doações.

— Ela não cata mais lixo na rua? Ou faz isso de madrugada? Sim, porque agora ele parece você. Não para mais.

— Ela não cata mais lixo, Dito. Está fazendo a sopa ainda e auxiliando nas atividades da cooperativa, mas aqui no casarão ou no banco, no cartório, onde precisarmos.

— Onde você quer que coloque mesmo?

— É lá em cima, Dito. Naquela estrutura. Lá em cima.

— Quem construiu a estrutura?

— Foram os rapazes da marmoraria e o Ângelo.

— E quem fez os cálculos?

— Um amigo do Luís Eduardo. Tem um engenheiro responsável. Pode confiar.

— Então tá. Porque nada me faria confiar nos cálculos daquela coisa.

— Que coisa?

— O Ângelo, Alice. A coisa é o Ângelo.

Quando os cooperados chegaram para a reunião, a pergunta era sempre a mesma:

— O que é que a Lia está fazendo aqui? Ela não foi receber o prêmio?

Muitos se perguntavam entre si, até que Maria resolveu perguntar para Lia:

— Nós já perdeu o concurso? É por isso que você tá aqui hoje?

— Não. Nós não perdemos. Vamos torcer juntos. É por isso que eu estou aqui, para torcermos juntos.

— Lia. Se nós ganhar e eles chamar, quem vai receber o prêmio?

— Para isso foi Alice. Quando ganharmos, Alice receberá o prêmio em nome da cooperativa. Mas nós podemos tocar a reunião tranquilamente, porque quando anunciarem o prêmio Alice ligará para o casarão. O telefone já foi instalado e poderemos saber logo em seguida.

O número de cooperados só aumentava, porque o trabalho era muito sério e ninguém se sentia lesado nas contas. As ideias de todos eram respeitadas e, quando aprovadas, colocadas em prática. Com a forma de se organizarem, muitos tiveram suas vidas transformadas em vários aspectos.

A cooperativa já contava com apoio financeiro, o que possibilitou a abertura da loja, no próprio prédio do casarão. Produtos feitos com material reciclado, oficinas de artesanato aconteciam durante as tardes e os produtos eram vendidos. Um grupo já bem estruturado produzia com qualidade e o produto desse grupo era exposto numa loja no centro da cidade como produto exclusivo da "Casa de Heidi".

Lia não conseguia disfarçar a ansiedade, Alice não ligava e parecia que o tempo se arrastava. Quem tinha relógio olhava as horas a cada segundo. Quem não tinha perguntava ao colega do lado:

— Que horas são agora?

— São nove e meia.

— Por que Alice não liga?

— Porque ainda não aconteceu nada.

— Será que nós perdemos e ela não quer dar o telefonema?

— Não. Combinamos que ela ligaria fosse qual fosse o resultado.

— Pessoal, vamos ao café?

— Lia, Alice sabe o número do telefone daqui?

— Sabe, Maria. Não se preocupe. Ela ligará.

— Que coisa! Nóis tá tudo nervoso. Parece que isso é o mais importante.

— E não é? Ganhar um prêmio não é o mais importante?

— Não é mesmo, Caio. Nóis fez tudo isso sem prêmio nenhum. Nóis fez cada coisa aqui no casarão, cada projeto, o catálogo, os cursos de artesanato, a cooperativa, as pessoa estudando, fazendo tratamento para parar de beber. Isso tudo já é um prêmio.

— É verdade, Maria.

— Mas esse prêmio vai ser muito bem-vindo.

— Vai sim, Renata, mas não vai mudar nossa vida e nóis vai continuá fazendo tudo do mesmo jeito. Vamu continuar sendo as mesma pessoa.

— Que bom, Maria, que você também pensa assim, porque se o prêmio não vir...

— Nem fala nisso, Renata! Ele vem, sim.

— Tem um telefone tocando...

— Vai lá, Lia. Deve ser a Alice.

— Aninha está lá e vai atender. Se for Alice, ela nos avisará.

O telefone tocou ainda duas vezes até ser atendido. Dito se aproximou de Lia e segurou-lhe a mão.

— Lia, cadê o seu marido?

— Eu não tenho marido, Dito.

— Pensei que ele estaria aqui do seu lado neste momento importante.

— Acho que ele foi para uma excursão, mas não posso afirmar porque ele não veio se trocar como faz sempre.

— Se ele foi para mais uma excursão, eu durmo aqui hoje.

— Não precisa, Dito. O Caio costuma fazer isso quando Ângelo não está. Aninha desceu a escada e disse para Lia:

— Alice ligou.

— E aí?

— Ela disse que está chegando daqui a pouco.

— E o prêmio?

— Ela não disse nada. Eu perguntei, mas ela não respondeu nada. Respondeu que já estará aqui.

— Nós perdemos, então, Lia?

— Talvez Alice esteja querendo fazer uma surpresa, Renata.

— É, Maria, talvez seja isso mesmo.

— O que você acha, Lia?

— Acho que devemos esperá-la. Se ela disse que virá, ela virá. Vamos esperar. Apenas esperar.

— Mas o combinado não foi que ela ligaria, Lia?

— E ela não ligou, Renata? Agora vamos esperar, por favor.

Lia estava visivelmente abalada. Dito tentou acalmá-la, mas ela não aceitou sua mão. Foi para um canto e ficou sozinha. Depois subiu ao primeiro andar e foi olhar as crianças para Ana descer um pouco e ficar lá embaixo com as pessoas.

Dito subiu atrás e Lia pediu:

— Por favor, Dito, não me pergunte nada do Ângelo, porque eu não sei dele.

— Tudo bem, não vou te perguntar mais nada dele. Até porque ele acabou de chegar. Está lá embaixo. E não chegou sozinho.

— Alice! Alice já chegou! Ela quer me matar do coração!

— Não é Alice.

— Então eu vou lá pra baixo porque não dá pra ficar aqui. Nem dá pra ficar lá embaixo também. Eu estou com os nervos destruídos.

— Boa noite.

— Boa noite... Meu Deus do céu! É muita coisa para uma noite só! O que você fez?

— Achei que você gostaria de dividir este momento com mais alguém.

— É, mamãe, soubemos que vocês vão ganhar um prêmio e viemos torcer juntos.

— Você podia ter me avisado! Ângelo, você vai acabar comigo assim! Quem é esse rapaz?

— Sou eu, Lia. O Vitor.

— Teu filho, Ângelo?

— Ele mesmo. Já é um homem.

— E um homem lindo, muito lindo. É a cara do pai...

— Eu não sabia que você me achava lindo?

— E não acho. Mas não é estranho que seu filho sendo a sua cara seja lindo?

— Hei, nós estamos aqui. Dá pra parar com a beijação?

— Mamãe, nós estamos aqui!

— Que bom! A noite perfeita. O que poderia dar errado hoje?

— Nada, Lia querida. Nada dará errado hoje.

— Pessoal, este é o Dito. Um amigo muitíssimo querido. Amado mesmo. Dito, este é meu filho e esta minha filha.

— Filha da Letícia Regina e uma porção de sobrenome?

— É, são meus filhos. São a melhor parte da Letícia. É a única parte que eu, Lia, tenho e quero manter da Letícia.

— Mamãe, tem alguém chamando lá embaixo.

— Lia? Desce aqui!

— Alice! Alice chegou!

Lia desceu as escadas que nem percebeu quantos degraus havia. Alice, muito séria, parecia triste. Lia olhou-a e disse:

— Seja qual for a notícia, dê-nos logo. Seja objetiva e nos diga o que aconteceu.

— Eu tenho uma dúvida, desde que saí daquele prêmio e tirei todas aquelas fotos...

— Deixe a dúvida para depois e diga: ganhamos?

— Não posso dizer sem tirar a dúvida, Renata.

— Diz logo!

— Lia, desculpa, mas pela cara dela nós perdemos.

— Dá logo a notícia, Alice.

— Calma, Renata. Eu preciso tirar a dúvida.

— Qual é a dúvida, Alice?

— Alice nóis ganhou o prêmio?

— Qual é a dúvida, Alice?

— Nós ganhamos o prêmio, sim, gente! Senão, por que Alice teria tirado tantas fotos? Podemos comemorar!

— É mesmo, Alice? Ganhamos?

— É Renata, Lia adivinhou. Eu dei a dica sem querer. Vamos comemorar!

— Não sem antes saber qual é a dúvida.

— A dúvida era o que fazer com sessenta mil reais.

— Ah, nós saberemos gastá-lo bem!

— Lia, porque você não foi receber o prêmio? Agora nós queremos saber de verdade.

— Eu não poderia ir receber o prêmio no lugar da nossa presidente. Pessoal, Alice é a presidente da cooperativa e não eu.

— Por que é Alice, se nós elegemos você aquele dia?

— Porque, permitam-me, por favor.

— Pois não, doutor Luís. Pode falar.

— Por que Lia não poderia assinar os papéis da cooperativa e botar tudo a perder. Lia tinha uma história que ninguém conhecia e queria mantê-la em segredo. Ela me procurou na época e sugeriu o nome de Alice e assim fizemos. Lia continuava à frente da cooperativa e Alice assinava os papéis. Convencer Alice foi o mais difícil, por essa razão demoramos tanto para registrar a cooperativa.

— Por causa daquela história dos tiros no shopping?

— Por isso mesmo. Mas agora que vocês já sabem de tudo, quero apresentar meus filhos. Rebecca e Jorginho. E este é o filho do Ângelo, o Vitor.

— Agora vocês já podem chamar a mamãe de Letícia.

— Então, Alice, como presidente da Cooperativa de Catadores e Recicladores "Barão de Mauá", dê solenemente a notícia que todos estão esperando.

— Eu vou falar igual eu falei lá.

— Tá bom. Faz isso.

— Eu, Alice, como presidente da Cooperativa de Catadores e Recicladores "Barão de Mauá", recebo com muita alegria e gratidão este prêmio e o ofereço à nossa presidente de fato, Senhora Lia de Alencar, sem a qual não haveria o casarão, nem a cooperativa, nem a "Casa de Heidi". Mas que bom que você existe e nos ensina a sonhar. Aqui está o cheque.

— Puxa vida. Você disse isso lá na festa?

— Disse desse jeito assim mesmo?

— Disse, sim, Maria. Exatamente assim. E acrescentei. Obrigada por tudo o que você nos fez acreditar que seria possível.

— Me dá um abraço, parceira. Sem você, nada seria possível também. Nós todos somos uns sonhadores. Todos nós aqui.

— Vou abraçar também e quem quiser que aproveite!

— Venham cá que nós merecemos. Vamos!

A noite terminou com todos emocionados. Ninguém conseguiu dormir e ficaram conversando, ninguém ia embora. O sábado chegou com alguns ainda conversando.

CAPÍTULO LXV

Lia ficou sabendo que havia um novo psicólogo no centro de saúde do bairro e que poderia voltar e marcar suas consultas novamente. Não pensou duas vezes. Sabia que precisava se cuidar e faria isso sem precisar da insistência de Ângelo. Marcaram para a semana seguinte e ela não lhe disse nada.

As visitas de seus filhos, Rebecca e Jorginho, além de Vitor, eram agora bem regulares e as crianças se entendiam muito bem com eles três. Precisava tomar cuidado para que não ficassem muito mimadas. Mimo em excesso nunca dá certo.

Lúcia também sempre que podia ia ver Ângelo e ficava por lá fazendo parte das atividades da "Casa de Heidi". Ela conhecia algumas técnicas de artesanato e passava algumas delas ao pessoal, mas gostava muito de aprender e já fizera algumas coisinhas bem bonitas de decoração.

Ângelo chegava do trabalho no fim de uma tarde de segunda-feira e encontrou Lia pronta:

— Vai sair a esta hora? Tem algum compromisso?

— Tenho.

— Posso saber qual é?

— Pode.

— Vai sair com o Dito?

— Pedi uma carona e ele vai me dar.

— Desculpe, não quis ser indiscreto.

— E não foi. Só está sendo imbecil.

— Imbecil? Por quê? Porque eu chego e encontro você toda arrumada para sair com o Dito?

— É e está se matando de ciúme dele outra vez.

— Ciúme dele? Eu? Só se tivesse motivo pra isso.

— Se tivesse um motivo, um motivo só, não seria imbecil. Mas não tem, não tem nenhum. Eu só pedi um favor pra ele e ele está fazendo.

— Todos os favores possíveis para você. Ah! Depois dos impossíveis, é claro!

— Quer saber? Eu só pedi pra ele, porque você não estava aqui. Mas eu queria mesmo era ir com você. Mas como você nunca está aqui, eu não poderia levar as meninas e o Lucas sozinha. Então pedi pra ele.

— Ir comigo? Aonde você vai? Por que você não me diz de uma vez? Teria evitado essa discussão.

— Vou ao psicólogo.

— Que psicólogo?

— No centro de saúde. Tem outro desesperado lá.

— Desde quando você sabe disso?

— Desde a semana passada.

— E por que não me disse nada?

— Porque a gente mal se viu esta semana. E hoje que você chegou mais cedo, nem me cumprimenta, nem me dá um beijo e já vai cobrando a presença do Dito lá fora.

— É, você tem razão. A coisa tá feia por aqui. Que horas vai ser a consulta?

— Sete e meia.

— Já são sete. Eu vou com você.

— Não dá tempo. Você precisa tomar banho, comer alguma coisa. Eu vou com ele e deixo as crianças, pode ser?

— Para as crianças não atrapalharem o casal? Pode ser. Eu cuido delas como uma boa babá.

— Puxa vida, tá feia a coisa por aqui. Eu tô indo. Tchau.

— Tchau nada. Eu vou com você. A gente leva as crianças e vai a pé. Chega um pouco tarde, mas eles te atendem. Você não será a primeira mesmo.

— Solta o meu braço, que eu já vou porque a pé não dará tempo.

— Você quer que eu vá ou não quer?

— Quero, mas você não precisa ficar com fome por isso, nem segurar meu braço forte assim.

— Com fome, sem banho, cansado e com três crianças para cuidar. Eu faço qualquer coisa por você. Será que você não vê? Posso ir com você?

— Pode, sim. E eu deixo de ir no carro novo e confortável do Dito para ir a pé com você e três crianças. Vamos logo. Se a gente se apressar chega lá antes das oito e meia. E se não conseguir mais a consulta para hoje, marca para outro dia.

Quando Dito, que esperava lá embaixo, viu os dois descendo, Ângelo com o braço apoiado no ombro dela, chamando as crianças para ir junto. Decidiu:

— Vocês vão perder a hora.

— Já estamos prontos.

261

— Vamos agora, crianças!

— Posso fazer uma proposta?

— Claro, Dito, fique à vontade.

— Vão vocês dois. Leve o carro. Eu fico com as crianças. Vocês ficam mais à vontade pra falar. Talvez você, Ângelo, queira entrar no consultório junto. As crianças já estão bem arteiras. Deixe elas comigo.

— Você se importa, Ângelo?

— Acho a ideia boa e assim não chegamos atrasados.

— Então vão. A chave está aqui.

Ângelo deu a volta no carro para pegar a chave e ouviu de Dito:

— Parabéns pela atitude. É assim que se faz. Está aprendendo, rapaz. Bom menino. Vai fundo!

Ângelo olhou bem nos olhos de Dito e deu um sorriso debochado, como quase nunca fazia desde que deixara a Febem, havia muito tempo. Abriu a porta do carro, entrou e foram embora.

Nessa consulta Ângelo esperou do lado de fora da sala do psicólogo. Lia não demorou mais que o normal, porém, ao sair, seus olhos estavam vermelhos. Ela parecia ter se emocionado muito.

— Está tudo bem com você?

— Está. Podemos ir embora, por favor, Ângelo?

— Você não vai marcar a próxima consulta?

— Vou. É lá na frente, lembra?

— Então vamos.

Marcaram a consulta e voltaram ao carro para ir ao casarão.

— Você quer parar em algum lugar pra conversarmos, Lia?

— Não. Acho que não. O Dito já foi tão incrível ficando com as crianças para nós e ainda emprestando o carro. É melhor voltarmos logo ao casarão. Ele pode estar ansioso, esperando a nossa volta.

— É. Eu também acho que ele foi incrível, mas você não me parece muito bem. Não é melhor nós conversarmos um pouco?

— Sinceramente, Ângelo, eu não quero conversar. Não agora.

— Então tá. Vamos voltar ao casarão.

A semana passou sem nenhuma novidade, a não ser o excesso de ansiedade de Lia. Cada dia mais nervosa, ela se mostrava impaciente e tensa, sem haver uma razão aparente.

— Se você continuar assim, vai acabar explodindo, moça.

— Se explodir, não farei falta alguma, pode crer.

— Não fale assim. Já pensou essa marmoraria cheia de pedaços de Lia por todos os cantos?

— Seria difícil de limpar tanta sujeira.

— Um pedaço de braço perfumado ali, um pedaço de perna bonita ali, um pedaço do rosto com esses olhos azuis pra lá... E o que será que haveria nessa cabeça cheia de cachos loiros?

— Água oxigenada, talvez.

— Não. Isso não teria mesmo. Você é loira natural, não é não?

— Sou, desde que nasci. Droga de máquina que não funciona nunca quando eu preciso! Droga!

— Calma, moça. Calma. Computador não é movido a socos não. Ele é tão sensível quanto você e também não merece apanhar tanto assim.

— Ele apanha porque merece.

— Nada nem ninguém merece apanhar.

— Será mesmo que ninguém merece apanhar?

— Não merece não, moça. Eu já apanhei bastante na vida e se pancada ensinasse eu seria um gênio, um sábio de verdade, daqueles que têm uma lição pra cada assunto. E você não vê que eu sou uma besta?

— Desculpa, Dito. Eu quase quebrei o computador.

— E quase machucou a mão também. Olha só, está vermelho desse lado, perto do polegar direito. Deixa passar um pouco de álcool aqui. Se bobear fica roxo depois. Vou fazer uma massagem na sua mão.

— Dito, eu ando meio nervosa.

— Meio é modéstia sua. Você tá é doida mesmo. O pessoal daqui tá tudo com medo das suas respostas. Ninguém quer perguntar mais nada.

— É sério?

— É sério mesmo.

— Que chato, não era pra ser assim.

— Então põe essa raiva pra fora senão ela vai te consumir.

— Eu não posso, Dito.

— Por que não?

— Porque eu não sei o que é que está me deixando assim tão irritada.

— Não sabe ou não quer falar?

— Não sei mesmo. Segunda-feira eu tenho uma consulta com o psicólogo outra vez e ele me disse para eu fazer uma volta ao meu passado e rever os acontecimentos que me fizeram sofrer para conversarmos na segunda. Só que eu não me lembro. Eu não me lembro de algumas partes e a minha cabeça fica com pedaços em branco como se fossem para ser preenchidos. É como se fosse uma prova com espaços para serem preenchidos e você não se lembra que palavra encaixar, sabe?

— Sei.

— Há partes que eu não me lembro.

— Eu sei como é isso. Parece que não aconteceu nada e que você passou aquele tempo dormindo.

— É exatamente assim que eu me sinto.

— Você consegue se lembrar do começo e do fim desse período de tempo?

— Consigo.

— Tinha alguém com você nesse tempo com quem você ainda convive hoje?

— Claro que sim. Tem o Ângelo.

— Eu posso te pedir um favor?

— Claro que sim, Dito. O que é?

— Deixa eu dar uma surra nesse cara?

— No Ângelo? E por que você faria isso?

— Porque se eu desse essa surra nele sem você autorizar você iria sofrer, por isso eu ainda não dei, só por isso. Porque eu não quero ver você sofrer.

— E se eu desse autorização?

— Então você não sofreria e eu ficaria muito feliz em quebrar a cara dele.

— Tá. Mas o que tem isso a ver com a minha falta de memória em certos acontecimentos ou momentos vividos?

— Se você estava com a criatura, ele sabe o que aconteceu, portanto, ele pode te ajudar a lembrar e amarrar a sua história. Ele pode te ajudar a melhorar. Basta ele querer fazer isso. Basta ele virar homem de uma vez ou sair da sua vida.

— Dito, você não está autorizado a dar essa surra no Ângelo.

— Então você não vai melhorar.

— Vou, sim. Você não vai bater nele porque ele não sabe disso. Ele não sabe da minha conversa com o psicólogo e não sabe dessa lacuna na minha memória. Conversando agora com você eu me dei conta de que o Ângelo não sabe disso. Nunca conversamos a respeito. Ele não sabe de nada.

— Que pena! Então a criatura vai continuar com aquela carinha bonitinha ainda por algum tempo.

— Você acha ele bonito também?

— Não é que eu acho, mas a gente se acostuma com a cara das pessoas quando convive com elas. E eu posso te garantir que se eu quebrar a cara dele, ele vai ficar horrível.

— Eu vou conversar com ele sobre isso hoje à noite. Quem sabe ele me conta alguma coisa que eu não me lembro mais.

A reunião da cooperativa versava sobre o prêmio conquistado. A possibilidade de investir o dinheiro ganho gerava muitas discussões.

— Lia?

— Por favor, Caio. Tem a palavra.

— Eu tive pensando que nóis podia gastar um pouco do dinheiro para facilitar a vida dos catador.

— Essa é uma ótima intenção. De que jeito faríamos isso?

— Se nós adaptasse nos carrinho umas rodas para puxar eles na frente. Alguma coisa como uma bicicleta. Os catador ia fazer a coleta bem mais rápido, ia podê ir mais longe e ia juntar mais material.

— A ideia me parece interessante, mas eu não consigo visualizar. Você poderia desenhar? Seria possível que você demonstrasse num desenho? Ou outra pessoa presente que entendeu melhor a ideia poderia ajudar?

— Lia?

— Com a palavra, Seu José.

— O moço tá dizendo assim. Você já viu aqueles carrinho que na frente tem uma bicicleta?

— Não.

— É como se a bicicleta puxasse o carrinho. O carrinho é colocado atrás da bicicleta, que sai puxando ele.

— Então se tem uma bicicleta e acoplado na bicicleta vem um carrinho de catar lixo? É isso?

— É isso mesmo.

— O cooperado vai andando com a bicicleta e movimentando o carrinho?

— É isso mesmo.

— Então a proposta do Caio é comprarmos uma bicicleta para cada cooperado? É isso, Caio?

— Não. Porque talvez não precise comprar as bicicletas nova. Talvez nóis possa arrumar umas usada e adaptar os carrinhos. Só vai precisar comprar os material.

— Alguém é contra a ideia do Caio? Alguém tem alguma dúvida?

— Lia, posso falar?

— Claro, Dona Maria. A palavra é sua.

— Eu acho que entendi a ideia do Caio. Mas como é que vai ficá quem não sabe andá de bicicleta? Vai sair da cooperativa?

— Quem não sabe, aprende ora. É tão fácil.

— Aprendê andá de bicicleta pruma veia como eu? E você acha que é fácil?

— É, Dona Maria, talvez o Caio não esteja defendendo a ideia de todos os cooperados usarem esses carrinhos movidos a bicicleta, mas esteja propondo que nós gastemos um pouco do dinheiro com essa proposta. Mas quem não quiser tentar a novidade, não seria um problema. Quem não quiser, não precisa aderir, se é isso que eu entendi. É assim Caio a ideia?

— É assim mesmo. Só tô fazendo a proposta pra quem quiser.

— Alguém considera essa uma proposta inviável? Alguém é totalmente contra a ideia? Não?

— Lia?

— Sim, Aninha?

— Eu acho que era bem interessante pensar na ideia do Caio. Seria mais fácil para alguns conseguir mais lixo no fim do dia. Nóis não pudia fazer uma pesquisa pra ver quanto ia ficar a proposta? Fazendo a pesquisa nóis via se era viável ou não. Se for viável nóis faz só pra quem quiser.

— Mas alguém quer se manifestar? Pois não, Caio?

— Eu posso fazer um com material reciclado e trazer na próxima reunião, enquanto você faz a pesquisa do preço das bicicleta usada e das nova.

Alguém é contra a proposta do Caio e da Aninha? Vejam bem. São duas propostas: uma reza sobre a pesquisa de preços do material usado para adaptação dos carrinhos com bicicletas usadas e a outra é sobre o custo do mesmo projeto com bicicletas novas. Alguém contrário?

— Contra fazer as pesquisa? É isso, Lia?

— É isso, Dona Maria. A proposta é a pesquisa de preço com material usado e outra pesquisa de preços com bicicletas novas, sendo adaptadas nos carrinhos.

— Se é só a pesquisa, dá pra fazer e a semana que vem nóis decide.

—Alguém é contra? Não? Aprovada. Ah! Pessoal! Informo a todos e a todas que no próximo mês chegarão as esteiras rolantes que compramos com o dinheiro do prêmio. Separar o material ficará mais fácil, mais rápido e mais seguro também. Mais algum assunto que não esteja na pauta? A pauta já foi terminada. Não há mais nenhum assunto? Até a próxima reunião. Boa noite a todos e a todas.

— Oi, moça. Cadê a criatura?

— Ai, Dito, não deu certo meu plano de conversar com Ângelo sobre a falha na minha memória. Hoje ele teve excursão. Só volta domingo à noite, se tudo der certo.

— Então eu durmo aqui.

— Dito, não precisa. Você faz um verdadeiro sacrifício passando os finais de semana aqui, dormindo naquele colchão. Não precisa, meu amigo. Obrigada.

—Sacrifício? Você acha que é um sacrifício eu dormir aqui no casarão? Conversar com você? Ficar ao seu lado? Te proteger? Pois está muito enganada, moça. Eu adoro essa parte da história.

— Já que é assim... Então eu te convido para um chá. Dessa vez eu vou fazer um de maçã com canela que você vai amar.

— Agora sim, vai começar o sacrifício. Chá é de lascar. Essa á a parte difícil da coisa.

— Você quer que eu facilite?

— Oba! Seria ótimo!

— Então eu te faço um café, mas eu faço o café.

— Você disse que ia facilitar. Se é pra você fazer, vamos ao chá, porque o seu café é de lascar também.

Dentro do casarão Lia se irrita e chuta o gabinete da pia.

— Droga, porcaria, droga!

— Posso te fazer uma massagem? Você ainda está muito tensa.

— Massagem?

— É. Faço uma massagem e te deixo bem relaxada.

— Quem sabe fazer uma massagem maravilhosa é o Ângelo. Ele me deixa bem leve quando faz.

— Mas não faz. Não tem feito mais, não é?

— Não tem feito mesmo. Eu tenho sentido muita falta disso também.

— E do resto? Continua sem tomar uma decisão?

— Decisão de quê?

— Se quer ou não quer!

— A massagem?

— Não, você.

— Dito, desculpa, mas do que é que você está falando?

— Do casamento de vocês dois. A criatura ainda não tomou nenhuma atitude com relação à vida amorosa de vocês dois? Estou tentando ser delicado.

— Obrigada por isso. Mas não, ele não tomou nenhuma atitude.

— E você continua esperando.

— É, continuo, mas também eu não tomei mais a iniciativa. Cansei de receber não. Cansei de ser rejeitada. Se não quer, eu também não quero.

— Ele tem outra mulher? Você já pensou nessa possibilidade?

— Já. Ele não tem ninguém. Só não tem coragem ainda.

— Coragem ou desejo?

— Desejo ele tem. Falta coragem, talvez. É medo de se envolver assim comigo e começar tudo de novo.

— Medo? De ter você? Sei não. Acho que vou dar uma surra nele sem você autorizar mesmo.

— Antes de surrar o Ângelo, tome o seu chá e me diga se gosta.

— É, não é ruim. Chá não é tão ruim.

— E por que então o senhor sempre se defende antes de provar?

— É porque eu fui criado por uma família em que tomar chá era só quando se estava doente. Então tomar chá era estar doente e não poderia nunca ser bom, gostoso. Era remédio, só remédio. E o gosto era sempre muito ruim.

— Estranho, não é? Eu cresci aprendendo a saborear o chá. Sempre leves, quentes e muito saborosos.

— E tem também o tal chá broxante que eles dão na cadeia. Todo mundo que já passou por uma cadeia já ouviu essa expressão chá broxante. Talvez seu marido tenha tomado muito desse chá.

— Ah, Dito! Como é bom ter você por perto. Eu consigo relaxar com você. Mas hoje eu estou muito cansada. Você se importa se eu for dormir agora?

— Claro que não, querida, mas me dê um abraço.

— Dito, boa noite. E, por favor, não sonhe que está surrando o Ângelo.

— Vou lá perder meu tempo de sonhar com aquilo. Vou sonhar é com você.

— Boa noite, Dito.

— Boa noite, Lia. Se mudar de ideia e quiser experimentar a minha massagem, não vai se arrepender.

— Tá bom. Outra hora, quem sabe. Por enquanto esse abraço já está muito bom. Obrigada por tudo.

Depois de algumas outras consultas das quais Lia sempre saía meio deprimida, ela quase desistiu do resto da terapia. Numa das consultas, o psicólogo pediu a presença de Ângelo na sessão. Na presença dele, Lia criou coragem para fazer a pergunta que ela não conseguia responder sozinha e que lhe causava tanta dor:

— Por que você não me quer mais como sua mulher?

— E quem foi que disse que eu não quero mais você?

— Por que você foge dela?

— Ai, doutor, aconteceu tanta coisa. Nesse tempo todo foi tanta confusão, tanta dor, tanto sofrimento para nós dois e para outras pessoas.

— Ângelo. Você se importaria de participar das próximas sessões para juntos, nós três, trazermos à consciência alguns fatos da vida da Lia que estão desconectados da memória dela e que são fonte de angústia para ela?

— Isso poderia ajudá-la a se encontrar? Ela poderia ficar melhor com a minha participação na terapia?

— Se ela descobrisse o porquê das coisas terem acontecido com ela e da forma que ela reage às suas emoções, poderia ajudá-la, sim.

— Você quer que eu participe dessas sessões?

— Quero. Quero muito. Acho que será bom para nós dois.

— A próxima consulta é na semana que vem. Conto com os dois aqui. Se você, Ângelo, fizer isso, acho que será interessante.

— Ok, doutor. Eu venho.

Descobrir-se não é fácil para ninguém. Para Lia, sua história estava sendo contada. Era como se Ângelo estivesse escrevendo uma história que ela desconhecia. Era como se ela não fosse, pelo menos por um tempo, a protagonista de sua própria história.

— Pode falar, Ângelo.

— Falar o quê, doutor? Como assim?

— Eu posso fazer as perguntas e você responde? Pode ser?

— Eu me sentiria mais confortável.

— Então... Como você e a Lia se conheceram?

— Você quer que eu responda, Lia?

— Claro, eu já dei a minha versão. Agora é a sua vez.

— Nosso primeiro encontro foi na rua. Eu estava sozinho e costumava frequentar um local bem barra pesada, conhecido como boca do lixo. Era uma madrugada e eu estava voltando para casa quando ela me ofereceu uma carona. Já estava na rua do prédio onde minha irmã morava, alguns quarteirões do prédio dela.

"— E aí, cara? O que você está fazendo por aqui?

— Estou esperando um amigo.

— Ele está demorando ou você chegou mais cedo só pra ficar curtindo a espera?

— Ele está demorando mesmo. Acho que nem vem mais. Estou indo embora.

— Quer uma carona?

— Pra onde você está indo?

— Eu preciso chegar à Rua do Arvoredo. Sabe onde é?

— Sei. Você está muito longe. É do outro lado da cidade.

— Que bom. Assim nós teremos muito tempo. Entra aí. Te levo.

— Mas eu não vou pra lá. Estou indo para o outro lado.

— Melhor ainda. Teremos mais tempo. Te levo. Entra".

— Dali nós fomos direto para um motel de estrada e passamos a noite juntos. Quando eu acordei, ela tinha ido embora. Fiquei um tempão pensando em como sair dali. Até que decidi ir embora de qualquer jeito. Passei na frente da recepção, entreguei a chave do quarto e ninguém me cobrou nada. Ela havia pagado a conta. Mas eu nem perguntei. Sumi.

— Então foi uma aventura. Para vocês dois. Uma aventura. Vocês não tinham a intenção de se encontrar novamente?

— Não.

— É. Não.

— E o segundo encontro, como foi?

— É. Eu estava num barzinho perto do Shopping Center Plaza. O shopping ficava perto da casa nova da minha irmã e eu estava morando uns dias com ela. Um carro se aproximou e parou, mas não entrou no shopping. Ficou ali parado um tempão. Horas mesmo. Observei bem o carro e lembrei-me dela. Foi aí que eu percebi que ela fazia algumas fotografias de dentro do carro. Fotografava o prédio onde minha irmã morava. Fui até lá, bati no vidro. Ela abriu e eu a cumprimentei.

"— Boa noite, moça. Você por aqui?

— Por acaso é proibido vir aqui?

— Não é, mas com esse carrão por aqui é perigoso. Percebi que ela ficou nervosa. Ela abriu o vidro e disse:

— Escuta aqui. Mas eu estou te reconhecendo. Você por aqui outra vez?

— A moça ainda se lembra de mim? Que maravilha!

— É, tem coisa que a gente não esquece.

— Obrigado. A coisa aqui agradece.

— Você está perdido mesmo ou espera seu amigo outra vez?

— Pois é. Esse meu amigo não dá uma dentro. Sempre fura com seus compromissos. E eu estou esperando ele outra vez. Mas acho que já vou desistir. Ele não vem.

— Deve ser um amigo muito importante para lhe deixar esperando assim.

— É um amigo especial.

— Usa saias?

— Não. Ele não é padre. Ele não é tão especial".

— Eu me lembro, doutor, que, nesse momento, Lia riu muito, deu uma gargalhada. Eu me animei e continuei.

"— A moça está muito ocupada?

— Não a ponto de não lhe oferecer uma carona.

— Você me deixa em casa?

— Certo. Levo você aonde preferir".

— Eu entrei no carro dela e ela perguntou:

"— Você pagou o motel?

— Respondi que não. Ela deu uma gargalhada e disse:

— Então vamos fazer isso agora. Afinal, o negócio não pode ficar no prejuízo".

— Voltamos ao motel e passamos a noite lá. De madrugada, ela dormia, então resolvi descobrir quem ela era. Afinal, já havíamos sonhado juntos por duas noites inteiras e eu queria saber com quem estava. Quando abri sua bolsa, ela acordou:

"— Quer pegar algum dinheiro?

— Não. Não procurava dinheiro, não sou ladrão.

— Então procura encrenca. Descobrir sobre mim não muda nada. Se quer me conhecer, por que não me pergunta?

— É?

— É.

— Desculpe-me, eu não tinha esse direito.

— Tudo bem, mas se quiser pode me perguntar. Eu não minto não.

— Me desculpe, eu pisei na bola.

— Tudo bem. Você não é o primeiro a pisar na bola comigo. Vamos embora?

— Eu disse que estava sem dinheiro.

— Não estou te cobrando nada. E você é meu convidado”.

— Ela pagou o motel e nós fomos embora. Eu fiquei na estação de metrô mais próxima. Ela foi embora.

— Até então você não sabia com quem dormia?

— Não, não sabia.

— E você, Lia, por que ia ao encontro dele?

— Por que eu estava vigiando a amante do meu pai. Nessa noite, eu cheguei em casa e a minha mãe havia colocado o meu pai pra fora de casa. Ele estava traindo a minha mãe. Isso acontecia sempre, mas ele havia encontrado uma amante fixa. Montou casa pra ela e tudo. Nessa noite eu tentei montar para a minha mãe um plano para pedir uma pensão que acabasse com a vida boa de meu pai e da amante dele. Destruísse a vida folgada dele, deixasse ele na miséria. Mas a minha mãe recuou e não quis nada dele a não ser o divórcio e seus direitos de ex-esposa. Então saí de casa, fui até o prédio onde morava a amante de meu pai e encontrei de novo com o Ângelo.

— Ela me encontrou outra vez na rua, próximo ao shopping, mas dessa vez eu já estava lá na esperança de que pudesse vê-la novamente. Então ela chegou. Passamos outra noite juntos e ela me perguntou de que eu vivia:

“— Vivo de procurar emprego.

— Procurar emprego é profissão?

— Não é, mas devia, porque eu passo mais tempo procurando emprego do que empregado.

— O que você sabe fazer?

— Algumas coisas.

— O quê?

— Dirigir automóvel. Sei lá. Acho que sei dirigir automóvel.

— Você está procurando emprego de quê?

— De motorista ia ser uma boa. Mas não acho fácil não. Tá complicado.

— Pois acabou de arrumar. Eu tenho um amigo que está precisando de um motorista e vai adorar você.

— Por que você acha que ele vai me adorar?

— Porque ele adora rapazes jovenzinhos e bonitinhos, e ainda com uma carinha de desprotegido, como você tem...

— Ah, moça! Acho que não vou topar não.

— Por quê? Tem alguma coisa contra? Isso é preconceito!

— É, você tem razão. Eu já passei por muitas e ruins nessa vida para ter preconceito. Esse papo de emprego é sério mesmo? Não, porque se for, eu topo. Estou precisando muito de um emprego.

— Vou falar com ele e vai ser uma festa!".

— É, doutor. Conversei com meu amigo Roni. Roni era um amigão mesmo. Adorava as loucuras que eu cometia e me animava a fazer coisa pior. Era doido. Quando eu falei pra ele do novo motorista, ele perguntou o nome dele e eu não sabia dizer. Aí, ele, que brincava muito, aproveitou para fazer graça:

"— Ai, Letíca. Fala, como é o nome do mancebo?

— O nome?

— É, sua doida. Eu vou empregar um cara que já tem no currículo você como amiga. Ele forçou bem o amiga. E não posso saber o nome dele?".

— Eu tentei disfarçar, doutor, mas ele percebeu que eu não sabia o nome do rapaz. Então ele continuou:

"— Não, gente... Eu não acredito que Letícia, a doida, não sabe nem o nome do cara que ela quer que eu empregue aqui em casa. Mas o mais importante sobre ele você já sabe, não é queridinha? Sabe tudinho.

— Eu trago ele aqui e ele se apresenta. Diz o nome e tudo mais.

— Assim é melhor, porque, não gente... Meu Deus, como é que eu vou chamar a criatura quando precisar dele?".

— Saí da casa do meu amigo Roni e fui direto para frente do prédio onde morava a amante do meu pai. Vi meu pai chegando à casa dela e fotografei outra vez. Então percebi que era inútil fazer aquilo, porque ele não morava mais com a minha mãe. As provas que eu produzira já bastavam e aquelas não seriam mais necessárias para minha mãe tirar dele tudo o que pudesse no divórcio. Fiquei ali um tempo esperando o Ângelo aparecer. Não demorou muito, ele surgiu do outro lado da rua e nós fomos.

— Já sei. Foram ao motel outra vez.

— É, doutor. Com ela era assim. Primeiro motel, depois as outras coisas da vida. Então ela me perguntou o nome:

"— Antônio".

— E ela achou um nome muito engraçado.

— Porque você não tem cara de Antônio. Nunca teve.

— Quando nós chegamos....

— É, isso, fale como você se sentia nessa nova situação...

— É, doutor, eu me sentia muito desconfortável, porque ela já sabia o meu nome, mas eu não sabia o nome dela. Não fazia ideia de quem era o amigo dela. O que eu sabia é que alguém que morava num prédio daqueles não poderia contratar um motorista. Na hora eu achei que estava sendo preconceituoso e resolvi encarar.

— Por quê?

— Porque eu não gosto de me sentir discriminado por ser pobre ou por qualquer outro motivo e achei que estava discriminando o rapaz.

— E o prédio? O que havia de errado com o prédio?

— É que o prédio estava mal cuidado, mofado. O elevador precisava de manutenção.

— Ah, fala a verdade, Ângelo! O prédio todo, doutor, era um lixo.

— E por que seu amigo morava lá?

— Porque era onde ele podia pagar o aluguel.

— Continue, Ângelo, por favor.

— Eu estava bem desconfiado da história, mas agradecia a Deus por ter arrumado um emprego. Chegando ao apartamento do rapaz, ela nos apresentou:

"— Roni. Este é o Antônio. Antônio, este é o Roni.

— Muito prazer. Então seu nome é Antônio. Ouviu, querida, o nome do rapaz é Antônio.

— Não faz assim. Você vai ser o patrão dele. Tem que se impor.

— Está bem. Está bem. Então você é o Antônio. O que você sabe fazer?

— Eu sou motorista. Fiquei sabendo que o senhor precisa de um motorista.

— É claro, você é o candidato à vaga de motorista. Tem carta de habilitação?

— É claro que ele tem.

— Sabe dirigir um carro simples? Básico?

— É claro que ele sabe.

— Um carro de luxo?

— Ele sabe dirigir.

— Sabe mesmo? Um ônibus?

— O senhor está precisando de um motorista de ônibus?

— Não. Só queria saber até onde você vai. Dirigindo.

— Vou aonde o patrão quiser que eu leve o senhor.

— Que horário de trabalho você faz?

— Como você é o patrão, é você quem determina o horário dele.

— Quanto vai ser o seu salário?

— Faça a sua proposta. Eu prefiro que o senhor proponha.

— Dois salários mínimos e benefícios. Está bem, Roni? E para você, Antônio?

— Está bem.

— O horário é de segunda a sexta, das oito às cinco e meia, com uma hora e meia de almoço. Os dois topam assim?

— Para mim está perfeito. E para o senhor?

— Eu acho lindo.

— Lindo?

— Quer dizer, ótimo!

— Então é só isso. Podemos ir embora.

— Quando eu posso começar?

— Amanhã. Você começa amanhã, Antônio. Roni, valeu pela ajuda com meu amigo Antônio. Obrigada. Até amanhã, querido!

— Até amanhã, moço".

—Eu saí daquele apartamento mais confuso do que entrei, doutor. Achei meu futuro patrão estranhíssimo e a conversa mais estranha ainda. Eu ia começar a trabalhar no dia seguinte e não havia feito qualquer exame. Mas estava empregado. Como eu não tinha nada a perder, resolvi tentar.

— Mesmo achando tudo muito estranho você aceitou o emprego e contou para sua irmã sobre essa sua situação.

— Não. Eu não contava nada disso pra ela.

— Por que não? Não confiava nela?

— Confiava demais, mas achava que a minha vida era coisa particular. Tentava me virar sozinho e ajudá-la nas despesas.

— Continue, por favor.

— No dia seguinte, cheguei ao apartamento do Roni, às oito, e toquei a campainha. Ele estava dormindo e quando me viu ficou visivelmente confuso. Então lembrei a ele quem eu era e disse que poderia levá-lo onde precisasse. O senhor sabe o que ele me falou?

— Não, mas quero saber.

— Ele me falou assim: "Então eu vou descer com você. A gente toma um café e vai até o escritório".

— Sim, senhor. Ele tomou o café e disse assim: "Você sabe onde fica a Rua do Arvoredo?".

— Eu disse: "Sei".

— E ele: "Então chama um táxi que eu não tenho carro e a gente precisa chegar lá antes das nove".

— Seu patrão não tinha carro?

—Não, mas precisava de um motorista. Fomos até o tal escritório. Lá dentro ele sumiu com meus documentos. Pensei que não voltaria mais. Estava esperando alguém vir e me encaminhar para os exames ou para a rua de uma vez. No fim da tarde, ele chegou muito sério e disse assim:

"— Aqui estão seus documentos de volta. Você já foi admitido. Depois você assina o contrato. Posso te fazer uma pergunta?

— Claro, patrão.

— Eu não quero me meter no seu assunto com a minha amiga Lê, mas você não se chama Antônio, como me disse lá em casa.

— É, sim, senhor. Meu segundo nome é Antônio e eu prefiro que me chamem de Antônio.

— Olha, cara, eu te contratei para ajudar minha amiga Letícia, mas se cuida que eu estou de olho em você. Para defender minha amiga, se precisar eu viro bicho. Estou de olho em você, entendeu?

— Sim, senhor, claro que eu entendi. Foi assim que eu descobri que o nome dela era Letícia".

— Deixa eu conversar com você, Lia. Até essa parte você se lembra de tudo?

— Lembro, doutor.

— Do jeito que o Ângelo está contando?

— Foi desse jeito mesmo. Eu me lembro.

— Até aqui está tudo bem? Você se sente confortável e tranquila?

— Sim, senhor.

— Então nós vamos parar por aqui e voltaremos na próxima sessão, está bem? Por enquanto continua tomando a medicação que o psiquiatra te passou, agora com a redução na dose. Não pare, ok?

— Está bem, doutor. Até segunda.

CAPÍTULO LXVI

A semana passou, como sempre, sem muita novidade. A Cooperativa de Catadores e Recicladores Barão de Mauá realizava suas atividades sem muita preocupação. Na reunião, todos notaram a presença de Alice e Luís Eduardo:

— Lia?

— Fale, doutor Luís.

— Preciso colocar um ponto na pauta.

— Pois não. Diga.

— A eleição da nova diretoria. O mandato da diretoria eleita se encerra daqui a dois meses e é preciso fazer uma nova eleição. Acredito que o grupo já está maduro o suficiente para elegermos uma diretoria ativa e que seja capaz de tocar a cooperativa com muito carinho e competência.

— O último ponto da pauta é a eleição ou podemos fazer uma inversão na pauta e discuti-lo primeiro.

— Lia?

— Pronto, Dona Maria.

— Acho que nóis pudia discutir ele primeiro, porque o balanço mensal você já entregou na nossa mão e não precisa explicar muito. Nóis já entende como ele funciona. As compra que você faz, onde gastou o dinheiro, o que tá sobrando.

— Então Dona Maria propõe que a pauta seja invertida. Alguém é contra? Não? Aceito a inversão. Com a palavra, quem? Alice? Doutor Luís Eduardo?

— Lia.

— Alice. Pronto, pode falar.

— Não. Na verdade eu ia propor que você explicasse a situação da diretoria da cooperativa.

— A parte difícil é minha. Eu já entendi. Então, pessoal, na verdade, a cooperativa já teve duas eleições para a diretoria. Uma foi quando cada um deu seu nome para fundar a entidade e cada um foi colocado num cargo, lembram-se disso?

— Sim.

— A outra vez não teve eleição, assim formal, mas todo mundo concordava que poderia continuar a mesma diretoria, lembram-se disso também? Se não lembrarem está aqui na ata. Alguém pode ler, por favor?

— Lia?

— Pois não, Mário.

— Nóis lembra de tudo isso. Onde você quer chegar?

— O problema é que desta vez nós não podemos eleger as mesmas pessoas novamente. O nosso Estatuto não autoriza ninguém a ficar no mesmo cargo por três mandatos. Agora precisaremos eleger outra diretoria.

— Com voto e tudo?

— Na verdade, faremos uma eleição com votos se houver concorrência, se alguém não concordar com o grupo que vai assumir e quiser fazer outro grupo. Caso contrário, a eleição se dá nas escolhas dos nomes. Forma-se a nova diretoria e nós lavramos uma nova ata de eleição e posse da nova diretoria.

— Lia?

— Fala. Alice.

— Eu gostaria de lembrar que essa nova diretoria a ser eleita vai necessitar de pessoas que assumam mais suas funções. Será necessário que o presidente presida a reunião, coisa que eu nunca fiz; que o secretário faça as atas, o que hoje é feito por você; que o tesoureiro cuide do caixa, coisa que você também faz. Eu sinto que você fica muito sobrecarregada e apesar das coisas andarem muito bem, seria bom que os outros assumissem suas funções, nem que fosse aos poucos.

— Sem querer me queixar de nada, penso como você. Muitas vezes me sinto mal por passar tudo na reunião. A minha sorte é que vocês confiam demais em mim. Mas é importante que cada membro da diretoria assuma a sua parte porque na falta de alguém, por qualquer motivo que seja, será necessário tocar os projetos.

— Lia.

— Pois não, Caio.

— Como nóis vai assumir essas função sem saber ler direito?

— Caio, preste atenção. A grande maioria de vocês aqui já sabe ler porque aprendeu aqui. Outra parte já sabia quando chegou à cooperativa. Então não é tão difícil assim. Basta querer.

— Lia.

— Fala, Elsa.

— Mas e pra fazer as conta? Essas conta aí que você faiz que ninguém aqui sabe fazê. Nós vai fazê tudo errado, Isso sim.

— Lia.

— Por favor, doutor Luís.

— Pessoal. Eu sei o quanto está sendo difícil para vocês pensarem dessa forma. Cada um aqui está receoso de ser eleito, mas cada um aqui sabe que vai precisar ser eleito. Portanto não adianta reclamar. Vocês já superaram muitas dificuldades juntos. Superarão mais essa. Para fazer as contas, pode continuar sendo a Lia, que sabe fazê-las tão bem e que não me dá trabalho algum como advogado. Mas a ata da reunião pode ser qualquer um aqui que já saiba ler. Fica mais fácil pra ela. Presidir a reunião pode ser outra pessoa também. No começo ela fica junto, depois a pessoa assume, mas para isso é preciso que vocês ouçam. Ouçam. Ouçam, por favor.

— Pessoal, boa noite! Continue, doutor Luís Eduardo, por favor.

— Lia, eu quero dizer para o pessoal que eles precisam ouvir quando outra pessoa fala, mesmo que não seja você. Eles têm a mania de quando qualquer outra pessoa fala, começam a conversar. Precisam parar com isso. Por esse motivo Alice nunca conseguiu presidir uma reunião aqui.

— O doutor tá certo, Lia. Isso é até falta de educação. Ficar falando junto com alguém.

— É verdade, Elsa, você tem razão, mas o doutor Luís Eduardo quer continuar. Quando ele terminar você fala, está bem?

— É mesmo. Desculpe, doutor Luís.

— Pois é, Elsa, eu já disse o que eu precisava dizer. Acho que cada um aqui poderia pensar que função desempenharia melhor e se coloca na próxima reunião.

— Lia.

— Alice.

— Eu penso que cada um aqui pensando no que faz melhor, deixando inicialmente a Tesouraria para você, por motivos óbvios, nós todos nos colocaríamos num cargo que realmente pudéssemos ocupar e dirigir mesmo, juntos, a cooperativa. Deixar o colega cumprir sua função e cada um cumprir a sua. Penso que seria um salto de qualidade que o grupo daria.

— Mais alguém quer se manifestar a respeito da eleição?

— Lia.

— Fale, Dito.

— O que o Luís e a Alice falaram é muito sério. Quero lembrar o que todos aqui já sabem. A Lia tem outro nome e outra família. Então acho que ela pode muito bem decidir amanhã, por exemplo, que vai assumir essa família que ela tem em outro lugar. Mesmo que isso não aconteça nunca, queira Deus, existe a possibilidade. Quando vocês precisavam, ela assumiu muitos papéis na cooperativa. Agora não precisa mais, porque vocês já são capazes. Vocês já sabem ler. O desafio é provar isso para vocês mesmos.

— Lia.

— Pois não, Robson. É a primeira vez que você pede a palavra. Que bom que resolveu se manifestar. Diga.

— Eu quero fazer uma proposta.

— Então pode fazer que, por enquanto, eu anoto.

— Você poderia dar uns cursos para nós?

— Curso de quê?

— Curso de como se faz a ata. Curso de como se faz para pré pré pré...

— Presidir a reunião?

— Isso mesmo.

— Curso de como se faz as contas. Nos dois meses que faltam nóis... aprendia? É assim que se fala?

— Aprendíamos.

— Nos dois meses que faltam nós aprendíamos. Quando cada um aqui soubesse fazer algumas dessas coisas que você faz, então nóis... escolhia?

— Escolhíamos.

— Nós escolhíamos o cargo que seria o nosso. Porque é muito difícil. E eu concordo com doutor Luís. Nós precisamos assumir esses cargos.

— É pessoal. O desafio está lançado. O Robson e eu combinamos que quando ele falasse um verbo inadequadamente eu diria a forma culta de falar. Assim, ele está aprendendo os verbos. Isso eu estou dizendo só para explicar porque eu dizia as palavras e ele repetia. A proposta do Robson, a proposta do doutor Luís e Alice. Na verdade, pessoal, temos duas propostas. Uma e outra não se excluem. Tem alguém que queira comentar alguma?

— Lia.

— Vitória. Hoje é a noite. Esse assunto está sendo interessante. Por favor, diga o que pensa.

— Eu acho ótima a ideia do curso. E acho que o cargo que eu escolher eu vou assumir, por isso preciso aprender. Se você ensinar, nós... aprende?

— Aprendemos.

— Se você ensinar, nós aprendemos.

— Está bem, pessoal. Uma coisa que me enche de orgulho é essa disposição de vocês todos. Eu adoro isso. Mas se é para dividir tarefas, coisa que eu também adoro, vamos lá. Curso de redação de ata. Quem assume? Doutor Luís? Alice? Renata? Denise? Quem assume?

— Lia, já foram aprovados os cursos?

— Não foram aprovados, Alice, mas se forem, já terão responsáveis. Caso não tenha, não haverá curso.

— Redação. Eu assumo. Eu ensino fazer ata.

— Muito bem, Alice. Quem mais? Ainda tem ofício, recibo...

— Ofício. Eu assumo.

— Muito bem, Renata. Relatório...

— Eu assumo os relatórios. Ensino e no começo da nova gestão eu assumo a produção deles até alguém se sentir seguro.

— Muito bem, Denise. Contabilidade. Assumo eu. Por enquanto, até alguém aprender. Presidência de reunião. Quem assume?

— Lia.

— Pois não, doutor Luís.

— Tenho uma proposta.

— É só dizer.

— Eu fico com a contabilidade, que será bem mais difícil. Assumo uma aula por semana aqui mesmo. E você fica com as técnicas de direção de grupo, reuniões... E pode me inscrever como aluno. Eu também quero aprender.

— Está bem, está bem. Até parece... Mais alguém? Não? Vamos à votação. A proposta é que cada um se prepare para assumir seus cargos na nova diretoria e faça os cursos oferecidos. Depois vou afixar os cursos com o nome dos responsáveis na parede. Vocês se inscrevem e os cursos começarão. Alguém é contra a proposta? Não? Aprovada!

— EEEEEEEEEEEEEEEEEEE!

— Muito bem. Vamos marcar o dia dos cursos. Acho que poderia ser as sextas, depois das reuniões?

— Lia.

— Diga, Maria.

— Podia ser uns no sábado pela manhã? E outros de tarde? Porque na sexta-feira já fica muito tarde.

— Todos concordam? Então quem vai participar do curso anota o nome no papel que será deixado ali amanhã, pode ser? Sempre no mural da parede. Concordam? Alguém é contra? Aprovado. Pessoal, café.

Segunda-feira à noite, Dito chegou ao casarão e encontrou Ângelo e Lia arrumando as crianças para irem ao psicólogo.

— Eu fico com as crianças. Podem ir vocês dois que eu cuido das coisas por aqui, mas só até vocês voltarem. Prometo. A chave do carro.

— Obrigado, Dito, por sua preocupação, mas já decidimos, vamos a pé.

— Vocês podem ir a pé se quiserem, mas não levem as crianças. Com os três não haverá sessão. Afinal você, Ângelo, não está participando também?

— Estou.

— Então. Eu cuido dos três até vocês voltarem.

— Está bem, Dito. Nós vamos a pé os dois e você olha as crianças até voltarmos, pode ser?

— Combinado.

— Dito, querido amigo, mais uma vez, obrigada.

— De nada. Vão logo, para não precisarem correr.

A sessão começou com o psicólogo sugerindo:

— Ângelo, continue a história de onde você parou na última sessão.

— É, doutor, agora quem não se lembra mais sou eu, onde parei.

— Pelas minhas anotações, você havia arrumado um emprego e descoberto o nome verdadeiro de Lia.

— É. Foi isso mesmo. Então, eu comecei a trabalhar para o Roni. Ia todo dia até o escritório e ele me colocava à disposição de Letícia. Eu tinha que levá-la a uma reunião em algum lugar, ao aeroporto, ou às vezes ficava com ela na frente do prédio onde minha irmã morava esperando o pai dela sair, entrar, voltar, sair outra vez. Era muito chato ficar ali parado. Eu só ficava por causa do salário e porque não tinha nada melhor para fazer mesmo. Até que um dia eu descobri o pior, a amante do pai dela estava grávida. Eu disse isso a ela e sabe o que ela me disse?

— Não, Ângelo, não sei, mas você vai me contar agora.

— É. Ela me disse assim: "Aquela desgraçada vai o quê? Antes disso acontecer eu mato os dois. Não vai sobrar nada, nem dela, nem dele".

— Qual foi sua reação?

— Eu fiquei apavorado, porque percebi que ela fazia tudo aquilo e era sério mesmo. Até então eu acreditava que era coisa de gente mimada, maluca, gente rica, que era só diversão, mas daí percebi que era sério mesmo. Ela queria matar a amante do pai dela e eu estava colaborando com aquilo também. Estava mantendo ela informada sobre os dois.

— E o que foi que você fez?

— Depois que ela quebrou quase toda a sala, pediu que eu a levasse para casa e no caminho foi fazendo propostas indecentes.

— E você topou?

— Topei.

— Por quê?

— Porque eu percebi que apesar de ser muito maluca e mimada, o que ela precisava mesmo era de carinho e isso eu tinha para lhe dar.

— Depois disso ela mudou?

— Não, o tempo foi passando e a ideia de matar o pai, a amante e o filho que ela esperava só aumentava na cabeça dela. O senhor não vai acreditar, doutor, mas sei não...

— Pode contar, Ângelo, eu acredito em você.

— Ela ficava fazendo planos de como iria matar os três. Um dia ela ficou na frente da casa da moça e quando ela apareceu, Lia arrancou com o carro e tentou atropelá-la, mas eu a puxei pelo braço, salvando a vida dela.

— Então, Lia, você tentou matar a amante de seu pai atropelada? Você se lembra disso?

— Infelizmente, sim, doutor. E eu me lembro bem daquele dia.

— Continue, Ângelo.

— Ela passou a fazer planos comigo de como matar os três:

"— Por que você não a leva até uma estação de metrô e a joga de cima da plataforma quando o trem se aproximar".

— Eu disse isso brincando.

"— Esta é uma boa ideia, mas como é que eu vou levá-la até lá? Ela jamais iria comigo.

— Então faz um bolo e leva envenenado pra ela.

— Vestida de bruxa? Você acha que eu estou brincando?

— Não, eu sei que você não está brincando. Depois daquela tentativa de atropelamento, eu sei que não é brincadeira. Você está maluca mesmo. Precisando de um médico.

— Viu? Você viu? Onde você estava?

— "Vi" é só uma maneira de me expressar.

— Era domingo. Você estava de folga. Onde você estava? O que estava fazendo e com quem?

— Minha senhora, minha dona. Esse seu escravo aqui estava aguardando alguma ordem sua.

— Para com isso.

— Parar por quê? Não é assim que você gostaria de ser tratada por seus empregados? Como dona?

— E era assim mesmo que eu merecia ser tratada, afinal é o salário que eu pago para eles que sustenta a vida deles? Entendeu?

— Não. Você não pode estar falando sério. Você está precisando de um médico urgentemente.

— Até você está contra mim? Vem com esse papo de médico como minha família inteira?".

— Quando eu vi que ela estava com problemas com a família também, doutor, eu resolvi baixar o tom e falei assim:

"— Então, gata, pensa um pouco, será que não é hora de dar uma parada e refletir melhor na vida? Viver melhor, ser mais feliz?

— Refletir? Me poupe.

— Eu tenho tentado ter paciência com você, mas está ficando difícil. Esse nosso relacionamento é muito complicado.

— Relacionamento? Então você acha que nós temos um relacionamento? Eu e você? Quem você pensa que é, rapaz? Eu, Letícia Regina de Abrantes Bittencourt e Oliveira, tendo um relacionamento com um pobre motorista? É muita pretensão.

— E o que é que há entre nós?

— Nada. Não há nada entre nós. O que há entre nós é sexo. Sexo bom, animal. Você é meu objeto de desejo, por enquanto.

— Seu escravo sexual.

— Como você quiser...".

— E o que foi que você fez, depois de ouvir isso?

— Nós transamos naquele dia também.

— Foi só isso que você fez?

— Não, naquele dia eu tomei uma decisão e fiz uma descoberta.

— Quais foram?

— Procurei o Roni e resolvi pedir minha demissão.

— E ele lhe demitiu?

— Não, ele não me demitiu.

— O que ele propôs?

— Pediu um tempo para pensar, para saber se aceitava ao não a minha demissão. Eu achei estranho. Por que ele precisaria de tempo para me demitir? Ele me pediu um tempo até o dia seguinte. Eu saí da casa dele pensando: "O que ele poderia fazer? Me obrigar a trabalhar para ele? Isso também já é demais".

— E o que aconteceu?

— Posso contar, Lia?

— Conta, Ângelo. Estamos aqui pra isso.

— É, doutor, eu fui procurar a Letícia e disse que não ia mais trabalhar pro amigo dela. Ela se enfureceu e quebrou todo o quarto do motel em que estávamos. Jogou um cinzeiro de vidro bem pesado no meu rosto e me fez um corte. É esta cicatriz aqui.

— Uma cicatriz bem grande na testa. E o que você fez?

— Resolvi me livrar dela também. Não iria mais vê-la. No dia seguinte fui conversar com Roni para ele assinar minha demissão. Sabe o que ele fez, doutor?

— Diga.

— Ele me propôs um aumento de salário. Eu disse que não era o salário. Eu queria ir embora. Quando ele triplicou meu salário, eu disse para ele: "Roni você não precisa dos meus serviços. Eu fico sempre à disposição de Dona Letícia. Ela sempre me chama logo cedo". Doutor, foi aí que eu percebi que eu nunca havia trabalhado para o Roni. Eu era empregado dela.

— E então qual foi a sua atitude?

— Eu fui embora. Sumi. Nem peguei meus documentos. Simplesmente desapareci.

— Você fugiu da situação, é isso?

— É, eu acho que sim. Eu sempre faço isso, doutor. Quando eu não sei como resolver uma situação, eu fujo mesmo.

— Lia. Até aqui você ainda se lembra?

— De tudo, doutor.

— Então, Ângelo, continue.

— Eu sempre via Letícia dentro do carro, esperando o pai ou a amante dele entrar e sair do prédio, mas eu dava um jeito dela não me ver, mas um dia ela dormia no carro, passou a noite naquela maluquice.

— É mesmo. Quando eu acordei vi você passando e gritei seu nome. O vidro do carro estava fechado. Abri e gritei novamente, mas você entrou no prédio. Corri e perguntei pro porteiro onde você morava.

"— Ele não mora aqui não. Ele é hóspede da dona do apartamento 61.

— Ele visita ela frequentemente?

— Ele vem muito aqui sim".

— Não tive dúvida, doutor, peguei o elevador e subi ao sexto andar.

— É, mas o porteiro avisou que ela estava subindo. Quando ela chegou lá em cima, eu atendi a porta. Ela entrou.

"— O que você faz aqui? Por que você sumiu e o que você tem com essa vagabunda?

— Calma, moça. Uma pergunta de cada vez.

— Responde logo que eu não estou pra brincadeira.

— Você está nervosa, mas eu não sou mais seu empregado. Você não pode falar comigo dessa maneira. Aliás, eu nunca fui seu empregado, era empregado do Roni. Não foi assim que você armou aquele circo para me dominar?

— Circo? Eu te dei uma chance de ser gente na vida e você jogou fora, não soube aproveitar nada do que eu te dei.

— Você só queria me comprar, moça. E eu não estou à venda.

— Comprar você? Não. Eu tenho coisa melhor com que gastar o meu dinheiro.

— É mesmo? E com quê?

— Se fosse para comprar, eu preferia um cachorro. Seria mais útil.

— Tem certeza disso?

— Tenho. Um cachorro vira-latas me daria mais prazer".

— Eu já estava muito ferido na minha autoestima e resolvi encerrar a conversa. Disse:

"— Chega, Letícia. Eu já ouvi demais. Agora sai daqui.

— Chega? Eu encontro você na casa dessa vagabunda e você quer que eu caia fora? Vai ser difícil. O que é que está acontecendo? Você é amante dela? Ela está traindo meu pai com você? É isso?

— Você é completamente maluca. Só sabe falar de traição e de ódio. Vai procurar um médico.

— Por que você está aqui? Comprou pão por quê? Faz tempo que você vem aqui ou começou agora?

— Eu não vou mais te responder nenhuma pergunta desmedida como essa não.

— Ah, vai sim! Vai me explicar direitinho tudo o que eu quero saber.

— Não vou não. Não te devo nada".

— Eu me virei para a janela e passei a olhar lá fora, na esperança de que ela se acalmasse um pouco. Foi quando ela me chamou.

"— Antônio. Olha pra mim. Olha pra mim. Eu estou mandando.

— Que mandando o que, garota! Você sabe quem eu sou? Você me conhece? Você imagina o que eu já passei na vida pra vir uma pirralha igual a você e querer mandar em mim?".

— Sabe o que ela fez, doutor?

— Nem imagino.

— Quando eu me virei, ela apontava uma arma pra mim. Eu senti algo forte no ombro. Então meu cunhado saiu de dentro do quarto, tirou o revólver da mão dela e eu sai correndo pela porta. Ela saiu correndo atrás de mim e eu corri para o shopping. Ela entrou atrás de mim. Tirou outra arma e me deu dois tiros. Dentro do shopping, doutor.

— Quem era seu cunhado?

— O pai dela. O pai dela era o marido da minha irmã. Ou melhor, na linguagem da Letícia, o amante da minha irmã.

— Mas eu não sabia disso, Ângelo. Eu fiquei sabendo disso há pouco tempo. Depois que tudo já havia acontecido. Depois da morte do Leo na marmoraria.

— Por que você não disse nada para ela?

— Eu tive medo pela minha irmã. Era muito ódio. Muitas ideias para matar os três. Ela queria matar o pai dela, a minha irmã e meu sobrinho. E quando ela estava assim descontrolada, ela não ouvia ninguém. Quem falava com ela, ela não ouvia.

— Como terminou essa parte da história?

— Quando eu acordei, estava num hospital com minha irmã ao meu lado. Todo ferido, com muita dor. Fiquei bastante tempo lá.

CAPÍTULO LXVII

A preocupação do pessoal da cooperativa era a eleição da nova diretoria.

Do grupo, alguns não se inscreveram em nenhum curso. Maria foi um deles.

— Eu gosto de participá da cooperativa, mas eu não quero participá da diretoria porque eu num sei fazê nada disso. Acho que nóis tem que ajudá Lia a fazê as coisa, mas deixá nas mão dela que ela sabe cuidá direito disso aqui. E tem Alice, o dotô, os outro tudo.

— Então, Dona Maria, a senhora acha que nóis num tinha que fazê os curso?

— Olha, Caio. Eu num tô falano pra todo mundo não. Eu acho mesmo que vocês que são novo, têm mais é que fazê parte e aprendê tudinho. Pra mim, na minha idade, já tá bom tê aprendido a lê e escrevê, fazê as conta, intendê as pranilha que a Lia insinô nóis a lê direitinho. Mas vocês têm que fazê sim e aprendê logo pra assumi isso e continuá dando certo.

— Agora que as bicicleta chegaram, as coisa está melhorando cada vez mais. É mais fácil catar lixo assim.

— Vocês qué aprendê tocar a cooperativa e vive falano em catá lixo. Vocês já devia falar recicrage ou promoção da recicrage. Nós num é mais catadô, nóis agora já é cooperado.

— Lia, você vai assumir mesmo a Tesouraria da cooperativa. Esse vai ser seu cargo na nova diretoria?

— Acho que não, Renata. Não vai dar pra assumir ainda não.

— Desculpe me metê, mas quem vai fazê as conta?

— Eu continuo fazendo, Dona Maria, como faço agora, mas o cargo não será possível assumir ainda. Não dará tempo, não é Luís?

— Pois é, Lia, acho que não. Afinal, você é uma pessoa com dupla identidade e precisa resolver essa questão. Nós já fizemos o pedido de anulação do registro de Letícia Regina, mas depende do juiz.

— Por que depende do juiz, doutor Luís? Isso eu não entendo.

— É simples, Renata. Quando Lia tirou os seus documentos como Lia de Alencar e assumiu uma nova identidade, cometeu um crime. Esse crime se chama falsidade ideológica.

— Ora, mas ela precisava dos documento.

— Pois é, Dona Maria, eu sei. O que eu estou alegando em sua defesa é que ela não cometeu outro crime e dadas às circunstâncias em que se encontrava poderia tê-lo feito se agisse de má fé e não só por desespero.

— Que crime ela poderia ter cometido e não fez, doutor Luís?

— Só para pensar no mais simples? Estelionato. Seria um crime possível. Afinal, ela e Ângelo quase passaram fome com as crianças, moraram na rua. Lia poderia ter conseguido os seus documentos, feito compras no nome de Letícia Regina e nem sequer pensar em pagar, ter sumido em seguida. Para isso bastava ter acesso aos seus documentos e teria acesso ao crédito em nome de Letícia e à sua conta bancária. Mas como eu já sei por que pesquisei sua conta para juntar nos autos, ela não fez isso.

— Quando você diz que nós quase passamos fome, Luís. Pode acrescentar na defesa que passamos fome e muito medo, frio e muita violência.

— Sem dúvida, Lia. Tudo isso já foi relatado ao juiz. E ainda tem como atenuante o fato de você mesma pedir a anulação.

— Você pretende deixar de ser Letícia?

— É isso mesmo, Renata. Vou deixar Letícia morrer. É como se ela nunca tivesse existido de verdade.

— E seus filhos, como ficam?

— Eles já são bem grandinhos para entenderem que eu sempre serei a mãe deles.

— Mas desistir de seu nome não é desistir da parte que te cabe na herança de seus pais?

— É exatamente isso.

— Seus filhos também não herdarão nada?

— Rebecca e Valter são herdeiros naturais de meu pai. São herdeiros porque são netos legítimos.

— E as meninas? Marília e Gabriela?

— Essas são filhas da Lia e do Ângelo, como está na certidão de nascimento de cada uma delas. O que herdarão? O que nós construirmos.

— Essa foi outra decisão que vai sensibilizar o juiz. Você ter escolhido viver como Lia, abrindo mão de seus bens como Letícia. Essa parte ele vai sentir como muito positiva.

— Tudo isso vai demora, dotô?

— Dona Maria, tempo de juiz é coisa que anda cada hora numa velocidade.

— Então, enquanto Lia espera a decisão do juiz, ela num pode sê nada na cooperativa?

— Oficialmente, não.

— Que pena, menina. Você num merece isso não.

— Obrigada, Dona Maria. Mas eu não serei nada. Serei o que sou até agora. Voluntária. Voluntária da Casa de Heidi.

— Então quer dizer, doutor, que isso pode demorar muito?

— Pode, Dito.

— Boa noite. O que é que pode demorar?

— A decisão do juiz sobre a identidade de Lia, amor.

— Ah! Mas se demorar nós mudamos de ideia, Luís.

— Ah, é! É verdade. Escolhemos outra pessoa, Alice.

— Escolhem outra pessoa pra quê, Alice?

— É que... Fala você, Luís!

— Ah, não... Fala você, Alice!

— Ah... O amor é lindo! Vai logo, Alice!

— Renata, eu acho que ultimamente você está muito ansiosa. Calma, moça. Mas eu não vou falar não. Fala você, Luís.

— Está bem. É que nós vamos nos casar e queríamos convidar certo casal para ser padrinhos, mas...

— Mas se for demorar muito nós desistimos dos padrinhos, ouviu, Lia?

— De jeito nenhum, mulher! Se você disser que espera, o Luís é capaz de dormir na frente da casa do juiz para agilizar a questão. Diz que espera!

— É isso mesmo, Alice. Diz que espera que ele agiliza. Esse meu amigo não é fraco não! É o cara. Se bobear ele sequestra o juiz e só solta quando ele assinar a papelada.

— Melhor não, Dito. Assim está bom. Eu espero.

— Mas Alice, Luís... É sério mesmo? Vocês vão se casar?

— E você e o Ângelo serão meus padrinhos.

— E você, Renata, se o Dito aceitar, poderá ser a minha madrinha ao lado dele.

— Veja só! Se eu vou aceitar? Ficar do lado de uma mulher dessa na igreja, todo arrumado, só pra ver meu melhor amigo se enforcar? Eu vou adorar! Já está aceito, doutor!

— Eu e o Ângelo também aceitamos.

— Falando nele... Ele não está?

— Não, Alice. Ele foi viajar. Só volta domingo. Mas ficará sensibilizado com o convite e aceitará. Contem com isso. E parabéns ao casal!

— Parabéns, querida. Nóis torce muito por você. Você é muito especial pra nóis. E o sinhô dotô cuide bem dela, viu?

— Vi, Dona Maria, mas não precisa se sensibilizar assim. Obrigado pelo abraço e por sua amizade. Ela é muito cara pra mim.

— É que eu sô assim mesmo.

Quando Ângelo chegou ao casarão já era segunda-feira e ele só teria tempo de trocar a roupa e ir trabalhar. Encontrou Lia, Aninha e as crianças nos quartos e Dito dormindo na cozinha. Entrou como sempre fazia, pela porta da cozinha, e tropeçou no colchão de Dito, quase caindo por cima dele.

— Bom dia, Dito. Desculpe-me. Quase caio em cima de você.

— Bom dia. Tá chegando agora?

— E já estou atrasado. Tenho que me trocar e ir trabalhar.

Vestiu-se e foi embora, deixando Lia, Aninha e as crianças ainda dormindo e Dito fazendo café.

Ângelo tinha atrasado a viagem porque havia ficado sem pneus no meio da estrada e precisou esperar o socorro. Os pneus furaram por causa da má conservação das estradas. Dessa viagem ele só ganhou muito trabalho e reclamação dos passageiros.

Quando voltou ao casarão no fim da tarde, Lia estava pronta para ir à terapia.

— Você está muito cansado. Talvez devêssemos deixar para a outra semana.

— Não. Já adiamos muito. Se eu não me engano, hoje vamos entrar na parte mais difícil. Justamente aquela de que você não se lembra muito bem.

— Por isso mesmo. Talvez fosse melhor esperar você estar descansado.

— Você quer ou não quer saber tudo de uma vez? Acabar com essas lacunas na memória?

— Então, vamos embora. Vamos agora, antes que eu mude de ideia. O Dito está chegando lá embaixo. Ele vai ficar com as crianças para nós irmos.

— Vamos a pé que eu quero andar um pouco até o centro de saúde. Uma caminhada hoje vai fazer bem para mim. O sono eu resolvo quando voltarmos.

— Então vamos.

A sessão começou com o psicólogo perguntando:

— Lia, você se lembra de onde nós paramos na última semana?

— O Ângelo estava contando como nós dois fomos parar cada um num hospital.

— Então, Ângelo, por favor, continue.

— Eu estava num hospital e sentia muita dor, tomava remédios e dormia. Às vezes, eu fingia estar dormindo também.

— Por que você fingia?

— Porque eu percebi que quando eu estava acordado eles não me falavam a verdade.

— Como assim?

— Eu perguntava às visitas como a Lia estava. E eles diziam que ela estava bem.

— E não estava?

— Doutor, eu sabia que ela havia atirado em mim. Minha irmã não ia deixar isso assim, de graça. Mas quando eu perguntava, eles sempre diziam que ela estava bem. Então resolvi fingir que dormia quando eles chegavam.

— E o que você ouvia?

— Uma vez eu ouvi o médico dizer que eu não melhorava mais rápido porque eu não me esforçava nem um pouco.

— E era verdade?

— Era. Era sim. Eu não queria ficar bom. Eu queria morrer.

— Por quê?

— Porque eu sabia que a Lia não estava bem e que eles não iam me contar nada sobre ela.

— E o que foi que você fez?

— Eu continuei fingindo por um bom tempo. Até que uma tarde, o Valter contou para minha irmã que Lia havia aceitado a internação. Que ela resolvera aceitar ser internada, fazer um tratamento para minha irmã tirar a queixa crime que havia feito contra ela na delegacia. O Valter tentava convencer a Lúcia a tirar a queixa porque a família havia designado que ele fizesse isso. Então ela relutou muito, até brigou, mas depois aceitou.

— E então você fez o quê?

— Eu resolvi sair do hospital o mais rápido possível. Voltei a comer bem, tomei os remédios... Fui me esforçando e saí logo. Fui morar na casa da minha irmã até me sentir forte. Quando ela saiu de casa, me deixando sozinho, fui até seu quarto, mexi nas coisas do meu cunhado e procurei algum sinal da clínica onde a Lia estava. Achei um cartão e liguei para lá. Era lá mesmo. Fui lá e fiz uma visita, dizendo que queria conhecer o local.

— Gostou do que viu?

— Gostei. Era um lugar calmo, tranquilo, sem grandes problemas aparentemente. Mas percebi que uns caras que trabalhavam lá tomavam café num bar próximo. Como eu não tinha muito o que fazer, passei a ir ao bar na hora em que eles também iam. No fim da tarde, eles iam lá fumar e conversar. Foi nessas conversas que eu fiquei assustado.

— Por quê?

— Porque eles falavam de coisas sem dar os nomes dos autores. Diziam das moças que estavam lá. Quem era o quê... O senhor sabe... Contavam vantagens. Diziam que à noite eles faziam o que queriam, porque elas estavam dopadas, e outras eles diziam que queriam ficar com eles. Só não podia deixar os familiares descobrirem, nem uma tal de doutora Jandira. Mas os médicos faziam o mesmo. Tinham alguns que não, mas tinham outros que sim.

— Dos médicos?

— Dos médicos, das moças.

— Você ouviu o nome de Lia?

— No começo não, só depois.

— O que você ouviu?

— Ouvi um deles falar que a moça bonitinha, de olhos azuis, era filha de um figurão, e era só de um tal doutor alguma coisa.

— Qual era o nome dele?

— Eu não sei dizer. Esse eu esqueci mesmo.

— Já tentou lembrar?

— Muitas vezes.

— E o que você fez?

— Procurei a família dela.

— E o que eles fizeram?

— Nada. Eu até ouvi da irmã mais nova dela que eles haviam se livrado de um grande problema e ela não ia pedir nada para o pai dela não.

— Pedir o quê?

— Pedir para ele tirar a Lia da clínica.

— Por que ela tinha que pedir ao pai?

— Porque quem tinha internado a Lia tinha sido pai e o marido dela. Essa irmã era menor de idade. Não podia assumir nenhum compromisso. Então eu pedi para ela falar com o pai dela e ela disse que não ia fazer isso.

— Você falou com todos da família?

— Com exceção da mãe dela, que estava viajando. Os outros todos eu falei.

— E o que você fez?

— Voltei a falar com o marido dela.

— Conseguiu alguma coisa?

— Consegui um "Não fale mais comigo sobre esse assunto" e os documentos dele.

— Ele lhe deu os documentos?

— Não. Eu furtei os documentos dele sem ele perceber.

— E o que foi que você fez?

— Tirei a fotografia dos documentos dele e pus a minha no lugar. Fui até a clínica, me apresentei como marido e pedi para vê-la.

— Conseguiu?

— Sim. Falei com ela. Voltei outro dia lá e passei a visitá-la. O médico que a atendia conversou comigo e disse que ela estava melhorando. Depois de algumas visitas, perguntei se ele lhe daria alta.

— Se ela tomar os remédios e fizer a terapia, não vejo problema não, se você, que é o marido, se responsabilizar.

— Assinei os papéis. Chamei um táxi e a levei de lá, fingindo mais uma vez.

— Fingindo o quê?

— Que não havia percebido o tamanho da sua barriga, dos seus seios e o seu rosto arredondado. Com ela ali eu ficava a cada dia mais apavorado.

— Apavorado por quê?

— Porque eu não sabia o que eles fariam com ela e com o bebê.

— O bebê era seu?

— Não era meu. Se fosse, ela estaria com cinco meses ou mais e ela estava de três meses aproximadamente. Na minha cabeça, eles iam matar Lia e o bebê também.

— E o que vocês fizeram?

— Eu a levei para um hotel bem barato do centro da cidade porque eu quase não tinha dinheiro. Só tinha o que minha irmã tinha me dado para fazer umas compras de roupa.

— E você fez as compras?

— Não. Eu pedi as roupas para arrumar dinheiro e tirar Lia de lá.

— Lia, você se lembra dessa parte da história?

— Não, doutor, eu não me lembro de nada disso. Eu só sei que saí do hospital, mas essa parte eu não me lembro.

— Procure se acalmar, mas chore o quanto quiser. Ponha para fora o que você precisar, sem pudores ou receio. Chore mesmo.

E foi o que Lia fez. Chorou copiosamente por alguns minutos. A sessão foi encerrada e quando eles chegaram ao casarão e encontraram as crianças dormindo no quarto e Dito dormindo na sala.

CAPÍTULO LXVIII

A eleição na cooperativa ocorreu sem grandes problemas.

— Pessoal, o prazo das inscrições terminou e só temos uma chapa. Por ser chapa única, a votação pode ser feita por aclamação sem necessidade de votos escritos.

O aplauso foi a forma encontrada para dizer sim.

— A nova diretoria, agora eleita, tem um mandato de dois anos, prorrogável uma única vez. Cada membro terá inicialmente auxílio para cumprir sua função, como já combinamos. Por enquanto, boa sorte a todos.

— Boa sorte. No próximo sábado à noite haverá uma festa de comemoração. Estamos todos convidados.

— Lia, o que vai ter na festa?

— Eu nem sabia da festa, mas se o Dito tá chamando, por que não? Alguém é contra?

— Se for mata!

— Comida e bebida sem álcool.

— Nóis precisa trazer o quê?

— Dessa vez já dá pra fazer uma festa. Tragam os filhos que serão bem-vindos.

— Boca livre total? Geral?

— É, Caio. Sem restrições.

— Então tá. Agora que eu sou o tesoureiro da cooperativa, eu posso participar.

— Muito bem, Caio.

— Só falta aprendê fazê as conta.

— Não se preocupe, logo eu vô tá sabeno fazê. Vocês tudo vai vê.

— Certamente. Eu digo assim, mas sei que você é capaz.

— Eu sei, Dona Maria, eu sei. E antes nóis num falava assim "certamente".

— Mas nóis aprende. Tá vendo como nóis aprende, rapaz?

— Pessoal, até a festa. Boa noite a todos.

A visita ao psicólogo levou Lia e Ângelo a pedirem a Aninha para não ir à aula naquela noite de segunda-feira.

— É, Aninha. Nós precisamos ir à consulta. Seria bom se você pudesse ficar com as crianças esta noite. Não queremos faltar e o Dito viajou, não podemos contar com ele para olhar as crianças. Você pode ficar com elas? Seria possível?

— Vocês estão me pedindo para faltar à aula?

— É.... Se for possível.

— Se for possível? Só você mesmo, Ângelo, para falar assim. Esqueceu que o Lucas é meu filho? Eu é que agradeço por vocês ficá com ele para mim poder estudá.

— E está valendo a pena?

— É muito bom voltar pra escola. Tem as lição que é difícil, mas tem os amigos, cada pessoa legal. Tem uns chato também, mas a maioria é legal. Tem os professor, as professora. Cada um mais engraçado que o outro. É outro mundo. Quando a gente tá fora da escola nem imagina o que tá perdendo. Mas tá perdendo muito.

— E, então, daí você fica hoje?

— Claro, né. Se eu não ficar, meu filho vai ficar com quem?

— Se você não ficar, Aninha, nós não vamos.

— É difícil eu deixar isso acontecer, Lia! O que vocês quiser fazer. Eu fico, sim. Pode ir tranquilo, que eu olho e depois ponho todo mundo pra dormir.

— Então, tchau. Amanhã eu mando um bilhete para a escola para justificar sua falta.

— Precisa não.

— Precisa, sim. É assim que se deve fazer.

— Então tá. Vocês não tão atrasado, não?

— Estamos. Tchau.

A sessão começou:

— Onde paramos? Se lembra, Lia?

— Comigo saindo do hospital.

— Ângelo, onde vocês foram?

— Ficamos num hotel enquanto deu. Era barato, mas uma tarde, quando voltei de um biscate que estava fazendo para levantar grana, haviam limpado o quarto.

— O hotel não limpava sempre?

— O que eu quis dizer é que levaram tudo o que nós tínhamos. Dinheiro, roupa, documentos, tudo. Tudo.

— O hotel não se responsabilizou?

— Não. E ainda mandou a gente embora. Não havia a quem reclamar, nem como, porque não tínhamos documentos. Não tínhamos a quem recorrer, então saímos andando e com o dinheiro do biscate alugamos um quarto nos fundos de uma casa. O lugar era horrível, estava muito sujo, sem móveis, mas aceitamos.

— Por quê?

— Porque era o que dava para pagar. Eu precisava deixar a Lia dormir à noite. Ela precisava de sono por causa dos remédios que tomava. Não sei por que, mas os remédios não foram roubados. Uma noite fui procurar um bar ou lanchonete para ajudar a lavar em troca de algum dinheiro. Já havia lavado carro o dia inteiro no lava-rápido. Quando voltei, Lia chorava num canto do quarto alugado. O dono da casa tinha batido muito e machucado muito a Lia. Tinha batido e a violentado.

— O que você fez?

— Pus ela no colo, deixei ela chorar, depois ajudei-a a tomar banho e tentei dormir um pouco. Estava muito cansado. No outro dia falei com a mulher dele, porque ele tinha saído bem cedo e eu acordei mais tarde. Sabe o que ela me disse, doutor?

— Me conte!

— Procura a delegacia e dá queixa e vai embora daqui, senão a coisa vai acontecer de novo. Você vai dar queixa e não vai dar em nada, e ele vai fazer de novo e outra vez.

— Fiz o que ela me disse. Na delegacia, o delegado nem escutou direito. Mandou fazer corpo de delito, mas ela já havia tomado banho, então não deu. Fomos embora.

— Lia, até aqui está tudo bem?

— Pode ser, mas eu não me lembrava disso não.

— Depois disso, o que foi que aconteceu?

— Pegamos um ônibus e fomos para outra cidade. Lá eu descobri que havia um lugar onde as grávidas que quisessem dar o bebê poderiam ficar até dar à luz. Conversei com ela e a levei lá. Ela parecia estar bem quando eu ia visitá-la. Comia bem, dormia bem. Continuava tomando os remédios, então tinha muito sono. Quando estava acordada, ouvia histórias de gente interessada em seu bebê. Todos estrangeiros. Só estrangeiros, era o que ela me contava. Fiz algumas perguntas e quando voltei para visitá-la, disseram que homens não podiam mais entrar ali. Fiquei sem vê-la.

— E o que foi que você fez?

— Pedi para Elsa, uma catadora de lixo que eu conheci na rua, ir até a casa visitá-la. Ela foi e Lia disse que iria sair com Elsa para comprar umas coisas para o bebê. Elsa e Lia saíram e nunca mais voltaram.

— O que havia de errado?

— Quando eu podia entrar, eles sempre me falavam da cor dos olhos de Lia. Que seria fácil encontrar pais adotivos para a criança. Faziam questão de nos mostrar as condições de vida em que estávamos, de mostrar que não poderíamos cuidar e sustentar o bebê, que Lia dormia demais, coisas assim.

— Do que você tinha medo?

— Sei lá, doutor, mas tudo passava na minha cabeça. Tráfico de órgãos, exploração sexual. Tudo isso junto e misturado, porque eu também não tinha muita condição de pensar não. Só achava que eles iam vender o bebê.

— Você conheceu a Elsa daí então?

— É, Lia, é desse tempo que nós conhecemos a Elsa. Depois disso, lembra que ela foi embora com a gente e nos deixou morando num barraco junto com uma prima dela em outra cidade?

— Lembro, disso eu lembro. Foi quando eu tive o bebê.

— Isso mesmo. Marília nasceu numa madrugada chuvosa. Chovia demais e eu fiquei no hospital. Dormi na sala de espera, porque não tinha como voltar ao barraco.

— O que vocês fizeram com o bebê?

— Criamos. Estamos tentando, pelo menos.

— Vocês não iam entregar para a adoção?

— A Lia não aceitou a ideia.

— Eu pensava que o bebê podia ser seu. Eu perdi a noção do tempo, por isso pensava assim.

— E por que você não insistiu?

— Eu não consegui tirar o bebê dela. A criança era tão indefesa e Lia tinha leite, muito leite, podia amamentar. Então acabei me apaixonando pelas duas. Pela criança e por ela outra vez.

— Vocês registraram a criança como?

— Com os papéis do hospital eu fui ao cartório e fiz o registro, nem precisei pagar. Senão não tinha como.

— E o que vocês fizeram depois?

— Quando Lia e a criança saíram do hospital, eu continuei fazendo um biscate num lava-rápido ali perto. Num fim de tarde, já fazia tempo que nós estávamos morando num cômodo perto do lava-rápido, Lia saiu para comprar pão e voltou correndo para casa, pegou a criança e foi me ver no trabalho. Eu não conseguia entender o que ela me dizia, até que se acalmou e falou direito.

— E o que ela falou?

— Que o cara que a violentara estava no bar perto de onde estávamos morando. O cara estava procurando por Elsa. Não pensei duas vezes e sumi dali com as duas. Peguei o dinheiro que tinha para receber, que era pouco, e fomos embora.

— Pra onde dessa vez?

— Pra outra cidade. Procuramos uma cidade onde dava pra pagar um aluguel mais barato e ficamos por lá.

— Vivendo de que, Ângelo?

— Do que dava. Às vezes de um biscate, num lava-rápido, lavando carro. Às vezes, lavando chão de restaurante e bar, às vezes de catar lixo. Nós nos virávamos com o que dava. Era difícil, doutor, mas nos viramos e chegamos até aqui, e estamos juntos.

— Você se lembra disso, Lia?

— Disso eu lembro. Lembro desse dia em que eu vi o cara outra vez. Ele era o marido da Elsa. Nós soubemos disso depois, por isso ela ajudou a gente, porque ela sabia que ele era um monstro. Coitada da Elsa. Não posso nem me lembrar do que ela passava com ele.

— Passava? Não passa mais? Por quê?

— Ele morreu, doutor. Depois de um tempo, ele morreu.

— Foi assassinado.

— Lembrando-se dessa parte, como você se sente?

— Me dá um aperto no peito, sinto vontade de chorar. Ainda dói muito lembrar de tudo isso. Acho que vai ser sempre assim.

— Com o tempo talvez a dor diminua, mas passar totalmente depende muito de você. Você precisa primeiro deixar toda essa emoção represada ir embora, depois trazer para a razão o que aconteceu e dar um fim. Colocar esses fatos no passado. Acabou, não existem mais. Não acontecerão outra vez. Você não deixará que aconteçam.

— É, doutor, vou fazer assim. Quando o Ângelo começou a contar, era como se eu estivesse assistindo a um filme. Minha vida era como num filme. Cena por cena na minha cabeça e não há mais lacunas até aqui. Me lembro das coisas como ele está explicando e parece que elas se encaixam.

— Procure verbalizar tudo o que sente. Isso vai te ajudar. Até a próxima sessão e coragem. Você vai precisar.

CAPÍTULO LXIX

De manhã, logo ao acordar, Lia recebeu um telefonema:

— Bom dia, moça bonita. Que o dia esteja tão belo e bom como você!

— Bom dia, doutor advogado. Mas o que não faz o amor! Quanta poesia! O que manda?

— Boas notícias pra você.

— Quais seriam?

— Acho que já posso marcar a data do meu casamento.

— Sério? Saiu?

— Saiu, garota. Você já se chama Lia de Alencar e eu já posso me casar.

— Sério, doutor advogado? Você está me dando a melhor notícia do mundo! Obrigada! Posso contar pra todo mundo?

— Como assim?

— O juiz assinou, mas precisa sair publicado. E isso demora uns dias. Tem que esperar.

— Luís, não sei como lhe agradecer. Você é maravilhoso, uma pessoa especialíssima.

— Como não sabe como agradecer mulher? É muito fácil.

— Fácil?

— É! Você é mulher e eu estou precisando de uma.

— Como assim?

— Você é mulher e eu estou precisando de uma mulher para ficar ao lado do Ângelo no altar no dia do meu casamento. Seria possível que fosse você?

— Então não vai ser? Experimenta colocar outra ao lado dele no altar para você ver o que eu sou capaz de fazer.

— Nem quero pensar, muito menos ver. Tchau para você e um beijo que você merece. Vou ligar pra Alice para contar.

— Que sacrifício, hein, doutor?

— É, alguém tem que fazer a parte chata.

— Luís, falando sério, muito obrigada mesmo. Eu lhe deverei essa para sempre e não terei como pagar. Do fundo do coração, obrigada.

Lia sentou-se porque viu o mundo rodar. Não sentia seus pés, nem as mãos, nem a cabeça. Caiu na cadeira e bateu a boca na mesa. Ficou assim algum tempo, até que Rubens entrou na marmoraria e a viu com a cabeça na mesa. Estranhou, chamou-a e ela não respondeu, então gritou:

— Gente! A Lia! Pelo amor de Deus!

— O que foi?

— Não sei.

— Lia, querida, acorda. Acorda. Traz álcool, por favor. Corre lá. Traz álcool.

Enquanto chamava seu nome e limpava sua boca, que sangrava, Dito a colocou no colo e procurou seus sinais vitais.

— Acorda, Lia, pelo amor de Deus! Acorda!

— E aí, Dito?

— Chama a ambulância que ela não responde.

— Né melhor a gente levar ela no carro e rápido?

— Acho que sim. Você dirige.

Lia deu entrada no hospital ainda desacordada. Dito, sem saber o que fazer, ligou para Ângelo, que foi ao hospital e queria saber o que tinha acontecido.

— Não sei, quando vi já estava desmaiada. Ela recebeu um telefonema e caiu.

— Quem estava ao telefone?

— Não sei, ninguém sabe. Foi ela que atendeu.

O médico chegou e perguntou ao Dito:

— Ela pode estar grávida?

— Não sei. Como é que eu vou saber disso?

— O senhor não é o marido dela?

— Não. O marido é ele.

— Ela está grávida?

— Não. Acho que não.

— Tem certeza?

— Não. Quer dizer. É tenho. Acho que tenho.

— Sua mulher sofreu um começo de AVC. Não está muito bem, mas eu preciso saber se ela está grávida, porque vou prescrever uma medicação forte. É isso. Posso prescrever ou ela corre risco de estar grávida de poucos dias?

— É. Não, acho que não.

— Vocês usam algum método seguro?

— O mais seguro deles. Pode cuidar dela, doutor.

— Está bem. Se acalme que ela sai dessa.

No fim do dia, após fazer alguns exames, o médico que atendeu Lia voltou ao hospital e disse:

— A senhora Lia de Alencar ficará a noite aqui para observação apenas. Mas já está bem. Amanhã, se continuar assim, estará em casa. Vocês podem ir para casa. Ela não precisará de acompanhante.

— Dito, você vai que eu fico aqui até Lia sair.

— Você não vai trabalhar amanhã?

— Vou, mas só depois que ela sair. Já avisei no trabalho.

— Você vai que eu fico. Dorme bem e amanhã vai trabalhar.

— Não tem sentido isso. Afinal, nós nem podemos entrar no quarto dela. Não precisa você ficar aqui. Pode ir que eu fico.

— Vai você. Amanhã eu posso nem ir trabalhar. Pra você é mais difícil, tem que ficar dando satisfação. É chato.

— Eu sei, mas eu já avisei. Vai você que eu fico.

— Como vocês não decide quem vai, vou eu. Eu durmo no casarão hoje. Afinal, as crianças não podem ficar sozinha com Aninha ali.

— É mesmo. Aninha nem foi à aula novamente.

— Não tem problema, que ela é inteligente. Mas tava desesperada à tarde aqui. Chorou muito, tadinha. Era melhor, Ângelo, você ir e contar pra ela que está tudo bem.

— Se você for e falar pra ela, ela fica mais tranquila ainda.

— Tá certo. Tô indo. Vocês num decide. Vou eu.

— Caio, posso te pedir um favor?

— Claro, Ângelo.

— Fala para Aninha não se preocupar que está tudo bem mesmo. Convence-a disso e diz para ela que amanhã ela poderá ir à aula normalmente.

— Tá certo. Tchau, Ângelo. Tchau, Dito.

Passaram a noite no corredor do hospital. Os dois. Nenhum pôde entrar, mas nenhum ousou sair.

No dia seguinte, após tomar café, o médico analisou os resultados dos exames e concluiu:

— Muito bem, senhora. Já pode ir para casa. Cuide-se e tome as precauções de sempre, mas pode viver sua vida normalmente.

— Esse é o problema, doutor. Viver uma vida normal.

— Vai ter que viver uma vida normal. Sem sedentarismo, com uma alimentação equilibrada, evitando grandes preocupações e, principalmente, evitando o estresse. Sugiro tirar uns dias de folga. Excesso de trabalho, nem pensar.

— Facinho assim?

— Pode ter certeza que é mais fácil do que voltar pra cá. Lia, da próxima pode ser fatal. Cuidado com o excesso de trabalho e estresse. Não vale a pena. Cuide-se.

— Podemos ir, doutor?

— Ela está de alta.

— Bom dia, doutor. Obrigado.

A volta ao casarão foi feita em silêncio. Dito dirigia e Ângelo e Lia vinham atrás. Ninguém falou. Em alguns momentos Lia adormeceu e deitou a cabeça no ombro de Ângelo.

Chegaram ao casarão, subiram ao primeiro andar e ela foi direto para a cama. Sob protesto, mas foi.

— Olha, moça, você está de folga o resto da semana. E não se fala mais nisso.

— Dito, tem coisa que é urgente.

— É mesmo? Por que alguém vai morrer se você não fizer?

— Morrer não, mas talvez perca muito dinheiro.

— Pra perder muito dinheiro, primeiro nós precisávamos ter muito dinheiro. E não é o nosso caso. Então você descansa.

— Eu estou indo trabalhar. Você vai ficar aqui, Dito?

— Você se importa, Ângelo?

— Não. Acho que com você aqui ela se comporta e, pelo menos hoje, descansa e relaxa. Só não dá pra ficar com ela o tempo todo, senão, não adianta nada.

— Tá bom. Ela vai dormir e eu fico lá fora um pouco. Depois venho ver quando ela acordar.

— Então está bem, Dito. Vou trabalhar e você fica de olho nela. Só não deixe ela ficar de história e trabalhar hoje.

— Nem hoje, nem a semana toda, te garanto.

— Valeu. Bom dia. Bom dia, moça.

— Bom trabalho, Ângelo.

A saúde de Lia ainda ocupou a mente das pessoas que a amavam por algum tempo. Sua mãe, quando soube, por Lúcia, que ela estivera mal, enfiou o orgulho no fundo do peito e foi vê-la.

— Boa tarde. Posso entrar?

— Boa tarde. O que a senhora deseja?

— Queria ver a Lia.

— É que a Lia está repousando e nós não estamos acordando ela quando chega visita. Se a senhora esperar um pouco, quando ela acordar a gente pergunta se ela quer te atender.

— Faz tempo que ela dormiu?

— Já faz um tempinho. Daqui a pouco ela acorda para tomar os remédio e eu pergunto. Pode ser?

— Pode, sim. Quem é você, moça? Eu sou Estela. Muito prazer.

— Prazer é meu. Eu sou Ana.

— Ah, sim! Eu já ouvi falar em você.

— Falar de mim?

— É, sim, de você mesma.

— A senhora é tão bonita, muito bem arrumada assim. Quem a senhora conhece que já lhe falou de mim? Por que pra alguém ter falado de mim precisa me conhecer e quem é que conhece a senhora e também conhece eu?

— Não se preocupe, é alguém que ama muito você, que tem um carinho imenso por você. Sempre que fala de você não poupa elogios.

— Eh, senhora... Sei não. Conheço ninguém assim não.

— Não mesmo? Nem imagina quem falaria tão bem de você? Quem ama você a ponto de se preocupar com seu filho, com você, com seus estudos?

— Sei não.

— Então deixe eu me apresentar direito. Sou a ex-mulher do marido da irmã do Ângelo. Sou mãe da Lia.

— Meu Deus, que coisa doida essa vida! A senhora é a ex-mulher do marido da irmã do Ângelo e mãe da Lia?

— Sou, sim. E quem me fala muitíssimo bem de você é o Ângelo. Agora ele tem sua guarda provisória, não é?

— Tem, sim. Ele e a Lia. Mas eu não sabia que eles gostava tanto assim de mim não.

— Pois saiba que gostam demais, principalmente ele, com quem eu já falei sobre você. Ele me contou que você está estudando e vai muito bem na escola.

— É verdade. Vou, sim. Estou me esforçando para aprender as matéria que os professor ensina.

— Então tá bom. Esse é seu filho?

—Não. Esse é filho dela. Ela é cooperada. Trabalha na fabricação de bijuteria com material reciclado e sementes. Meu filho foi à creche e só volta no fim da tarde. Vou ver se a Lia já acordou.

Alguns minutos se passaram enquanto Aninha subiu as escadas e encontrou Lia lendo um romance. Estela aproveitava para admirar as bijuterias confeccionadas na cooperativa.

— Lia.

— Oi, Aninha. Entra aqui.

— Não me diga que o Dito está aí outra vez.

— Não. O Dito acabou de sair daqui e ainda não voltou. Quem tá aí é... é...

— Fala, Aninha. Quem é?

— Vou falar. Ela disse que é a ex-mulher do marido da irmã do Ângelo e é sua mãe também.

— Foi assim que ela se apresentou?

— Foi assim mesmo.

— É o fim do mundo... Não se pode nem adoecer em paz. Manda entrar. Ex-mulher do marido da irmã do Ângelo. Que referência...

Aninha nem desceu, preferiu chamar Estela pela janela do primeiro andar.

— Dona Estela, pode subir, por favor.

— Com licença. Obrigada.

Lia se levantou e escovou os cabelos para receber bem a mãe. Quando Estela chegou ao quarto, encontrou-a em pé ainda.

— Como você está?

— Agora estou melhor. Bem melhor.

— Que susto que você deu em todos nós.

— Foi?

— Um susto dos grandes. Seu pai mandou um abraço e suas irmãs...

— Me poupe mamãe de tais notícias. Está tudo bem com você? É só isso que eu quero saber.

— Comigo está. Você não vai perguntar de seus filhos? Rebecca e Valter?

— Não é necessário. Ontem à tarde Lúcia os trouxe aqui. Eles passaram a tarde comigo. Voltam amanhã.

— Eu não os vi hoje, por isso não sabia disso. Você e a Lúcia estão se entendendo, isso é bom. Afinal, ela adora aquele irmão.

— Eu e a Lúcia não nos entendemos. Ela só traz meus filhos aqui porque vem ver o Ângelo. Ela não está nem aí pra mim. Se o Ângelo tivesse ido embora daqui sozinho, ela estaria muito mais feliz.

— É verdade, Lia. Você tem razão. Ela ama muito, mas é o irmão dela. E ela queria mesmo é que ele fosse embora daqui.

— Daqui não, de perto de mim. Mas você, hein, mamãe? Agora sua referência é ser, como é mesmo? Ah! Ex-mulher do marido da irmã do Ângelo? Que coisa triste.

— Você acha?

— Você não?

— Não, Lia. Depois que você foi embora muita coisa mudou.

— Pois não parece. Você continua do lado do papai, sendo traída. Agora você é a ex. Sempre ao lado dele.

— Eu e seu pai conversamos muito e percebemos que nosso casamento havia acabado há muitos anos. Que o melhor era mesmo o divórcio e que estaríamos bem sendo muito bons amigos. É o que somos.

— Então foi preciso que eu sumisse para vocês verem o que eu já via há anos.

— É, foi assim mesmo. Sem você por perto, querida, ficou mais fácil enxergar o que você queria mostrar, mas do seu jeito não era possível.

— Que pena. Sinto muito por você.

— Eu não. Eu estou muito feliz. E mais feliz ainda de saber que você está finalmente bem também. Eu me preocupei tanto com você esse tempo todo.

— Mamãe, me poupe!

— Está bem. Mas agora acho que você está melhor mesmo. O Ângelo disse pra Lúcia, que contou pro Valter, que me contou que você teve um AVC?

— Foi, mas foi fraquinho. O médico disse que foi por estresse. Agora só preciso repousar.

— E isso é possível? Aqui, neste lugar? Com todo esse movimento? Percebi que entra e sai gente daqui o tempo todo.

307

— O movimento é só lá embaixo. A sede da cooperativa funciona lá embaixo.

— E lá em cima? Por que algumas crianças subiram?

— Lá é a biblioteca, mas não é tão movimentada que atrapalhe o meu descanso.

— Vocês montaram uma biblioteca também? E as pessoas vêm aqui?

— Vêm aqui porque é a mais próxima do bairro e o acervo é muito bom. Ganhamos muita coisa boa e publicações bem recentes. Informatizamos o acervo com os computadores que ganhamos quando vencemos o concurso. Ganhamos dois. Um foi para contabilidade e o outro para a biblioteca. Compramos mais cinco e disponibilizamos à comunidade. Fazemos cursos de computação para os cooperados e suas famílias. Quer ir lá conhecer?

— Não. Você não pode andar ainda.

— Mamãezinha, querida, o médico só disse que eu preciso descansar, ele ainda não me aposentou por invalidez. Passei o dia todo nesse quarto. Sair um pouco me fará bem. Vamos.

Quando Estela entrou na biblioteca, ficou pasma:

— Que coisa mais linda, Lia!

— É, mamãe. O segundo andar do casarão está todo muito bonito, bem reformado. Foi restaurado sem pressa.

— Ficou bem arejado.

— Como o projeto original. Suas paredes eram de um tom rosa bebê, bem clarinho. O teto todo branco. Apenas pesquisamos a cor antiga e copiamos para ficar como o projeto do Dr. Friedrich Von Hölder, o pai de Heidi.

— Que história linda a deste lugar.

— Você já conhece?

— O Ângelo contou pra Lúcia.

— Ah, sim... Que contou pro papai, que contou pra você.

— É assim mesmo.

— Aqui estão as quatro salas com prateleiras e as obras estão catalogadas por assunto e por autor. Nestes computadores está digitado o acervo na mesma ordem do catálogo. O usuário vem aqui e procura ele mesmo. Então o rapaz procura e entrega a obra, que pode ser lida aqui ou emprestada.

— Tem um bibliotecário trabalhando aqui?

— Ainda não. A Prefeitura não banca esses gastos. Arrumaram foi um estagiário mesmo. Esse nosso agora faz biblioteconomia. O próximo eu não sei.

— Que trabalho lindo esse seu. Parabéns.

— Não é meu, mamãe. É nosso. Cada um aqui deu o sangue e a última gota de fé que tinha para isso tudo dar certo. Tem gente que nem esperança tinha mais. Então deu o resto de suas forças. Seu desejo. Sua vontade. Foi isso. E teve gente também que só deu sua vontade de ajudar, porque necessidade não tinha nenhuma. Veio mesmo porque tem um sentimento de solidariedade que ultrapassa qualquer outro no seu peito. Gente muito boa. Gente de qualidade.

— Quem te ouve falar assim não acredita que é a Letícia quem está falando.

— Não acredita e nem deve, porque não é mesmo. Quando eu tive o AVC, sabe sobre o que eu estava falando com o Luís, o nosso advogado? Uma dessas pessoas de qualidade que eu disse?

— Não.

— Ele me dava a notícia de que o juiz autorizou que eu passe a assinar Lia de Alencar. Letícia Regina Bittencourt de Abrantes e Oliveira não existe mais.

— O Ângelo não contou isso para Lúcia.

— Ele ainda não sabe. Estou esperando os papéis saírem porque o juiz já assinou. Portanto você pode contar pro papai, que vai contar pra Lúcia. Epa! Melhor eu contar pro Ângelo antes.

— Que coisa horrível. Nós parecemos um bando de fofoqueiros.

— Não se preocupe, eu sei que quando o Ângelo conta para a Lúcia ele pede segredo. É por isso que vocês ficam logo sabendo...

Estela ia embora, já estava dentro do carro, quando chamou Lia de volta e resolveu perguntar:

— Você aceita uma doação de livros?

— Eu não, mas a Casa de Heidi está sempre aberta a doações de tempo disponível, de material ou qualquer outro tipo de doação.

— Eu pensei que talvez o acervo de Letícia servisse para ajudar nas pesquisas por aqui, já que se ela não existe mais, ela não precisará deles.

— Se os filhos dela autorizarem, a doação será bem-vinda.

— Falarei com eles e aproveito e trago os meus também, inclusive os de arte, que são muito bons, você sabe.

— Os seus livros de arte são raros. Serão muito bem-vindos. Tchau, mamãe. Obrigada pela visita. Volte sempre.

— Tchau, Lia. Foi muito bom conversar com você.

Lia voltou ao primeiro andar e resolveu tomar um chá. Quando Aninha entrou porta à dentro, tirando a roupa:

— Aonde vai a moça pelada?

— Vou buscar as crianças na creche e por isso estou me trocando.

— Não precisa se preocupar. O Ângelo fará isso. Você não consegue trazer os três sozinha. Se ele ligar e por algum motivo avisar que não poderá ir, eu peço para o Dito buscá-los.

— Que barulho é esse?

— Uma buzina.

— Ah, Lia, é o Dito com as crianças. Ele deixa as crianças bagunçarem demais no carro dele. Haja buzina!

— Está vendo. Nosso melhor amigo se antecipou e resolveu o nosso problema.

Quando chegaram ao centro de saúde e foram até o consultório do psicólogo na segunda-feira, ele os olhou espantado:

— Não os esperava hoje.

— Por que mudaram o dia da sessão?

— Não. É que as notícias correm e as más notícias então vêm via satélite. Soube que você esteve adoentada. Passou mal.

— Foi, doutor, foi complicado, mas já estou melhor. Marco outro dia, então?

— Não precisa. Se você está aqui, eu te atendo. Entra. Hoje dois outros faltaram. Posso te atender e podemos estender a sessão por mais tempo, se for necessário.

— Quando os pacientes faltam não tem substituição?

— Quando eles avisam antecipadamente, ligamos e remarcamos as consultas. Mas a maioria não avisa. Então ou atendemos emergência, o que é muito raro, ou ficamos com o tempo ocioso.

— Existe emergência em psicologia num centro de saúde?

— Às vezes, alguém requisita teste para HIV, então o psicólogo conversa com a pessoa para saber como a pessoa se sente e prepará-la para um resultado não muito positivo. Outras vezes fazemos um encaixe de alguém. Podemos começar então? Lia, você se lembra onde paramos da última vez?

— O Ângelo contava sobre como ele me tirou do hospital, da minha gravidez da Marília e como eu fiquei grávida. Ele parou na nossa saída da casa da prima da Elsa por conta do marido dela.

— Como você passou essa semana com essas novas informações sobre o seu passado. Vocês conversaram a respeito?

— Não foi possível conversarmos muito, porque eu confesso que fiquei muito confusa e não sabia nem elaborar as perguntas para fazê-las ao Ângelo. Em seguida, tive o AVC e depois disso só cuidei desse assunto.

— Como foi o AVC?

— Eu recebi um telefonema do advogado da cooperativa que está cuidando da minha identidade civil e ele conseguiu a anulação do meu registro como Letícia, então eu caí e acordei no hospital.

— Estresse.

— Foi o diagnóstico.

— Como você se sente?

— Eu não sei. Confusa, talvez. Não consigo me lembrar de nada que o Ângelo contou na última sessão, sobre o hospital. Tive um filho de um fantasma? Eu estava tão sedada que não me lembro mesmo? Por que eu tomei um remédio tão forte?

— Você havia atirado no Ângelo dentro de um shopping. Isso é motivo suficiente para ser presa. Você foi internada e foi medicada o necessário. Não vejo nada de errado nisso.

— Você acha, doutor, que precisava ser uma medicação tão forte a ponto de tirar a consciência?

— De alguém que tentou matar o namorado num shopping a tiros? Acho que sim. Essa pessoa precisava ser contida, sim. As intervenções foram adequadas. Você correu o risco de ferir ou até de matar outras pessoas que estavam lá. Poderia ter tido consequências desastrosas. Não faria diferente se fosse necessário.

— Por que então eu me sinto tão mal em saber disso hoje?

— Talvez você não esteja se sentindo confortável com o fato de ter perdido a consciência de seus atos. De ter sido subjugada. É muito difícil saber que se perdeu o controle da própria vida por um tempo. É preciso amadurecer a ideia e compreendê-la como parte de um processo de cura. Esta aqui é a mostra que você reassumiu sua história. Está enfrentando seus fantasmas. Poderá vencê-los. Continue Ângelo:

— Passamos algumas dificuldades nesses dias, faltou até comida algumas vezes. Nós não podíamos voltar. Pelo menos acreditávamos nisso. Resolvemos colocar Marília numa creche. Levamos muitos nãos. Em lugar algum havia vaga. Até que conseguimos uma e ela foi aceita. Ficava longe de onde estávamos morando e resolvemos nos mudar outra vez, mas isso foi tranquilo. O problema era conseguir um biscate, porque emprego mesmo, nem pensar.

— O que vocês faziam então para conseguirem se manter?

— Eu fazia uns biscates, lavava carro, era chapa em posto de gasolina.

— O que é isso?

— Você fica num posto de gasolina ou na estrada e quando um motorista de caminhão que não conhece a cidade te vê, ele te chama e você o acompanha, mostrando o trajeto mais rápido ou mais seguro para entregar a carga.

— Que interessante. E como o motorista te vê?

— É que você fica segurando um cartaz escrito "Chapa".

— E esse serviço então é pago?

— O motorista e o chapa fazem um combinado.

— Você se virava assim e conseguia?

— Também juntava latinhas de alumínio para vender no ferro-velho.

— Catava lixo.

— Era.

— E você, Lia?

— Nessa época eu tomava ainda todos os remédios que me prescreviam. Eram muito fortes. Eu ficava muito sonolenta. Tinha muitos pesadelos.

— Pesadelos? Conte-me sobre eles.

Eu sonhava com coisas horríveis, lugares horríveis. Às vezes, acordava a noite gritando e batendo no Ângelo. Muitas vezes o agredi dormindo. Quando eu conseguia despertar do pesadelo e me acalmava, já era hora dele ir trabalhar.

— Você ainda tem algum pesadelo desse tipo?

— Não. Não mais. Desde que chegamos ao casarão eles sumiram.

— O que mais marcou a vida de vocês nessa fase?

— Posso contar, doutor?

— Claro, Ângelo.

— O que você acha, Lia?

— Acho que sim.

— Sabe, doutor, nós dois juramos nunca contarmos isso para ninguém, mas ninguém mesmo. Não sei se isso vai ajudá-la muito, mas talvez ajude a mim, porque esse segredo está me fazendo mal desde então.

— Vamos lá, rapaz, coragem!

— Fomos levar Marília à creche numa manhã, era cedo e não havíamos dormido muito bem. Lia me chamava atenção por causa de uns cachorros puxando uma caixa de papelão. Eram vários e eles puxavam a caixa e latiam uns contra os outros. Fomos até lá. Expulsamos os cachorros e quando chegamos perto da caixa, ela começou chorar. Não era comida que os cachorros queriam. Dentro da caixa havia um bebê. Ela havia nascido há pouco. Ainda trazia o cordão umbilical.

— O que vocês fizeram?

— Eu me sentei no chão e peguei-a no colo, ela gritava de fome e frio. Ângelo tirou a camisa e a cobriu. Estava pelada e toda suja. Ela foi se esfregando até encontrar o meu seio, mamou desesperadamente e em seguida dormiu.

— E o que aconteceu depois?

— Nós ficamos na seguinte situação: agora tínhamos um novo, pequeno e barulhento problema nos braços. O que faríamos? Entregaríamos o bebê para a polícia? Se a família de Lia já soubesse da fuga da clínica, estariam me procurando. Talvez até por sequestro. Ficaríamos na mesma delegacia que procurássemos. Pensamos em colocá-la em um lugar mais seguro para alguém achar, mas que lugar? Pensamos em chamar a imprensa. Voltamos para onde estávamos morando e agasalhamos o bebê com algumas roupinhas e dormimos até descansar.

— O que fizeram depois?

— Eu acordei com um insight. Aquela criança era uma profecia. Era o começo da mudança na nossa vida. Ela veio para nos iluminar, por isso nós a encontramos pela manhã. Era um recomeço.

— E você acreditou?

— Não, mas o que eu podia fazer? Fomos a uma cidade próxima e registramos a criança como sendo nossa filha. Alegamos não termos dinheiro para fazer o registro antes e o cartório aceitou a história. Passamos a cuidar das duas.

— Isso tudo foi ideia minha e com o testemunho da Elsa.

— Essa criança ainda está com vocês?

— É a nossa filha menor. Mas, doutor, essa é uma história que só nós dois sabemos e lhe contamos agora por causa do sigilo profissional.

— E essa Elsa?

— Nessa época ela bebia tanto que vivia em estado alterado muito tempo, não sabia diferenciar realidade e sonho. Nem sei se ela se lembra direito desse fato.

— Pois bem. Continue.

— O lugar em que morávamos era muito violento. As pessoas bebiam, se drogavam e brigavam demais. Era a noite inteira aquela confusão, aquela bagunça, gritaria, briga. Nós chegávamos, fechávamos a porta e ficávamos lá dentro com as crianças. Só saíamos com o dia claro.

— Uma noite, porém, eu acordei mal. Tive um pesadelo e resolvi sair um pouco. O Ângelo fechou a porta com as crianças dentro e foi atrás de mim. Eu perambulei pelas ruas e quando passei próximo a um bar, vi um rapaz sendo espancado por vários homens. Achei aquilo um absurdo e comecei a falar alto. Eles ouviram e vieram em minha direção. O Ângelo tentou me defender e apanhou muito dos rapazes. Eles me agrediram em seguida, me espancaram e me violentaram depois.

— Quando eu acordei, Lia estava encostada numa parede toda machucada e chorando muito. Me aproximei dela. Abracei-a e fiquei de frente para o rapaz que fora espancado antes de nós. Reparei que ele não se movia. Seu peito não arfava. Encostei a cabeça da Lia na parede, me levantei e fui até o rapaz. Ele estava morto. Inerte.

— O que vocês fizeram?

— Fomos embora dali bem depressa. Sumimos. Voltamos para o cômodo que alugávamos. Quando chegamos, a dona da casa nos avisou: "Vão embora. Se ficarem aqui eles vão descobrir e virão atrás de vocês. Eles vão matar minha família também. Vão embora".

— Então, doutor, nós pegamos as crianças e umas sacolas plásticas e colocamos as roupinhas dentro. Eu só tinha uma muda de roupa porque a que usava fora destruída pelos rapazes. Não tinha nenhuma roupa íntima para colocar por baixo do jeans. Tomamos um banho, pois não sabíamos quando seria o próximo. Coloquei a calça que me restou e fomos embora. Quando amanheceu, pegamos um ônibus. Fomos até o ponto final. Depois andamos sem rumo. Andamos muito tempo. Vimos de longe uma casa que parecia abandonada, no meio de um matagal. Ela era alta porque tinha mais de um andar. Conseguimos enxergá-la de longe, parecia mesmo abandonada. Quanto mais nos aproximávamos, mais ela surgia na nossa frente e mais ela nos parecia abandonada. Entramos no matagal e passamos a ficar por lá. Era a "Casa de Heidi". Estamos lá até hoje.

— Acabou a sua sessão e a dos faltosos. Agora tenho outra paciente. Ainda quero lhe ver na próxima semana. Você marca com a recepção. Até lá, cuide-se. Aliás, cuidem-se!.

— Boa noite, doutor.

— Boa noite.

CAPÍTULO LXX

Estela chegou ao casarão, um tanto confusa, e encontrou Lia trabalhando. Fazia as contas da cooperativa.

— Você trabalha as tardes em casa? Pensei que você havia feito seu escritório na marmoraria.

— A marmoraria é apenas um dos meus clientes. Tenho outros, mas hoje estou colocando em dia a contabilidade da cooperativa. Isso é trabalho voluntário.

— Trabalho voluntário? Sei lá.

— Sei lá por quê?

— Ah, Letícia, as pessoas falam. Vocês não moram aqui no casarão? O casarão não pertence à cooperativa? Não fica tudo muito parecido?

— Não, mamãezinha querida, não fica. Sabe por quê?

— Sei lá... Mas eu acho.

— Se você, mamãezinha querida, acha algo, procure quem perdeu, porque você não sabe o que acontece aqui dentro. Nem conhece as contas da cooperativa.

— Será que sou só eu que penso assim?

— Na sua casa todos devem pensar assim.

— Lia, moram aqui você, o Ângelo, essa moça...

— Essa moça tem nome. É Ana o nome dela. E moram também três crianças, pra facilitar suas contas. E daí?

— Só você e ela trabalham na cooperativa. Quer dizer, ela, porque você é voluntária. O Ângelo não trabalha com eles. A sopa é servida para todos e...

— Aninha é cooperada, eu sou voluntária e as crianças, as crianças ainda não podem trabalhar. São muito pequenas.

— Eu não pensei nisso.

— É, mamãezinha querida, e o Ângelo, se a senhora quer saber, ele não trabalha na cooperativa, porque, por ele, essa cooperativa nem existia e nós nem moraríamos aqui mesmo.

— Pois não é o que eu disse?

— É por isso, mamãezinha querida, que ele, desde que começou a trabalhar com excursões e depois que ele arrumou esse emprego de motorista particular, faz questão de pagar um aluguel para a cooperativa. Nós só ficamos aqui com essa condição. Ele não queria ser cooperado, apesar de ajudar e muito em tudo aqui. Até o concurso que ganhamos foi ideia dele. No entanto ele é muito certinho e não queria se sentir explorando ninguém. Se você ler o balancete da cooperativa existe uma quantia na entrada mensal relacionada como aluguel. Esse item é o quanto pagamos para morar aqui. Sai do salário do Ângelo ou das excursões que ele realiza. Portanto eu, Aninha, Ângelo e as crianças não moramos à custa de ninguém. E mais uma coisinha só. O meu trabalho voluntário é especializado. Se eu fosse cobrar...

— Está bem, mas eu não vim aqui para falar sobre isso não. Nem sei por que entrei nesse assunto.

— Eu faço ideia. O assunto deve ser o preferido do pessoal lá da casa onde você mora.

— Queria saber por que você deixou de assinar seu sobrenome de família. Você preferiu um nome que não é o seu e que não tem prestígio algum. O que aconteceu, Letícia? Você acordou para a beleza e a singeleza de ser pobre? O dinheiro e o que ele pode comprar não te interessam mais?

— Mamãezinha querida, meu nome não é mais Letícia. E como eu já percebi, você já sabe disso. Portanto a partir de agora me chame de Lia, por favor.

— Lia.

É, Lia de Alencar. O sobrenome é o do Ângelo. E ao contrário do que parece, mamãezinha querida, o dinheiro me interessa e muito. Eu estou longe dessa ideia patética que você esboçou há pouco. Conheço a pobreza e a miséria bem de perto, todos os dias, pra saber que de romântico nela não há nada.

— Por isso eu não entendi quando me falaram que você abriu mão de seu nome, de seus bens.

— Mamãe, você continua com um horizonte muito limitado. Eu sou filha do papai, não sou?

— É claro que é.

— Melhor assim. Se ele foi capaz de ganhar dinheiro, eu também sou. E já estou fazendo isso. Quando tiver meu diploma de contadora e de administradora de empresas legalizado novamente, agora como Lia de Alencar, e para isso eu já pedi o registro do nome à universidade, vou fazer o que sei fazer melhor. Vou ganhar dinheiro para essas empresas que eu já administro informalmente. Sim, porque eu faço as contas delas, mas também invisto o lucro e ainda oriento na administração. E eu sei fazer isso por formação e também por talento. Quero, sim, e vou ganhar muito dinheiro, portanto não preciso do dinheiro do meu pai.

— Então você não mudou tanto assim, Letícia.

— Lia, por favor. Meu nome é Lia.

— É... Lia. Você deve ter escolhido esse nome e não o outro para tentar sensibilizar o juiz a não te mandar para a cadeia junto com o Ângelo. Agora eu entendi.

— Mamãezinha querida. Eu jamais iria para a cadeia junto com o Ângelo, porque somos seres de sexos diferentes, graças a Deus! Ele iria para uma cadeia e eu para outra. Mas mamãe, tem uma coisa, sim, que você precisa saber. Eu nunca fui boazinha e nem pretendo me tornar agora, mas tem algo que eu aprendi com isso tudo que eu passei.

— E o que foi? Eu posso saber?

— Pode sim e eu vou lhe contar. Eu aprendi que eu preciso de muito menos do que eu acreditava precisar para viver bem. É preciso bem menos do que você tem para se viver bem. Eu, agora, estou longe desse viver bem ainda, mas logo sei que estarei bem, ou melhor, estaremos bem. Eu, Ângelo, Aninha e as crianças. Em breve. Pode esperar.

— Está bem, Lia. Torço de verdade por você. Mas eu vim aqui trazer os livros que te prometi. Eles estão no carro. Me ajuda a carregar?

— Claro que sim. Vamos lá. Ah, mamãe! Sabe mais? Você não faz ideia da sensação de liberdade que essa descoberta me deu. Liberdade. Liberdade.

A volta de Lia ao psicólogo deu-se logo na semana seguinte:

— Eu analisei bem as histórias contadas por vocês dois. Elas não se contradizem. Explicam muito da personalidade dos dois. Percebo que vocês têm um afeto muito grande um pelo outro. Você, Ângelo, tem muita dificuldade de pensar sua vida hoje em outros termos. Quero dizer, de pensar na possibilidade de não estar junto com ela. Mas vocês também fizeram muita coisa errada juntos. E o fato de você tomar algumas atitudes com a intenção de protegê-la, Ângelo, isso por si não lhe tira a responsabilidade pela atitude tomada.

— Quanto a isso, eu sei, doutor. Já me dei conta disso desde o momento em que agi da forma que agi. Sabia muito bem o que fazia.

— Isso também você deixa claro, mas ainda assim me parece que você acreditava na época não ter escolha alguma, e isso você sabe, não era verdade.

— Eu sei disso, sim. Não posso me eximir da responsabilidade sobre nenhum dos meus atos.

— E você, Lia? As suas lacunas de memória estão preenchidas?

— Estão, doutor. Eu já consigo perceber o que aconteceu comigo e como as coisas se deram nos momentos em que não conseguia me lembrar. Sinto-me mais forte em relação ao que aconteceu.

— Você se sente segura para tocar sua vida agora?

— De verdade, doutor, me sinto mais segura em mim mesma. Quero que as coisas aconteçam e luto por elas, mas luto principalmente para ser dona apenas da minha vida. Claro que sou responsável pela família que eu e o Ângelo construímos. Temos as crianças, tem Aninha e o Lucas, mas qualquer assunto sobre a nossa família, costumamos resolver juntos. O Ângelo faz questão de ouvi-los.

— E o que você acha disso agora?

— Eu procuro ter paciência para ouvir e tento, sinceramente, entender suas razões.

— E consegue?

— Nem sempre. Mas procuro resolver as coisas conversando e tirando as dúvidas quando elas existem.

— O que eu posso dizer pra você? Bem, Lia... É... Continue com as consultas ao psiquiatra e tome a medicação prescrita por ele. Quanto à terapia, acho que você não precisará mais vir regularmente aqui. Se, no entanto, não se sentir bem, qualquer excesso de ansiedade ou dificuldade de relacionamento mais séria, peço-lhe que venha e marque uma consulta. Enquanto estiver aqui, atenderei você.

— Eu estou de alta? É isso?

— É. E cuide-se. Cuidem-se. E você, Ângelo, por favor, pare de cometer esses crimes graves com ela ou por ela. Em qualquer situação são muito sérias as decisões que tomamos.

— Obrigado, doutor.

Saíram do consultório e não precisaram passar na recepção para marcar uma nova consulta. No dia seguinte, Ângelo ligou cedo para a marmoraria:

— Bom dia, princesa.

— Ângelo? É você?

— Sou eu, sim. O Dito está?

— O Dito?

— É. Ele ainda não é o chefe por aí?

— É.

— Então, por favor, chame-o pra mim.

— Está bem. Já vou. Beijo.

— Outro beijo, meu amor.

— Começar o dia com alguém me chamando de meu amor pra mim é novidade. Seria maravilhoso se não fosse um sujeito feio como você.

— Bom dia, Dito, mas eu estava falando com a Lia.

— Eu sei. Ela me passou o telefone dizendo que você queria falar comigo. O que manda?

O dia passou normalmente. No fim daquela tarde, Ângelo chegou um pouco mais cedo e foi direto tomar o banho. Lia estranhou a pressa para o banho, porque ele sempre fazia o jantar primeiro ou lavava a roupa das crianças.

— Precisamos ir ao centro de saúde. Eu e você. Vá se vestir também.

— Por que vamos lá outra vez? Já estou de alta, esqueceu?

— Não esqueci, mas o psicólogo pediu que levasse você lá hoje outra vez.

— E quando você falou com ele?

— Hoje de manhã.

— E por que ele não ligou para mim?

— É porque...

— Boa noite.

— Boa noite, Dito.

— Boa noite, Dito.

— Você ainda não está pronta? Não vão mais?

— Não vamos aonde?

— Ao centro de saúde, Lia.

— É por isso que eu vim aqui. Para ficar com as crianças enquanto vocês vão lá. Ângelo, como você pediu, a chave do carro. Cuide dela.

— Vamos, Lia. Estamos atrasados.

— Então, já que está tudo acertado eu vou me trocar. Que droga, pensei que estava livre disso. Já volto.

— Você não combinou com ela, Ângelo?

— Claro que não, Dito. É uma surpresa. E você quase estraga tudo.

— Você também não combinou nada comigo.

— Nem deu tempo.

— Ela não vai se arrumar muito bem. Acho que vai de qualquer jeito.

— Eu não preciso dela arrumada. De qualquer jeito ela fica linda.

— Não posso deixar de sentir muita inveja de você. Mas não se preocupe, minha inveja é inofensiva. Senão muita gente já estaria morta.

— Vamos embora, Ângelo?

— Vamos.

— Dito, quebra mais esse?

— Claro, querida. Esse e todos os próximos. Curta bem cada minuto.

— Curtir? Lá no centro de saúde?

— É, tente pelo menos. Eu sei que será muito difícil para você, com essa companhia, mas tente.

— Boa noite, Dito.

— Boa noite, Ângelo. Vai fundo, moleque!

Na estrada, quando passaram na frente do centro de saúde, Ângelo não entrou pelo portão lateral como sempre fazia. Continuou em frente. Nem deu seta para entrar.

— Hei, Ângelo, você não tinha que dar seta e entrar? Ali não é o posto de saúde? Nós vamos em outro?

— Nós não vamos ao centro de saúde.

— E vamos aonde?

— Iremos a um lugar que você conhece bem, não se preocupe. Você está sendo raptada hoje.

— Raptada? Posso saber o que está acontecendo? Posso saber aonde vamos? Por que o Dito chegou lá com o carro? Por que você ligou para a marmoraria de manhã? Ângelo, dá para me responder qualquer coisa?

— Não. Não vou responder nada. Ouça essa música. Ela é linda, não é?

— Ângelo, estamos na estrada há mais de duas horas. Me diz, vai. Aonde vamos?

— Já chegamos!

— Chegamos aonde?

— Aqui mesmo. Lembra?

— Eu não acredito. Aqui outra vez?

— Já que estamos aqui...

— Um chalé, por favor.

— O número três, por favor, moço.

Eles receberam a chave, deixaram seus documentos e entraram no quarto número três.

— Que ideia foi essa? De vir aqui esta noite? Com o carro do Dito?

— Ele quase estraga a minha surpresa. Combinamos isso pela manhã quando eu liguei para a marmoraria.

— Por que aqui, Ângelo?

— Porque aqui foi o lugar em que fomos felizes pela primeira noite.

— E em todas as outras noites também. Mas por que hoje?

— Porque ontem você teve alta do psicólogo. Agora eu sei que você sabe o que está fazendo. Tem plena consciência do que quer e eu quero você novamente.

— E eu?

— Como assim?

— Como assim? Será que eu quero?

— Sinceramente espero que sim, porque eu estou esperando por esse momento há muito tempo e está cada vez mais difícil respeitar a sua consciência.

— Minha consciência? O meu desejo não conta, Ângelo?

— Como assim?

— Eu desejei você por tanto tempo, tantas vezes, e você se fazendo de santo, de bobo mesmo. E agora você acha que eu estou aqui prontinha para ser sua? É assim que você pensa?

— Não. Não é assim que eu penso. Eu esperei por esse tempo todo porque eu queria ter você novamente, mas não forçando sua consciência. Sei tudo o que você passou e não queria ser mais um a me aproveitar de sua fragilidade, não queria que você se confundisse mais. Eu espero, sinceramente, que você se sinta amada por mim. Agora que você está bem, que está de alta, se sente segura, espero também que você queira fazer amor comigo. Pensei que esse lugar, que é tão especial para mim, trouxesse boas lembranças para você e que nós pudéssemos recomeçar daqui de onde paramos.

— Mais um pouco e eu começo a chorar. Com essa sua carinha de menino chorão. Que pena que você não me avisou, poderia ter me preparado melhor, teria me posto mais bonita.

— Você já é linda. Agora eu vou dar um jeitinho de você ficar mais linda ainda.

— Ah é? Como?

— Vou tirar a sua roupa toda e você ficará mesmo linda. Vem cá, vem, deixa eu te amar.

Lia não pensou muito para aceitar um beijo, depois outro e depois outro. Eles passaram a noite juntos e se amaram como antes de morarem no casarão. Eram amantes outra vez. Lia estava feliz. Tinha Ângelo de volta. Estava na cama com ele outra vez e estava muito feliz.

Quando voltaram ao casarão já era madrugada. Pararam em frente. Observaram a casa. Toda linda. Toda branca. Muito clara, mesmo nas noites sem lua. Lia o abraçou. Ângelo respirou fundo. Estavam de volta ao casarão. Desta vez eles estavam juntos e felizes. A casa de Heidi brilhava como quando fora projetada.

— Heidi, com licença. Queremos dizer para você que sua casa é a nossa casa e aqui se respira alegria e prazer. Dona Emília, muito obrigada.

— Prazer?

— Sim, prazer, Ângelo, muito prazer. Por quê? Você acha que vai parar por aqui? Pois fique sabendo que você vai ter que me dar muito prazer, senão...

— Não, por favor, não termine essa frase. Ai, meu Deus vai começar tudo de novo.